魔女とメランコリー

Witches and Melancholy

黒川正剛
kurokawa masatake

新評論

はじめに

1555年10月，現在のドイツ北部，ハルツ山麓のデルネブルクで行われた３人の魔女の火刑の様子。処刑された１人の魔女を悪魔が連れ去ろうとしている（16世紀のちらしより）。

土星の子供たち

ここに、「土星とその子供たち」と題された、十六世紀末に制作された一枚の版画がある。ネーデルラント、フランドルを中心に活躍した画家マルタン・ド・フォスの原画をもとに、版画家クラスパン・ド・パッセが版画にしたものだ。まことに奇妙で、不可思議な絵柄である。

現代の私たちが、この絵を見てこのように思うのも無理はない。というのも、この版画は、西欧近世特有の世界観を表現したものだからだ。

画面に描きこまれているのは、一見すると無関係に思われる三つの事象――占星術、体液病理説、それに古代ギリシア・ローマ神話の神――と、ある星のもとに生まれ、その星の影響下にある人々の姿である。

この版画のモチーフは「惑星とその子供たち」というジャンルに属する。このジャンルは十四世紀頃ヨーロッパに現れ始め、以後挿絵入り写本に描かれたり、建築物の装飾として取り入れられるなど人気を博した。十五世紀には一定の図像体系が完成し、イタリアを中心に流行、十六世紀以降はアルプス以北の国々でも好まれたという。ことにネーデルラントやフランドルでは、この作品の作者である先に挙げたド・フォスやド・パッセのほか、ヘンドリク・ホルツィウス、ピーテル・サーンレダム、トマス・ド・リユ、ヘーラルド・ド・ヨードなど当時活躍していた画家や版画家たちがこのモチーフを取り上げた[1]。

「惑星とその子供たち」は、芸術家や知識人にのみ受容されていたわけではない。民間の暦や占星術の手引書の中に取り入れられ、一般の民衆のあいだにも広く流布していたと考えられている[2]。

ド・フォス原画，ド・パッセによる版画「土星とその子供たち」（16世紀末）

そしてこの時代、版画という媒体は、壁画やタブロー（板やカンヴァスに描かれた本格的絵画）では取り上げにくい日常卑近な主題を表現することができたのに加え、教会や王侯貴族の発注によらずに作者が自発的に制作できた媒体であったと言われている。[3] また、複製芸術である版画の流通量が、絵画と比べ格段に多かったことは容易に推測される。「惑星とその子供たち」のモチーフの流行状況と、版画という媒体の特性を考え合わせると、この版画は当時の西欧人たちの心性について教えてくれるまたとない素材であると言えるだろう。

さて、この版画には、次のような情景が描かれている。[4]

画面上方右、二匹のドラゴンが曳く馬車に乗り、天空を飛翔しているのは、ローマ神話の神サトゥルヌスである。画面下の地上に描かれているのは、その支配下・影響下にある人間たちだ。これらの人々は神話的な観点からはサトゥルヌスの支配下に、占星術的な観点からはサトゥルヌスと同一視された惑星である土星《サトゥルヌス》の支配下にある人々である。つまり、天空の老人は神であると同時に土星を表象しているわけである。

地上に描かれている人々の姿には、医学的な意味合いも付与されている。これらの人々は、西欧近代医学が確立する以前に支配的であった体液病理説（後述）における「黒胆汁を多く持つ者たち」、つまり症状で言えば「メランコリーに冒された者たち」である。黒胆汁、それはサトゥルヌス＝土星と重ね合わせて考えられていた体液であった。

次に画面下方の左右を見てみよう。向かって左側には輪舞や空中飛行を行う魔女たちが、右側の隅には人肉を食べているインディオが、そしてその上部のテントの中にはインディオの首長らしき人物が描かれている。画面中央下部には鉱山で働く人々が描かれているが、彼らもまたインディオであろう。すなわち地上界には、魔女とインディオという、一見何のつながりもないと思われる存在が、「土星＝サトゥルヌスの子供たち」としてひとくくりに描かれているのである。そして、この作品以外にもアンリ・ルロワやヤン・サドラーの手になる類似の図像が存在することを考えると、この表現形式は当時ある程度流布したものだったにちがいない。[5]

十六世紀の芸術家にとって、メランコリーに冒された人々を描くことは「土星の子供たち」を描くことに等しかったと言われている。[6]そしてこの同一視は、芸術家だけではなく、社会のあらゆる階層の人々に共有されていたと考えられる。これは先に述べたように、「惑星の子供たち」が当時広く受容されていたらしいことからも推測されるが、何より当時の西欧社会における占星術の重要性によって裏づけられよう。

近世の西欧社会において、占星術は極めて広く信じられていた。それは人間活動のあらゆる分野に適用されるものであり、国家も個人も占星術が指し示す結果に無関心ではいられなかった。自分がどの星のもとに誕生したのか、そしてその影響のもとで将来どのような境遇を迎えることになるのか、こうしたことに人々は非常な関心を注いでいたのである。とりわけ十五・十六世紀という時代は、占星術に対する関心が著しく高まった時代であった。[7]

そして、占星術と密接に関連していたのが、やはり当時広く普及していた体液病理説であった。[8]占星術と体液病理説は相互に支え合いながら、近世の西欧人たちの世界観を形づくっていたと言ってよいだろう。「土星の子供たち」と言えばただちに「メランコリーに冒された者たち」が想起される。当時はそのような時代だったのである。

虐げられし者たち

ド・パッセの版画では、地上にいるのは魔女とインディオだけだが、「土星の子供たち」はこの二種類の人々に限定されるわけではなく、ほかにも一般に社会的周縁者と考えられる人々が含まれる。このことには古来、サトゥルヌスと土星に付与されてきた属性が関係している。

サトゥルヌスはローマ神話の農耕神であり、ギリシア神話のクロノスと同一視される。クロノスには次のような神話がある。神々の最初の夫婦であるガイアとウラノスのあいだに生まれたクロノスは、長じて妹のレアと結婚し、王座を奪うために父ウラノスの男根を切断し追放した。このとき父から、将来自分と同じように息子に王座を奪われるであろうという予言を受ける。これに怯えたクロノスは、自分の子供を生まれるそばから飲み込んでしまう。五人の子供を失った妻レアは、六番目の息子ゼウスだけ助けることに成功する。やがてウラノスの予言通り、クロノスは成人したゼウスに追放された。ここからクロノス＝サトゥルヌスは、去勢や子供食いといった忌まわしい属性を担わされることとなった。

一方占星術においては、土星は当時の宇宙認識にもとづいて、太陽から最も遠くに位置し、最も冷たく最も乾燥し、運行速度の遅い惑星とみなされていた。占星術に由来するこの土星の特性と、神話に由来するクロノス＝サトゥルヌスの忌まわしい属性とが結合し、サトゥルヌス＝土星には老年や死といった概念が結びつけられることになった。サトゥルヌスが、図像表現などにおいて老人像で表象されることが多いのはこのためである。

ルネサンス美術のイコノロジー（図像学）研究で知られるヴァールブルク学派のA・パノフスキーが言うように、サトゥルヌス＝土星は「殊《こと》に不吉な性格」を持つ。[10] そしてこのような性格は、当然ながら「土星の子供たち」にも当てはめられた。つまり「土星の子供たち」とは、「最も貧しく最も蔑まれる人間」のことであった。[11]

さらに、以上のようなサトゥルヌス、土星、「土星の子供たち」に付与された概念は、体液病理説における黒胆汁の評価とも関係していた。

体液病理説では、人間の身体には四種の体液があるとされ、それらを優劣の順に並べると、血液、黄胆汁、粘液、黒胆汁、となるとされていた。サトゥルヌス、土星、「土星の子供たち」に重ね合わせて理解されていたのは、最も劣るとされた黒胆汁であった。黒胆汁への評価の低さは、次のようなほかの体液に対する評価と比較することでさらに明瞭になる。血液（多血質）はユピテル＝木星と結びつき、教養と富に恵まれた人々の性格と生活に関係する。黄胆汁（質）はマルス＝火星と結びつき、兵士と関係する。そして粘液（質）はウェヌス＝金星と結びつき、学者・芸術家と関係するとされたのである。[12]

では、このような負の概念と結びついた「土星の子供たち」とは、魔女やインディオのほかにどのような人々を指していたのだろうか。

たとえば十五世紀末の写本『天球論』には次のように記されている。「サトゥルヌスはのろま（土星の運行速度が緩慢と考えられていたことから）、盗賊、嘘つき、人殺し、百姓、無作法者、卑しい者、羊飼い、乞食その他の取るに足らぬ者たちを生み出す」[13]。

また、一四八〇年頃に著された『家の書』（ドイツのヴァルトブルク＝ヴォルフェッグ＝ヴァルトゼー家所有）には次のようにある。「衰えて青白く、干からびて冷たい者こそわれらが子ら。粗野で怠惰、嫉妬深く、悲しげで異形《いぎょう》な者こそわれらが子ら。苦難と苦役のなかで働く運命の下にある者こそ、土星の子らである」。同書に添えられている版画には、死馬の皮剝ぎ人、ユダヤ人を表象する豚、罪人、絞首刑者、車裂き刑者、農民、松葉杖をつく老女――魔女と同定されている――などが描かれている。[14]

「土星の子供たち」とされた人々の具体像については、史料や研究者によってばらつきが見られるものの、その最大公約数的なイメージははっきりしている。「土星の子供たち」とは、社会的に虐げられていた人々、先のパノフスキーの言葉をかりるなら、「最も貧しく最も蔑まれる人間」なのだ。

農民、樵《きこり》、屠殺人、墓掘人、便所清掃人、死刑執行人、囚人、罪人、絞首刑者、身体障害者、乞食、放浪者、縊死《いし》者、鉱夫、ユダヤ人、食人種、降霊術師、魔女[15]――これら「土星の子供たち」は、中・近世の西欧社会における賤民[16]とほぼオーバーラップする存在であったと言えるかもしれない。

なぜ魔女なのか

こうして「土星とその子供たち」の図像を眺め、思念をめぐらせるとき、本書の立場として問題になるのは次のことだ。

十六世紀後半から十七世紀にかけての西欧社会では、広範囲にわたって魔女裁判という現象が起こった。そこでは当然ながら「魔女」が標的にされたのだが、それはどうしてなのだろうか。

この問いはあまりにも基本的で、わかりきったことのように思われるかもしれない。「魔女裁判」で「魔女」が裁かれたのは当たり前のことであり、いまさら何を問題にしようというのか、と。しかし、

『家の書』に収められた「土星とその子供たち」（1480年頃）

私たちとしてはいま一度、「土星とその子供たち」の図像に導かれて、次のような視点から魔女裁判について考えてみたいのである。

前述のように、当時の西欧社会には様々な社会的周縁者、すなわち「土星の子供たち」が存在していた。しかしそのうちで魔女だけが、魔女裁判という制度のもとで大量に殺害されたのだった。

魔女裁判の犠牲者数は、かつては何十万、何百万と言われたことがあったが、現在では研究の進展によってだいぶ低く見積もられるようになった。信頼のおける歴史家が最近の研究書で述べるには、十五世紀前半から十八世紀後半までにヨーロッパ全体で処刑された魔女の数は最大四万人である。[17] 一方ほぼ同じ時期に「新大陸」アメリカでは、インディオが西欧人によって大量に殺害されていた。一説では七千万人と言われる犠牲者の数[18]は、魔女裁判の犠牲者数の及ぶところではない。しかし、両者の数値を比較して、少ない方は犠牲の程度が低いと主張することには意味がない。ここで心にとめておきたいのは、西ヨーロッパ本土という地理的制約を設けた場合、四万人という大量殺害の対象になったのは魔女だけであったというその事実である。

なぜ、魔女だけが大規模な殺害の対象となったのか。

本書の目的

この問いは、次の問いと表裏の関係にある。「魔女とは、そもそもいかなる存在であったのか」。

魔女だけがほかの社会的周縁者、つまり「土星の子供たち」をさしおいて大量殺害の対象となるためには、それ相応の理由があったと考えなければならないのではないだろうか。

これらの問題を解き明かしていくためには、次のような視点をとることができるだろう。

魔女は、近世の西欧社会において、「土星の子供たち」の負性を一身に凝縮させる存在であったがために、大量殺害の対象になったのではないか。そしてその負性凝縮のプロセスは、魔女を含めた社会的周縁者が「土星の子供たち」に関係している以上、「メランコリー」という概念にも密接に関係しているのではないか。このような視点は、スケープ・ゴート（身代わりの山羊）が有するヴァルネラビリティ（攻撃誘発性）の問題とも重なるが、[19] 本書の目的は単なるスケープ・ゴート論ではない。

魔女とはいかなる存在であったのか。なぜ魔女裁判は十六・十七世紀に起こったのか。この二つの問題は、本格的な魔女裁判研究が欧米で開始された十九世紀から現在にいたるまで、依然として根源的な問題であり続けている。そしてこの二つの問題は相互関係にあり、一方を解くことが他方を解くことにつながる。本書はこの魔女裁判の根本問題を、神話・占星術・医学思想、人々の世界観と密接に結びついていたメランコリーという概念、そして社会的周縁者の問題の連関の中で、「魔女」の表象を読み解きつつ明らかにしようとするものである。

ところで、魔女・貧民・インディオという社会的周縁者の問題を扱う以上、本書の問題意識は必然的に、西欧近世社会における他者の問題に関わってくることになる。そして他者という存在が想定されるとき、その対概念として自己という存在が想定されるだろう。他者としての魔女・貧民・インディオに対して、自己としての西欧人なるものを想定した場合、それは一般的な、普通の西欧人のイメージと重なってくるに違いない。では、「普通の西欧人」とはそもそも何を意味しているのだろうか。ひるがえって、魔女・貧民・インディオの他者性とは、いかなるものであったのだろうか。近世の西欧で、魔女だけが大量殺害の対象となったことを考えると、魔女の他者性には何らかの特殊性があったのだろうか。そしてそもそも近世の西欧人にとって、他者とは何だったのだろうか。

「土星の子供たち」が担わされている負性とは、換言すれば他者性のことにほかならない。そうだとすれば、魔女とは、当時の西欧社会の他者性を一身に凝縮させた存在であったと言えるのではないだろうか。[20] 本書の根底には、このような他者をめぐる問いかけが蠢《うごめ》いている。本書で解明しようとするのは、近世の西欧社会における、魔女という存在を核にした他者像の形成・完成・解体のプロセスであると言ってよい。

いくつかの限定

以下、本書が設ける限定について、三つに分けて述べておきたい。

(1)「土星の子供たち」の範囲について　本書では、魔女以外の「土星の子供たち」のすべてを網羅的に扱うわけではない。以下の四つの理由で、乞食・放浪者を含む貧民と、インディオの二つに限定する。

①「土星の子供たち」に含まれる社会的周縁者をすべて検討する作業は、紙数と筆者の力量上断念せざるをえず、対象は絞り込まざるをえなかった。

② 本書で扱う貧民とインディオは、ともに魔女裁判と同時期に西欧社会全体で問題が顕在化した存在であり、魔女と比較検討する対象として最も適切である。たとえば貧民については、P・デイヨンの言葉を引用すれば、「ルネサンスと宗教改革の世紀において、ヨーロッパの諸社会はどこも、すべて同時に、貧困問題の広さと、浮浪現象の危険と害悪とを見出していた」[21]。インディオに関しては、J・

H・エリオットの言葉を借りれば、「アメリカは、十六世紀、十七世紀の初期のヨーロッパに数限りのない衝撃を与え」、「アメリカのインディオたちが人間であるかどうか、もし人間であるとすれば、これをどう位置づけたらよいか、という問題」が、「十六世紀を通じて、激しい論争の火種となった」[22]のである。

③社会学的観点にもとづく理由。社会学的に、周縁性の問題と貧困の問題および人種の問題は密接に関係している。現代・過去の社会における周縁性の問題を扱った研究のなかで、R・ベルトは次のように言っている。「貧困のカテゴリーは、周縁のカテゴリーおよび人種差別のカテゴリーと交わっている。…一方のカテゴリーから他方のカテゴリーへの移行は頻繁に起こる」[23]。この観点に立ち、魔女を社会的周縁者と関連づけて検討するにあたり、貧民とインディオを選択した。

④史料上の理由。本書で多用する十六・十七世紀の悪魔学論文《デモノロジー》のなかには、魔女を貧民やインディオと関連づけて論じたものが存在する。これは当時の西欧人が、魔女・貧民・インディオの三者を関連づけて認識していたことを示す証左だろう。

(2) 対象地域について　本書は西欧全体を視野におさめてはいるが、検討の主要な対象地域はイングランドとフランスである。

魔女裁判が最も苛烈に行われたのは現在のドイツ地域であるが、本書の立場からするとドイツは研究対象として適切な地域とは言えない。なぜなら当時のドイツには、新大陸アメリカへの植民活動に関して見るべきものがないからである。ルネサンス期のドイツ人によるアメリカ大陸への進出はわずか三度(ベネズエラ地方、十六世紀前半)であり、一五四一年のフィリップ・フォン・フッテンの遠征が「ドイツ人による南米遠征小史の最後」であった。[24] したがって、ドイツについて魔女とインディオの関係を検証することには困難が伴う。また、スペインとポルトガルは新大陸アメリカに盛んに進出したが、ともに魔女裁判が極めて少なかったことで知られ、[25] 魔女裁判に関して例外的な地域と言ってもよく、研究対象としては適切ではない。

一方イングランドとフランスは、魔女裁判の規模はドイツ地域と比較すればそれぞれ小規模・中規模ではあったが、両国とも「新大陸」アメリカとの関係は密接であった。十六世紀初め以来、アメリカ大陸を主要な舞台とする非ヨーロッパ世界をめぐる覇権争いは、スペイン・フランス・イングランドの間で行われたのである。[26] 以上の理由から、イングランドとフランスは、魔女とインディオの関係を検討するに適切な地域であると言える。

（3）使用する史料について　本書では十六世紀後半から十七世紀にかけて知識人階層が著した諸著作を史料として使用する。その中心は悪魔学論文である。魔女裁判は民衆の日常生活の中で起こった出来事であり、民衆が魔女・貧民・インディオそしてメランコリーについてどのように考えていたのかを知ることが重要なのは言うまでもない。しかし残念ながら、それを検証できるような民衆世界側の史料は決定的に欠けている。

しかし、魔女裁判という現象――とりわけ大規模なもの――は、知識人階層が練り上げた魔女概念と民衆側の裁判への要求が一致したときに生じたと言える。したがって、知識人たちの著作の分析を通して、魔女裁判という現象の本質の一端に迫ることができるはずである。この点について本書の立場は、民衆世界の魔女裁判の実態を探ることに傾きがちであった従来の研究を批判し、知識人世界の魔女像を探求することの重要性を一九九七年の大著で主張したS・クラークの見解[27]と一致すると言えるかもしれない。

研究史における本書の位置づけ

魔女裁判そのものに関しては、多様な領域にまたがる膨大な研究が十九世紀以来の欧米で蓄積されているため、研究史全体をここで概観することはできない。研究史を包括的に扱っている文献としては、牟田（一九九七）、井上（一九八三）等が挙げられる。[28]これまでの研究と照らし合わせて本書の特色を挙げるとすれば、魔女裁判というひとつの現象のみに焦点を絞るのではなく、当時の世界観や社会全体のなかに位置づけて現象の意味を捉えようとしている点にあると言えるだろう。

そのさい本書では、魔女という存在を、貧民とインディオを代表とする社会的周縁者と医学思想（体液病理説）、および医学思想と関わる「四大」の思想との関連性から読み解くアプローチをとる。「四大」の思想について付言しておくと、西欧近世には、「生きる」ということについて全体的説明を与える二つの体系が存在したと言われている。一つは宗教的体系、もう一つが自然哲学の体系である。宗教的体系とは、言うまでもなくキリスト教の教義に関わるものだ。一方、自然哲学の体系は、気象から医学におよぶすべての自然の事象を想像的に支配していた体系で、四大（地・水・火・風）と四体液に関わっている。[29]魔女裁判研究では、宗教的体系に言及することは一般的だが、一方の自然哲学の体系にふれるものは少ないのが現状と思われる。

以下、本書の趣旨に関わる限りの限定的な形で、先行研究についてふれておこう。

まず、C・ジーカの諸研究は、西欧近世における「土星の子供たち」と魔女の関係、とりわけ食人の要素に注目しながら、「土星の子供たち」としての魔女とインディオの関連性について図像史料を用いて検討している。本書もそこから示唆を多く受けているが、ジーカの研究は図像研究をベースにしたものので、考察対象は魔女とインディオの関係に絞られている。[30]

魔女とインディオの関係に言及している研究としては、A・L・バーストウ、S・ブラウナー、G・S・ウィリアムズらの諸研究がある。[31] 日本では清水透をはじめ、植民地としてのアメリカ大陸研究のなかでインディオを考察の主な対象としつつ、魔女との関係について簡単にではあるがふれている研究がいくつか見られる。[32] しかしこれらの諸研究は、メランコリーの問題を視野におさめたものではない。

魔女と貧民の関係を論じている研究は極めて多い。魔女裁判研究の多くが、魔女とされた被告の階層について論じる際に貧民との関連に言及している。しかしこれらの研究でもメランコリーの問題は考慮されていない。

魔女とメランコリーの関係については、従来医学史の立場にもとづく研究が主流を占めてきた。この立場の代表的研究はG・ジルボーグによるものである。ジルボーグによれば、魔女とは精神病者であった。[33] 悪魔学論文には魔女が「メランコリーに冒された者」と描写されている箇所があり、医学史家ジルボーグは現代医学の知見にもとづいてこれを文字通りに解釈したわけである。ジルボーグのこの見解は日本の医学史家のあいだでも受け入れられており、[34] 通説としての位置を得ている感がある。

しかしこの立場には、歴史的現象を現代の基準で分析するという重大な問題点がある。[35] 現在ではジルボーグ的な見解は、H・C・E・マイデルフォートをはじめ様々な研究者によって批判されており、[36] 現代の魔女裁判研究者・歴史家のあいだでは支持されていない。

魔女とメランコリーの関係についての文献学的・歴史学的研究では、本書でも中心的な史料として使用している三つの悪魔学論文を検討したS・アングロの研究が、各悪魔学論文の主張を把握するには極めて有益である。[37] また日本でも平野隆文が、本書でも取り上げる史料を用いて魔女とメランコリーの問題にふれており、これも有益である。[38]

魔女とメランコリー◆目次

＊引用文中における筆者（引用者）の補足および語句説明は、〔　〕で示した。

第1章

古代から近世にかけてのメランコリー観

ハンス・バルドゥング・グリーン作「魔女のサバト」(1510年)。
魔女のサバトを描写した最初のものと言われている。バルドゥング（1484／85〜1545）はシュトラースブルクで生涯をおくった画家で，魔女を描いた数多くの作品を残した。

ところで、魔女たちが冒されていたとされる「メランコリー」とは何だろうか。そして、魔女裁判が本格化する十六世紀後半から十七世紀の時期には、どのようなメランコリー観が存在していたのか。本章では、後々の議論の前提となるこれらの基本的かつ重要な問題について検討しておくことにしよう。〈魔女とメランコリー〉の関係について、知識人たち――悪魔学論文を著した悪魔学者たち――が論じる際に引用するメランコリーの議論には様々なタイプが見られ、場合によっては正反対の内容を持つものもある。しかし、悪魔学者たちがそれらを好き勝手に創作していたわけではない。かれらは、古代から近世に至る約二千年間に西欧文化の中で受け継がれてきたメランコリー観にもとづいて、それぞれ論陣をはったのである。以下では、悪魔学者たちの論拠となったメランコリー観を、古代から十六世紀後半にかけての医学・哲学の思潮の中から抽出し、整理してみよう。

1 古代

ヒポクラテスの体液病理説

近代医学確立以前の西欧社会では、医学の根幹には体液病理説があった。

体液病理説によれば、人体には血液・黄胆汁・粘液・黒胆汁の四体液が存在し、四体液がバランスを保っていれば健康であるが、バランスが崩れ、いずれかの体液が過剰・不足の状態になった場合に病気になると信じられていた。この体液病理説の基礎を築いたのが、「医学の父」と呼ばれる古代ギリシアのヒポクラテス（紀元前四六〇頃～三七〇頃）である。

現在伝わっている『ヒポクラテス全集』は、彼の死後、ヒポクラテス学派と呼ばれる多くの学者たちによってまとめられた集成だが、どの部分が本人の書いたものかは不明とされている。しかし、医学史では本人が書いたものとみなされているので、[1] 本書でも便宜上この慣例にしたがう。ヒポクラテスの『箴言《アフォリズム》』[2] が十八・十九世紀に至るまで西欧の医学教育で教え続けられていたことからも推察されるように、体液病理説は古代から近代まで、西欧医学とそれにもとづく人間観に大きな影響を与えてきた。[3] 体液病理説は単に身体の原理を述べた学説であるだけでなく、人間存在のありようを包括的に説明するものだったのである。

ヒポクラテスは「人間の自然性について」の中で、体液病理説について次のように述べている。「いちばん健康であるのは、これら〔四体液〕が互いの混和と性能と量の点で適切な状態にあり、もっともうまく混ざり合っているときである。一方、病苦に悩むのは、これらのうちのどれかが少なすぎるか多すぎるか、それとも体内で遊離して全体と混和していないときである」[4]。さらに、「以上の構成要素〔四体液〕のうちの何かが人に欠けるとしても、人は生きていくことはできないであろう」[5] とも述べている。

四体液の優劣と増減の動きは、季節と年齢に関連づけながら説明されている。メランコリーと関係する黒胆汁は、「二五歳から四五歳までの時期」に最も優勢になり、「この年齢がすべての年齢のうちでいちばん黒胆汁に占有されており、秋の季節がすべての季節のうちでいちばん黒胆汁に適している」[6] とされた。

つまりヒポクラテスの体液病理説では、黒胆汁の季節「秋」は、現代で言えばほぼ青年から中年にかけての時期にあたる。人生の年齢を四季に見立てる理論は前六世紀の哲学者ピュタゴラスが唱えたもので、これは体液病理説の形成にも影響を与えたとされる。ピュタゴラスによれば、冬は老年期にあたり、年齢としては六〇歳から八〇歳に対応する。[7]

さて、体液のバランスが崩れたときに病気が起こるとすれば、黒胆汁の場合にはいかなる症状が現れるのだろうか。

ヒポクラテスによれば、黒胆汁が過多になると、メランコリーという病気の症状が現れる。具体的には「少しの間粗暴になって精神が錯乱する」[8]ほか、摂食障害・意気消沈・不眠・いらいら・不安感・恐怖感・悲壮感・憂鬱といった症状が挙げられる。[9]このような鬱々とした精神状態を意味するメランコリーという言葉は、その原因であるとされた黒胆汁からきている。ギリシア語の μελαγχολία（melagkholia）は「黒い μέλας（melas）」＋「胆汁 χολή（kholē）」の合成語なのである。

このようなヒポクラテスのメランコリー観は、古代ローマの著作家や医者たちにも踏襲された。たとえば紀元三〇年頃『医術について』を著したケルスス、トラヤヌス帝〔在位九八～一一七〕、ハドリアヌス帝〔在位一一七～一三八〕治世下のローマで医者を務め、『急性の病気と慢性の病気について』を著したエフェソスのソラヌス、著作は断片的にしか残っていないが、しばしば次項でみるガレノスに次ぐ医者とされ、トラヤヌス帝の時代に活躍したエフェソスのルフス、また一五〇年頃『慢性の病気の原因と徴候について』を著したカッパドキアの医者アレタエウスがその例として挙げられる。[10]

ガレノスのメランコリー観

ヒポクラテスの体液病理説を気質に関連づけ、四体液のバランスにもとづいて人間の気質類型を体系化したのが、古代ギリシアの医学者ガレノス（一三一～二〇一）である。

四体液の諸特徴

体液	気質	気質の特徴	性質	惑星	神名	四元素（四大）	季節
血液	多血質	善良・快活	熱・湿	木星	ユピテル	風	春
黄胆汁	黄胆汁質	短期・鋭敏	熱・乾	火星	マルス	火	夏
黒胆汁	黒胆汁質	憂鬱・不動	冷・乾	土星	サトゥルヌス	地	秋
粘液	粘液質	鈍感・臆病	冷・湿	金星	ウェヌス	水	冬

＊四気質の諸特徴は，ガレノスの時代以降追加・修正され，3世紀頃に完全なものとなった。

ガレノスは、血液が優勢な人間は多血質、黄胆汁が優勢な人間は胆汁質、粘液が優勢な人間は粘液質、黒胆汁が優勢な人間は黒胆汁質の性格を持つ、とした。中世以降の西欧で体液病理説が医学の主流となったのはガレノスの権威の影響によるものであり、以後長きにわたり「ヒポクラテス＝ガレノス」の体液病理説・気質説が、西欧における医学と医学的人間観を支配することになる。

ガレノスは、脳と脊髄の機能と病気について論じた『患部について』第三巻中の一章をメランコリーに関する記述にあてている。ここで述べられている症状は本書のテーマに重要な関わりをもつので、以下に確認しておこう。

> 恐怖は、一般的にメランコリーに冒されている患者に生じる。しかし、同じ種類の異常な感覚上の像が必ずしも現れるわけではない。例を挙げると、ある患者は自分が一種のカタツムリにされてしまったと信じ、このため踏み潰されることを恐れて、出会うすべての人から逃亡する。また別の患者は、鳴きながら羽ばたく雄鶏を見ると、自分の腕をわき腹に打ちつけながらその鳴き声を真似る。また別の患者は、アトラス神が疲れてし

まって天空を投げ出してしまったら、アトラスもろとも押しつぶされるのではないかと恐がる。他にも数え切れないほどの想像がある。メランコリーに冒されている患者はそれぞれ、〔想像の内容によって〕かなり違った振舞いを見せるが、共通して恐怖あるいは意気消沈を示す。[12]

ここで確認しておきたいのは、メランコリーに冒された患者が一種の妄想に襲われ、ありもしない非現実的な事柄を想像してしまうということだ。

ガレノスはメランコリーと性別の関係についてもふれている。ガレノスによれば、メランコリーは性別を問わず罹患するが、女性の方が男性よりも酷い症状を示すという。[13]「女性のメランコリー」がより否定的な評価を与えられていたと言えるだろう。

またメランコリーと年齢の関係については、ガレノスは黒胆汁は「壮年期のあとに増加する」と述べており、[14]ヒポクラテスの場合より後ろにずれているので、老年期との結びつきが深くなっている印象を受ける。ただガレノスは「粘液は…主に老人に集まる」とも言っており、[15]老年に粘液をより直接的に結びつけている。しかし黒胆汁もまた老年期に親和性があると認識していたものと考えられる。[16]

アリストテレスによるイメージの転換

古代に形成されたメランコリー観として、ここでもう一つ重要なものをみておかなければならない。それはメランコリーを英雄や偉人と結びつけ、メランコリーに対する見方に根本的な変化をもたらしたものであった。医学的伝統とは異なり、メランコリーにプラスの評価が与えられたのである。[17]

　このメランコリー観は、アリストテレスの作とされている『問題集』第三〇巻一で述べられている。パノフスキーらによれば、この書によって「初めて純粋に医学的なメランコリーの概念」とプラトンの言う「神なる狂気」が結びつき、いかなる分野であれ傑出した人物たちはみなメランコリーに冒された者であるという説が説かれた。プラトンの「神なる狂気」とは、『パイドロス』におけるソクラテスの言葉、「われわれの身に起こる数々の善きものの中でも、その最も偉大なるものは、狂気を通じて生まれてくるのである。むろんその狂気とは、神から授かって与えられる狂気でなければならないけれども」をふまえたものである[18]。

『問題集』は、次のように述べる。「哲学であれ、政治であれ、詩であれ、あるいはまた技術であれ、とにかくこれらの領域において並外れたところを示した人間はすべて、明らかにメランコリーに冒されており、しかもそのうちのある者にいたっては、黒胆汁が原因の病気にとりつかれるほどのひどさである[19]」。

　メランコリーがある種の天才と結びつけられ、肯定的に評価されていることがわかる。さらに『問題集』は、メランコリーに冒され、「並外れたところを示した人間」の具体例を述べている。そこでは、ヘラクレス〔ギリシア神話の英雄。上半身が人間で下半身が馬の怪物ケンタウロスを退治したことで有名〕のような神話上の英雄のほか、ソクラテスやプラトンやエムペドクレス〔前四九五頃～四三五頃。ギリシアの哲学者。万物が火・空気・水・土の四元素から構成されると説いた〕といった有名な哲学者たち、さらにリュサンドロス〔?～前三九五。スパルタの政治家。海軍を強化しペロポンネソス戦争末期の海戦でアテネを破った〕やアルケラオス〔マケドニア王（前四一三～三九九）。軍隊を整備したほか、要塞・道路を建設し、アテネ三大悲劇詩人エウリピデスを宮廷に招きギリシア文化を取り入れた〕といった王や政治家が、「素質の上で憂鬱症的[20]」な人物として挙げられている。

　ここで注意しておきたいのは、これらの具体例がみな男性であるということだ。メランコリーに冒され、卓越した才能を示したことで賞賛されたのは、常に男性だったのである。[21]

確かに、『問題集』では女性であるシビラ（巫女）についても言及されている。しかしこの場合は、黒胆汁が過度に熱くなり「狂気とか狂乱」が惹き起された場合であり、[22] むしろマイナスの評価が付与されているように思われる。『問題集』によれば、メランコリーに冒された人間が「他の人間に卓越するのは」、「極度の高熱がほどほどの温度にまで戻る場合」である。[23]『問題集』では、「天才的」メランコリーは男性にのみ関係するものであったと考えてよいだろう。

古代では、先に述べたヒポクラテス＝ガレノス由来の医学的メランコリー観と、このアリストテレス由来の天才的メランコリー観が共存していた。換言すれば、メランコリーに関して否定的な評価（マイナス・イメージ）と肯定的な評価（プラス・イメージ）が共存していたのである。

ここで、メランコリーの神話的表象であるサトゥルヌスに対する認識についても見ておこう。「土星の子供たち」のモチーフに見られる神話・占星術・体液病理説の融合は、後述するように十二世紀に起こるので、古代ではまだメランコリーとサトゥルヌスは結びつけられていなかったようである。

古代ギリシアでは若さが賞賛され、老いは嫌悪された。したがって、老年や死と結びついたサトゥルヌス＝クロノスは忌み嫌われる存在であった。このような老いに対する眼差しは、神話にも反映していた。父ウラノスの権力を剝奪したクロノスが、自分もまた息子ゼウスによって権力の座を追われるという神話を思い出そう。[24] サトゥルヌス＝クロノスは、最終的に子供の犠牲となってしまう親＝老人を表象し、マイナス・イメージを惹起する存在であった。

古代ローマ時代には、サトゥルヌスは農耕神として認識され、評価がやや上がるようである。十二月中旬に行われるサトゥルナリア祭では、春の再来を願ってサトゥルヌスが崇拝されるようになった。[25] ただしそれは、サトゥルヌス＝クロノスが持っていた破壊的な性格を宥《なだ》めるために行われたということを忘れるべきではないだろう。[26]

サトゥルナリア祭は人気のある祭で、セネカ〔前四頃～後六五。政治家。ストア派哲学者にして詩人。皇帝ネロの不興をかい自殺〕が「全ローマが狂う」と表現したように、放縦が許された機会でもあった。[27] 狂わんばかりの放縦――しかしそれは、祭に参加するのか、あるいは祭を傍観するのかという立場の違いによって、肯定的にも否定的にも受けとめられただろう。古代ローマでは、メランコリーの神話的表象であるサトゥルヌスについても、プラス・マイナス両方のイメージがあったと言えるのではないだろうか。

2　中世

マイナス・イメージのメランコリー観の普及

古代に形成されたメランコリー観は、中世にそのままの形で引き継がれることはなかった。古代のメランコリー観に内包されていたはずの「豊かさが忘れられてしまう」のだ。[28]

中世のメランコリー観の特徴は、次の三点にまとめられるだろう。

第一に、メランコリーを肯定的に評価していた『問題集』がほとんど顧みられなくなった。[29] 第二に、ヒポクラテス＝ガレノスに源を持つ医学的メランコリー観が広く受容された。当然、精神錯乱や鬱状態といった、メランコリーの病的で否定的な側面が強調されるようになった。第三に、キリスト教の影響下、キリスト教道徳に抵触する「怠惰《アケディア》」の問題が重要視され、怠惰とメランコリーが関連づけられた。

こうして全体的に否定的評価が主流となったのが、中世のメランコリー観の特徴である。

第一と第二の特徴は相互に関連しており、それにはキリスト教が大きな影響力をふるった中世という時代状況と、中世の大学の事情が関係していると思われる。まず中世は、クリバンスキーらが言うように「個人の価値をその人間の英知や能力ではなく、神が彼に下した恩寵のもたらす徳によって評価する時代」であった。したがって、個人的な体液・気質に基づいて天才が生み出されるという考え方は受け入れられるものではなかった。「中世は『問題集』三〇・一の解釈にほとんど興味を示さなかった時代」であった。[30]

また西欧世界では十三世紀、スコラ哲学が最盛期を迎えた。その重要な契機となったのは、十字軍の往還によって西欧世界とビサンツ・イスラーム世界とが接触し、その結果アリストテレスの諸著作が西欧世界にもたらされたことだった。そして、十三世紀のスコラ哲学を代表する神学者トマス・アクィナスが、キリスト教思想とアリストテレス哲学とを調和させ、その思想的・学問的影響は広く西欧全体に及んだ。しかし、アリストテレスは当時の大学の全学部で受容されたわけではなかった。その影響が大きかったのは人文学部（哲学部）であり、一方医学部では依然としてヒポクラテスとガレノスの諸著作が支配的だったのである。[31]

コンスタンティヌス・アフリカヌスによるアラビア医学の紹介

西欧中世の医学的メランコリー観を理解するには、まず十一世紀のコンスタンティヌス・アフリカヌス（一〇二〇頃〜八七）の訳業をみておかなければならない。

アフリカヌスはもと北アフリカ生まれのムスリムであったが、キリスト教に改宗し、イタリアのモンテ・カッシノ近郊のベネディクト修道会に入った。[32] アフリカヌスは医学史において重要な位置を占めている。というのも、アラビア語の医学文献（アラビア語訳されたギリシアの医学文献を含む）をラテン語に翻訳し、西欧世界にもたらしたからである。[33]

アフリカヌスは、メランコリー観の形成・継承に関しても重要な役割を果たした。当時の医学教育の中心地であるサレルノ大学でメランコリーについての講義を行ったほか、一〇八〇年頃には九世紀末のアラビア人医学者イスハーク・イブン・アムラーンの『メランコリーについて』を翻訳している。この翻訳は中世後期からルネサンス期にかけての西欧世界のメランコリー観に多大な影響を与えた。[34]

この訳書は、メランコリーが生じるメカニズムを、黒胆汁の蒸気が脳へ上昇し、判断力をくもらせ理性を混乱させるのだと説明する。その結果「理性が理解すべき対象を、黒胆汁が理性に指定するために、慣れたことも理解できなく」なってしまい、「ありもしないものの想像」が生じることになる。[35] 黒胆汁が脳に影響を及ぼすという説は、すでにガレノスが説いていたものだ。[36]

さらに、メランコリーとは「何か存在しないものによって襲われると信じてしまうこと」であり、「心を支配する猜疑《さいぎ》であって、そこから恐怖と悲哀が生じる」[37]。症状としては、意気消沈、それ自体は恐れる必要のないことについての不安、重要でないことを思い悩むこと、ありもしない恐ろしい現象の知覚、実際にはない種類の感覚などが現れる。具体的には、自分には頭がないと信じてしまう、目には見えない馬の蹄《ひづめ》の音が聞こえてしまう、味を感じない、自分の体が粘土でできていると思い込む、身体のなかに蛇がいると感じてしまう、などである。これらの症状はいずれも慢性的である。[38] 以上がすでに確認したガレノスの見解と同類であることは一目瞭然だろう。

『メランコリーについて』は、黒胆汁の増加の原因についてもふれており、そこで挙げられているのは精子と月経血の腐敗、そして老化である。老化に伴って血液の状態が悪くなり、メランコリーが引き起こされる、としている。[39] すでにみたように、この「老年期とメランコリーの親和性」もガレノス由来であるが、中世になるとこの親和性が、アフリカヌスの翻訳の影響も手伝って、より一層強固に定着したと考えられる。

怠惰とメランコリー

次に、第三の特徴として挙げた「怠惰」との関連を見ておこう。もともと「怠惰」とは、人里離れたエジプトの砂漠で禁欲的な修行を行う隠修士《いんしゅうし》を襲うものと考えられていた。まず四世紀の隠修士エウァグリオス・ポンティコスが、「八つの主要な悪徳」（貪食、姦淫、貪欲、悲哀、憤怒、怠惰、虚栄、高慢）を定義し、その後彼から直に影響を受けた隠修士であり、後にコンスタンティノープル教会の助祭を務めたヨハネス・カッシアヌス（三六〇頃～四三五）がこれを引き継ぎつつ、怠惰とメランコリーの関連を説いた。カッシアヌスの怠惰に関する見解は、西欧中世キリスト教世界に広く受容された。のちに「八つの主要な悪徳」は中世の様々な神学者によって改正され、やがて「七つの大罪」として確立することになる。[40]

カッシアヌスは『隠修士綱要』のなかで次のように述べている。「我々の第六の戦いは…怠惰を相手にしたもの」だが、それは「倦怠《けんたい》とも心の苦悩とも言ってよい」もので、「意気消沈に似て」おり、「とりわけ隠修士たちを苦しめているもので、砂漠の居住者たちの危険な敵、彼らを頻繁に襲う敵である」[41]。ヒポクラテス＝ガレノス以来、意気消沈がメランコリーの一症状であったことを思い出すなら、怠惰とメランコリーが結びついて理解されていたとしても不思議ではない[42]。事実カッシアヌスだけではなく、中世の神学者たちはメランコリーのなかに、敬虔な魂を神への奉仕から引き離して深い悲しみに陥れようとする悪魔の活動を見ていた。中世を通じて、神学上の定義では、怠惰とメランコリーはほぼ重なっていたのである[43]。

ビンゲンの聖ヒルデガルド

ドイツのベネディクト会修道女で、幻視者として有名なビンゲンの聖ヒルデガルド（一〇九八～一一七九）のメランコリー観もまた、中世のメランコリー観の特徴を示すものと言えるだろう。それは黒胆汁・メランコリーと悪魔との結びつきを強調したものである。

聖ヒルデガルドによれば、「黒胆汁は黒色であって苦く、あらゆる禍《わざわい》を吐き出し、ときには脳の病気を生じせしめることさえあり、心臓の脈管をいわば煮え立たせて人を悲しみに導き、どんななぐさめのことばも猜疑させるようにし、ためにその人は、高次の生活や折々の生活のなぐさめに必要なもの一切に対するよろこびがもはや感じられなくなる」[44]。

霊的生活に対する無感動を内容とするこのような言葉は、カッシアヌスの言う「怠惰としてのメランコリー」という考え方につながっている。さらに聖ヒルデガルドは述べる。「この黒胆汁は人間に固有のもので、しかも悪魔の最初の誘惑からこの方存在する。それというのも人間は、林檎を食べて神の掟を踏み越えたからである。これを食べたときからアダムとその全種族に黒胆汁が生じたのであり、それは人間のあらゆる重い病気の原因なのである」[45]。

黒胆汁の生成と原罪を結びつける考え方は独特のものだが、メランコリーと悪魔の関連性を主張したのは聖ヒルデガルドが最初ではない。黒胆汁が「悪魔の風呂である」という説は、三世紀の神学者・教父オリゲネス以来説かれていた。中世には、黒胆汁の黒い蒸気は悪魔にとって心地よい棲家であるという説が格言にもなっていたのだ[46]。

民衆世界のメランコリー観

これまで見てきた例はすべて教会人や知識人、いわばエリート層のメランコリー観であった。しかし、このマイナス・イメージのメランコリー観は、民衆にもまた共有されていたと考えられる。

体液病理説の考え方は、民間に流布した暦や養生書（健康箇条を記した冊子）においても強調されていた[47]。また民間信仰にもとづく医学は、大学の医学部で教授されていた知的体系と本質的に一致するものであり、ヒポクラテスの著作のように大学で使用されていたテキストの内容でさえ、（簡略かつ曖昧な形に変形されていたにしても）民衆世界の医療のなかに浸透していたのである[48]。

当時の医者と呼ばれていた人々は、患者が見せる徴候や患者自身の訴えをもとに診察するしかなかった。このような事情が、不可避的に医者と患者の間で共通の「言語」が使用される事態を生んだ。その「言語」こそ、体液病理説であった。

診断にあたって医者は、患者の自己診断、すなわち自分は黒胆汁質であるとか粘液質であるとかいう主張に大幅に依存することになった。[49] 中世においては体液病理説にもとづき、治療法として下剤・焼灼《しょうしゃく》（止血法）・瀉血《しゃけつ》（切開による血液の排出）が用いられていた。[50] 民衆が知りたいと願ったのは、どうしたら間違いなく自分の体液のタイプを見分けることができるか、どういう時期に気を遣わなければならないか、またいかにして体液の特性と戦うべきかということであった。こうした人々の要請に応えようとしたのが、先に述べた養生書にほかならない。[51]

以上のことを考えれば、中世の民衆の間には、体液病理説とともに、それを基盤としたマイナス・イメージのメランコリー観もかなり広く共有されていたと考えてよいのではなかろうか。

そしてこのメランコリー観は、中世後期になるとますます普及していくことになる。[52] たとえば十三世紀にイタリアのサレルノで歌われ始め、近代に至るまで広く流布した暗唱詩では、メランコリーに冒された者の様子が次のように歌われている。「嫉妬深く陰気で、好色で、強欲な右手を持ち、ときおり他人を騙し、臆病で、顔は黄色」。また同じ十三世紀頃のヨハン・フォン・ノイハウスの『体質論』は、メランコリーに冒された者は好ましくない性質を持つ者であると述べている。あるいは、ドイツの枢機卿・哲学者ニコラウス・クザーヌスが一四三三年のバーゼル公会議のために準備したという『カトリックの一致』には、貪欲・盗み・高利貸し・略奪などが、黒胆汁の引き起こす「悪疫のごとき」悪徳として述べられている。[53]

このような負のメランコリー観は当然、メランコリーの神話的表象であるサトゥルヌスのイメージにも反映されている。中世の神話学者によるサトゥルヌス描写に関する研究のなかで、T・ティンクルは次のように述べている。まず古代には、サトゥルヌスはときに頭布をかぶったり、手に鎌を携えたりし

ユピテルあるいはゼウスに去勢され，わが子を食べるサトゥルヌス。ユピテルは古代ローマの最高神で，ギリシア神話のゼウスと同一視された（ボッカッチョ『神々の系譜』パリ，1531年の口絵）

たみすぼらしい老人像として描かれた。その後五世紀から九世紀にかけては正負いずれにもさほど偏らない描かれ方だったが、十二世紀に変化が起こる。[54] 頭布や鎌といった付属物は基本的に変わらなかったが、「陰気な性格」が付与されるようになったのである。その端的な例が、自分の子供を食べる姿の描写であるという。

　ティンクルによれば、このような描写の変化には、この時期に体液病理説と占星術が結びついたことが関係している。占星術では、土星は天体としての動きが緩慢で太陽から最も離れている冷たい星であり、逆行（実際には公転周期の違いから生じる「見かけの逆行」）の動きにおいて有害であると考えられていた。[55] このような土星に対する占星術上の解釈が、十二世紀に体液病理説における否定的メランコリー観と結びつき、土星の神話的表象であるサトゥルヌスの描写にも影響を及ぼしたのである。

　十二世紀という時期は、メランコリーの問題を考えるさいに重要である。まずこの時期、アラビア文化の西欧への流入を背景に、右に述べたような占星術・医学・神話の結合が起こった。そして体液病理説に関しても、この時期に四体液と四気質の関連性が西欧世界に定着したとされている。[56] また四体液のうち、黄胆汁・粘液・黒胆汁は血液のくずれた形であると認識されるようになったのも十二世紀であった。[57]

貴婦人メランコリー

中世のメランコリー観の一つとして最後に注目しておきたいのは、「貴婦人メランコリー」というモチーフだ。これは中世後期の騎士道物語のなかに現れるもので、恐ろしい老女の姿で表象されるメランコリーが、貧しく若い騎士とその恋人を破滅させるというのが物語の定型である。[58] たとえばアラン・シャルティエの『希望、または三つの慰め』(一四二八年)には、次のような記述がある。

その時、私のところへひとりの老婆がやってきた。衣服はひどく乱れているが〔…〕痩せ、萎《しな》びて、皺だらけで、顔は青ざめ、鉛のような土気色だった。眼差しを下に向け、声は途切れがちで、唇は垂れ下がっていた。〔…〕この老婆の名は「メランコリー」といい、思考をかき乱し、肉体から生気を奪い、体液を腐らせ、感覚を弱らせ、人を衰弱へと導く女だったのである。[59]

ほかにも、十五世紀後半のアンジュー公ルネ一世による『恋に憑かれた心』では、メランコリーは「髪をふり乱した、痩せた、皺だらけの大柄な老婆」として描写されている。[60] 中世後期、メランコリーがこのような老女像で表象される場合があったことに注意しておきたい。

このようにメランコリーを老女として表象する背景には、当然、ヒポクラテス゠ガレノス由来の医学的メランコリー観の影響があるだろう。先に見たように、ヒポクラテスやガレノスは、メランコリーを引き起こす黒胆汁は老化とともに増加し、メランコリーの症状においては女性の方が酷くなると考えていた。

そして中世に培われたこの〈老女としてのメランコリー〉というイメージは、次章以下で検討する魔女像に関しても極めて重要な意味をもつ。

3 ルネサンス期から十六世紀後半

メランコリーの再評価

西欧では中世を過ぎると、十五世紀末から十七世紀中頃にかけて、メランコリーに対する関心が著しく高まったと言われている。[61]

十五世紀末にメランコリー再評価（プラス・イメージの復権）のきっかけをつくったのは、イタリア・ルネサンスの哲学者マルシリオ・フィチーノ（一四三三～九九）である。メディチ家の保護下にプラトン・アカデミーの長となり、プラトン、プロティノスの研究・翻訳に従事したフィチーノは、メランコリーを新プラトン主義の文脈の中で捉え直し、メランコリーを天才と結びつけたのである。

フィチーノのメランコリー観は、ハインリヒ・コルネリウス・アグリッパ・フォン・ネッテスハイム（一四八六～一五三五）たちのようなオカルト哲学者だけでなく、ミケランジェロ（一四七五～一五六四）やデューラー（一四七一～一五二八）などルネサンス期の芸術家たちにも影響を与えた。[62]

フィチーノは、その著作『三重の生について』（一四八九年）の中で、自らが信奉するメランコリー観は、アリストテレスの『問題集』にもとづくものであると述べている。[63] また黒胆汁と土星の関係について、「まさしくそれ〔黒胆汁〕は最高の惑星である土星ともっとも一致するものであるから、何であれ最高のものについての瞑想に人を導く」[64]とも語っている。

　ここで注意しておきたいのは、フィチーノがアリストテレスの『問題集』に依拠する以上、肯定的評価を受けるメランコリーは男性に限定されるということだ。Ｊ・シェザーリが言うように、確かにフィチーノはメランコリーを、教養ある人間《マン》にとって肯定的な美徳に変え、西欧世界にそれを広めた。しかしこのメランコリーは男性《マン》を襲う症状を指しており、女性《ウマン》には無関係なのである。[65]

　フィチーノに端を発するプラス・イメージのメランコリー観は、ほぼ十六世紀中頃まで西欧社会で主流を占めていたと思われる。たとえばアグリッパ・フォン・ネッテスハイムの『オカルト哲学』（印刷・刊行は一五三一年だが、すでに一五一〇年には原稿の状態でドイツの人文主義者のあいだで流通していたらしい）は、フィチーノの説をさらに体系的に論じたものだった。[66] アグリッパによれば、『黒胆汁の体液』とは、いわゆる『清らかな天然の胆汁』のこと」であり、「その体液は、炎と白熱を帯びると、叡智と天啓に至るような熱狂を生み出す」のだった。[67]

　この時期のメランコリー観をよく伝えるものとして知られているのが、一五一四年にデューラーが制作した銅版画「メレンコリアⅠ」である。

　この銅版画がフィチーノの肯定的メランコリー観の影響のもとに制作されたことは美術史の通説となっている。物思いにふける羽を生やした人物像（女性）、床に転がる立体や大工道具、壁の魔法陣などは、瞑想的・知的・創造的人間に関連する意匠であり、この絵はまさしく「天才とメランコリー」の関連性を表したものとされている。ただし、この女性の人物像自体は「自由学芸の擬人像」と無気力な状態に陥った「怠惰なメランコリーの擬人像」を象徴的に統合したものと言われている。[68]

　しかしながら、このようなプラス・イメージのメランコリー観は、十六世紀を通して存続することは

デューラー作「メレンコリアＩ」(1514年)

なかった。パノフスキーの言葉をかりれば、「結局サトゥルヌス的な憂鬱と天才とを同一視するに至ったこの新プラトン主義の再生も、サトゥルヌスが惑星のうちでもっとも不吉なものという一般の信念を和らげることはできなかった」のである。[69] 肯定的メランコリー観が一時的に流行したあと、再び否定的メランコリー観への転換が起きたわけだが、その原因は宗教改革であった。

ここでは、メランコリーに関連して、宗教改革によって二つの動向が生じたことをおさえておかなければならない。一つは、メランコリーと悪魔・再洗礼派が関連づけられたということ、いま一つはオカルト哲学に対する反動が起こったということである。次にその詳細を見てみよう。

メランコリーと再洗礼派

まず宗教改革者のメランコリー観を確認しておこう。

たとえば、マルティン・ルター（一四八三〜一五四六）は次のように言う。「すべての悲しみ・病気・メランコリーは悪魔に由来する。〔…〕なぜなら、神は決して我々を悲しませたり、恐れさせたり、殺したりはなさらないからだ。〔…〕修道士たちは正しくもこう言った。『メランコリーの体液は、悪魔によって用意された風呂である』と」[70]。

ルターにとって、メランコリーは悪魔に由来するものだった。末尾の「悪魔の風呂」とは、初期キリスト教時代を代表する神学者である三世紀のオリゲネス以来、主張されてきた説であり、プロテスタントのルターもまた、この説を奉じていたのである。

宗教改革がヨーロッパ各地で進展する中で、さらに別の立場からメランコリーに対して否定的な解釈が加えられるようになった。その立場は、この時代に誕生した再洗礼派（幼児洗礼を否定し、成人後の信仰告白にもとづく洗礼のみを認める急進派）の信仰とメランコリーを結びつけて認識するものであった。

たとえば、再洗礼派の主導者であり、農民戦争の指導者であったトマス・ミュンツァー（一四八九頃～一五二五）は、宗教改革を経た終末論的風潮が高まる社会状況のなかで、「選ばれた者たち」が武力をもって千年王国を建設しなければならないと説いた。「選ばれた者」とは聖霊すなわち「生けるキリスト」を注がれた人たちのことである。そして再洗礼派の思想においては、聖霊を注がれるにふさわしい価値のある人間になったとき、神が与える言語に絶する苦悩（激しい精神的苦悩、現世と自分自身に対する倦怠、希望の喪失、絶望、恐怖）[71]が、メランコリーの症状と同類であるとみなされたのである。

さらに、再洗礼派のこうした選民思想が「天才とメランコリー」を関連づける肯定的メランコリー観と重ね合わされることとなった。再洗礼派の存在は、体制側の新旧両教会にとって社会秩序を乱す危険分子にほかならず、断罪の対象とされた。しかも、再洗礼派の信仰のありようは、医学的見地からメランコリーという病の症状にほかならないとみなされたのである。メランコリーは、再洗礼派側にとっては「選ばれた者」に特有のプラス・イメージを持つ現象であったとしても、体制側から見ればマイナス・イメージの病気、悪魔由来の忌むべき精神状態として断罪されなければならないものだった。[72]

たとえばルターは、ミュンツァーの説く「長きあいだ Langweil」という考え方を批判している。「長きあいだ」とは、キリスト教徒がそれなくしては神を見出すことができない体験のことであり、そこには自己を嫌悪することや自己の犯した罪を悔悟することが含まれる。自己嫌悪や悔悟は憂鬱な気分を醸し出す行為であり、メランコリーと意味が重なり合うものであった。この「長きあいだ」を再洗礼派だけが体験しうるものであるとしたミュンツァーに対し、ルターは「すべての苦しむ人にとって時は長いのだ」と述べ、再洗礼派の特権性を批判した。[73]

またスイスの宗教改革者ウルリッヒ・ツヴィングリ（一四八四～一五三一）は、一五二五年、メランコリーとの関連を明言しつつ、次のように再洗礼派を批判している。再洗礼派には「医学的に言えば、サトゥルヌス的なメランコリー症の頑固さや狂気」が見られ、彼らのあいだで「あらゆる種類のサトゥルヌス的狂人が」自身の宗派を始めるであろう、と。[74]

こうしたマイナス・イメージのメランコリー観は、十六世紀の中頃を過ぎるとますます支配的になっていく。たとえばドイツでは十六世紀中頃から十七世紀にかけて、ルターの影響を受けたヴィッテンベルク大学医学部を中心に、多くの学者が著作・論文・講義によってメランコリーと悪魔・再洗礼派の関連性を説いた。同大学医学部教授カスパー・ポイツェルの一五六〇年の講義と七六年の著作、ライプチヒ大学総長ヨアキム・カメラリウス（父）の七六年の著作、八七年にバーゼル大学に提出されたシュヴェンクフェルトの医学学位論文、九三年にチュービンゲン大学に提出されたファブリキウスの医学学位論文、[75]ヴィッテンベルク大学医学部教授トビアス・タンドラーが編集した一六一三年の医学論文集がその例である。[76]

マイナス・イメージのメランコリー観の信奉者は、ツヴィングリの例から明らかなように、ルター派に限定されていたわけではない。また地域的にもドイツに限定されていたわけではない。たとえばカトリックでは、スペインの聖テレサ（一五一五～八二）もマイナス・イメージのメランコリー観の持ち主であった。[77]

こうしたマイナス・イメージのメランコリー観に関する医学書や論文は各地で出版され、その内容はヨーロッパ中に広がった。[78] たとえばイングランドではヘンリー・ハワードの一五八四年の著作、オリヴァー・オームロッドの一六〇五年の著作、トマス・ウォーキントンの一六〇七年の著作がある。フィチーノ以来プラス・イメージのメランコリー観の中心地であったはずのイタリアにおいても、一五九一年にケルソ・マンチーニが、一六一三年にトマゾ・ガルツォーニが、一六三五年にトマゾ・カンパネッラがマイナス・イメージのメランコリー観を説く著作を発表した。フランスについても同様の例が見られる。[79] このようにプラス・イメージのメランコリー観は、ほぼ十六世紀中頃から決定的に失墜し始め、これに代わってマイナス・イメージのメランコリー観が支配的になってくるのである。

オカルト哲学とメランコリー

先に見たように、十五世紀末から十六世紀初めにかけてのイタリアでは、フィチーノを中心として新プラトン主義が隆盛を極めた。この一種の思想運動は、イタリアではフィチーノの他にもジョヴァンニ・ピコ・デッラ・ミランドーラやヴィテルボのエギディウス枢機卿、またフランチェスコ・ジョルジ、ドイツにおいてもロイヒリンやアグリッパ・フォン・ネッテスハイムなどの同調者を見出した。

彼ら新プラトン主義者たちのキリスト教に対する姿勢は独特のものであり、キリスト教カバラにもとづいて宗教的問題を解決しようとする神秘主義的傾向を特徴とする。[80] キリスト教カバラとは十五世紀末以降、中世のスコラ哲学に代わるキリスト教哲学を打ちたてようという目的にもとづいて、ユダヤ教の神秘主義的伝統であるカバラをキリスト教のなかに採り入れたものである。したがってそのうちには一種の改革案が含まれていた。[81] それはルターやツヴィングリなどのいわゆる体制派の宗教改革とは異なる立場からの「神秘主義的宗教改革」であった。そして、新プラトン主義と神秘主義的宗教改革とが結びつき、オカルト哲学（ラテン語の「隠されたもの occultum」から、いわば秘匿された知を探求する学の意）が生まれた。

オカルト哲学がヨーロッパにおける思想運動として盛んであったのは、十五世紀末から十六世紀前半までのことであった。カトリックとプロテスタントの敵対が激化し、ことに一五四五～六三年にかけて断続的に開かれたトリエント公会議以降に決裂が決定的となり、キリスト教世界の宗教的な統一が実現不可能であることが明らかになるにつれ、オカルト哲学は批判されるようになったのである。やがては宗教的統一の思想そのものすら、異端として断罪の対象となった。[82]

アグリッパ・フォン・ネッテスハイム

実際に十六世紀の後半になるとジョルジの著作は検閲を受け、またアグリッパ・フォン・ネッテスハイムは黒魔術師の烙印を押され、悪魔学論文のなかで「魔女の同類」として断罪されることになる。[83]

そして、フィチーノをはじめとするオカルト哲学者が支持していた、アリストテレスの『問題集』にもとづくプラス・イメージのメランコリー観[84]もまた、このようなオカルト哲学の失墜と歩調を合わせて衰退していった。

こうして十六世紀後半以降に支配的となるマイナス・イメージのメランコリー観は、おそらく知識人階層だけが支持していたわけではなかっただろう。そもそもアリストテレスの『問題集』にもとづくメランコリー観は一部の知識人だけに受容されていたのであり、民衆には普及していなかった。その一方で、すでにふれたように民衆の間では古代以来の体液病理説にもとづくメランコリー観が信じられていた。また、アリストテレスの著作の翻訳出版が一五三五年頃から急増し、医学部教育・研究の基礎を提供したことは確かだが、一方で十六世紀中頃はガレノス文献の出版がピークに達し、ことにそのメランコリーに関する議論は注目され、十六世紀末にはヒポクラテス＝ガレノス医学が流行するのである[85]。

またサトゥルヌスというメランコリーの神話的表象も、同じく十六世紀後半に否定的イメージを増幅させていったと考えられる。すでに引用したパノフスキーの言葉にあるように、「新プラトン主義の再生も、サトゥルヌスが惑星のうちでもっとも不吉なものという一般の信念を和らげることはできなかった」のである。ルネサンス期において、古代の神々は「本来の古典的形体と完全な威信を回復し」、復活をとげた[86]。それによって、サトゥルヌスが元来持っていた不吉な性格も西欧世界に復活し、普及したのである。

十六世紀後半のメランコリー観

ここまで、古代から十六世紀後半に至るまでのメランコリー観を概観してきたわけだが、メランコリー観にはプラス・イメージのものとマイナス・イメージのものとがあり、その両極端の見解が時代によって様々な相貌を見せてきたことが明らかになったと思われる。

十六世紀後半期、つまり魔女裁判が本格化する時期におけるメランコリー観は、マイナス・イメージのものであり、その内容は古代以来の医学的メランコリー観と中世のメランコリー観によって構成されていた。次章以降で検討する〈魔女とメランコリー〉の問題を念頭に入れつつその特徴を整理すれば、次の三点に分けて考えることができるだろう。

(1) メランコリーと悪魔の親和性 古代末期以来の「メランコリーの体液(黒胆汁)=悪魔の風呂」説に始まり、宗教改革期に至るまで、メランコリーが悪魔に由来するものと考える言説が根強くあった。

(2) メランコリーと女性の親和性 ヒポクラテス=ガレノス由来の医学的メランコリー観において、メランコリーの病理的症候は男性よりも女性に甚だしく現れる(ガレノス)とされた。アリストテレス『問題集』およびそれにもとづくフィチーノらのプラス・イメージのメランコリー観は、男性のみに関係するものとされた。

(3) メランコリーと老人の親和性 体液病理説によれば、人間は年齢を問わず、体液のバランスが崩れ黒胆汁が増大すればメランコリーに冒される可能性がある。しかし、古代から中世にかけての体液病理説・メランコリー観においては、必ず黒胆汁が増大し、メランコリーに罹患《りかん》する年齢があるとされた。それが老年期である。ここから、メランコリーは「老人」と密接な関係にあるとみなされた。

(2)と(3)を合わせれば、〈メランコリーと老女〉の親和性と言い換えることができるだろう。これについては、すでにふれた中世後期における「貴婦人メランコリー」のモチーフを思い出しておきたい。このモチーフでは、メランコリーが老女像として表象されていたのだった。すでに中世後期には、

「マリンコニア」（リーパ『イコノロジア』パドヴァ，1611年）

「メランコリー」と「老女」が切り離しがたい関係にあると理解されていたと考えられる。

一五九三年にチェーザレ・リーパが著した『イコノロジア』は、人間の美徳・悪徳・感情などを人物像で表現した図像を体系的に集成し、詩作や挿絵に使用できるように分類した図像学大全で、その種のジャンルの書物の中では最も有名で大きな影響を及ぼしたものと言われている。[87] そのなかの「マリンコニア」、すなわち「メランコリーに冒された者」の項には、「悲しげで、嘆きにくれる老婆であり、醜い服を着て、装身具は身に付けていない」[88]と記されている。

このような描写は明らかに「貴婦人メランコリー」の系譜につらなるものであり、『イコノロジア』の影響力を考えれば、十六世紀後半当時、〈老女としてのメランコリー〉というイメージが広く受容されていたと推測される。

十六世紀後半以降、本格的な魔女裁判が始まる。そしてその時代は、マイナス・イメージのメランコリー観が次第に、より広く普及していく時代でもあった。この二つの現象が同時並行的に進むなかで、悪魔学者たちは〈魔女とメランコリー〉に関する論争を展開することになる。

次章では、いよいよこの悪魔学者たちの論争の森のなかに踏み入ることにしよう。

第2章

魔女はメランコリーか？

ハンス・ヴァイディッツ作「天候魔女」(1530年頃)。天候に害悪をもたらす魔術を行う魔女の姿が描かれている。右上から雹が降り注いでいる。魔女が手にしている糸巻き棒は，女性という性を象徴している。

1　三人の悪魔学者の論争

魔女裁判は、すでに十五世紀後半に増え始めていたが、十六世紀前半には一転、下火となる。通説として、その原因は二つあると言われている。[1] 第一に、宗教改革が聖職者を含め人々の関心をひきつけたということだ。人々の関心が、「キリスト教世界の分裂」という未曾有の事態にどう対処すればよいのかという問題に集中したのである。第二に、当時新プラトン主義者たちを中心に、魔女裁判に対する批判が行われたことである。

一般的に、新プラトン主義者が魔女裁判や魔女信仰概念に対して批判的であったのは、魔術観の根本的な違いによるものだとされている。新プラトン主義者は、人間自らが魔術を行い、悪魔を使役しうると考えていたのに対して、魔女信仰概念は逆に、人間が悪魔に一方的に使役されるという立場に立っていたという。[2]

十六世紀前半には新プラトン主義者の魔女裁判批判が効果をあげ、魔女として疑われた者が釈放されることもあった。アグリッパ・フォン・ネッテスハイムがエルザス・ロートリンゲン地方の都市メッツで魔女を弁護し、当地の異端審問官と争った結果、魔女が釈放された例は有名である。[3] しかし新プラトン主義者たちが影響力を持ちえたのは、同世紀前半までのことであった。また、新プラトン主義が悪魔の存在と魔術の効力を認めている以上、その批判には限界があったと言えるかもしれない。[4] こうして十六世紀後半以降、魔女裁判は本格化し始める。

このような魔女裁判の動きは、悪魔学論文の刊行状況にも見てとることができる。有名な魔女狩りの手引書『魔女の槌《つち》』は、一四八六年の初版以来続々と再版されたが、この流れが十五版目の一五二〇年に止まり、次に再版されたのは一五七四年のことだった[5]（この書については本章1・4で後述）。新刊書の刊行状況も同様であった。一五二四年にパウルス・グリランドゥスが『異端と予言者についての論述』という著作を出版し、広く普及したが、その後約四〇年間、新刊書は皆無ではないものの、同書のような影響力をもった著作はほとんど出なくなる。[6]

このような悪魔学論文の刊行状況には、宗教改革に伴う出版界の状況変化が大きく関わっていたと考えられる。よく知られているように、当時宗教改革に関連する膨大な著作類が印刷され流通した。[7]それによって、おそらく他の書籍は市場の隅に押しやられたのだろう。印刷業者は、いかにして採算の立つ、売れる作品を出版するかに腐心していた。[8]聖書や宗教改革者の著作と比べて需要の少ない悪魔学論文はその思惑に合致しなかったのだろう。

しかし、プロテスタントによる宗教改革と、それに対して起こったカトリックの反宗教改革に、トリエント公会議をもってひとつの区切りがつき、新たな段階に進もうとしていた一五六〇・七〇年代から、魔女裁判は再び活発化し始める。

そして、その動きに合わせるかのように、一五六三年、一冊の著作が公刊された。ユーリッヒ＝クレーフェ＝ベルク公領の侍医ヨーハン・ヴァイヤーの『悪魔の幻惑について』である。魔女裁判批判を表明したこの著作で、ヴァイヤーは〈魔女とメランコリー〉の問題を中心に据えて議論を展開している。

一方、このようなヴァイヤーの主張に対して反論し、魔女裁判支持を唱えたのが、当時のフランス――全ヨーロッパと言ってもよいだろう――を代表する大知識人ジャン・ボダンであった。そして、ヴァイヤー、ボダン両者の議論を踏まえて魔女裁判批判を展開したのが、イングランドのレジナルド・スコットである。

十六世紀後半以降の魔女をめぐる論争は、〈魔女とメランコリー〉の関係をどのように考えるのかという問題に深く関わっており、その論争の端緒となったのがこの三人の議論である。三者は直接会うことはなく、著作を通じての論争ではあったが、彼らの議論の影響力は後世の悪魔学者たちにまで及び、魔女裁判の歴史において重要な位置を占めている。以下でその三者の議論を見てみよう。

1・1　ヴァイヤーの主張

魔女と想像

ヴァイヤーは一五一五年、神聖ローマ帝国領内、現在の中部ベルギーに位置するブラバント地方のクレーフェ市で生まれた。少年期に受けた教育については定かでないが、青年期になると、さらなる教育を希望する子弟がたどるべき当時の習慣に従って家を離れ、徒弟の時代に入る。そして一五三〇年から三四年頃までのあいだ、あのアグリッパ・フォン・ネッテスハイムのもとで過ごした。三四年、医学を学ぶためにパリ大学に入学、同年末にはオルレアン大学に移籍し、三七年同大学で医学の学位を受けた。そして同年、クレーフェに帰郷し医業を開業した。五〇年、ユーリッヒ＝クレーフェ＝ベルク公ヴィルヘルム五世の侍医職を請われて引き受け、以降八八年に七三歳で死去するまでその職を務めた。生粋の医者だったと言える。

『悪魔の幻惑について』は、ヴァイヤーが侍医職にあった時期に執筆された。ユーリッヒ＝クレーフェ＝ベルク公領は宗教的寛容で知られる土地柄であり、それは魔女裁判に対しても同様だった。したがって当時、この地で魔女裁判が猛威をふるっていたわけではない。[10] しかし、西欧全体では一五六〇年頃から魔女裁判は着実に増加しつつあった。ヴァイヤーはそのような一般的な趨勢に触発され、執筆を決意したのだろう。

著作はすぐさま反響を呼び、ヴァイヤーの生存中に限っても七版のラテン語版が出版され、六五年にはドイツ語版、六七年にはフランス語版が出版された。そして著作の内容は、七九年に出版されたフランス語の増補版で最も詳しいものとなった。[11]

ヴァイヤーの主張は医者としての立場からなされており、文章には大学で医学教育を受けた者としての自負がにじみ出ている。ヴァイヤーのメランコリーに関する考え方は、当時の正統的医学に準拠したものであったと考えてよい。

ヨーハン・ヴァイヤー

ヴァイヤーはプロテスタントだったが、[12] その宗教思想が彼のメランコリー観に影響を与えているとは思われない。前章で見たように、メランコリーに対する認識にはカトリック・プロテスタント間で著しい相違は認められなかった。

さて、ヴァイヤーは、次のように魔女を定義する。魔女とは、「悪魔と欺瞞的なあるいは想像的な契約を交わし、思念や呪い、あるいは目的を達成するには不適切で馬鹿げた手段を使って、あらゆる邪悪な行為を行い、また企てているとみなされている者」[13]である。

悪魔と魔女が取り交わす「契約」は、魔女が悪魔の支配下にあることを確証する魔女信仰概念の中核的な要素だ。ヴァイヤーは、この契約が欺瞞的・想像的なものだと断定する。つまり、契約は現実に結ばれているのではない。

魔女に関わる様々な事柄を想像上のものと位置づけて魔女裁判を批判するのが、ヴァイヤーの論法である。たとえば、魔女が悪魔に捧げる生贄に関わる幼児殺害と死体の発掘について、ヴァイヤーは次のように述べている。「なんらかの儀式によって幼児を殺害することが可能であると考えるのは誤りであり、悪魔の純然たる作りごと、常軌を逸した信仰である」。そして「魔女たちが墓場から幼児の死体を掘り出すなどということは、腐敗した想像力から生じた、あるいは深い眠りによって害された悪魔の暗示以外の何ものでもないと思われる」[14]。

魔女の行為に関わる「想像」の問題は頻繁に取り上げられており、わざわざそのために複数の章が設けられているほどである（第三巻、第七・八・九・一〇章）。そして実は、この「想像」の問題こそメランコリーに深く関係するものであり、ヴァイヤーの魔女裁判批判の中核を成すものであった。このことは、第三巻第七章の題「メランコリーに冒された者の歪められた想像力について」や同第九章の題「いかにして悪魔は人間の想像力を腐敗させるのか」に明白に現れている。これらの章にはガレノスの説くメランコリーの具体的な症状、たとえば自分が人間以外の存在であるとか、空が落ちてくると想像したりする症状と同類の話も登場する。

この著作全体でヴァイヤーが主張したかったことを手短にまとめれば、夜宴「サバト」をはじめとする魔女の様々な行為は現実のものではありえず、すべてメランコリーに起因した想像にすぎないということだ。ヴァイヤーによれば、悪魔が魔女のメランコリーを利用し、魔女に非現実的な事柄を想像させるにすぎないのである。

メランコリーに冒された老女

ヴァイヤーは言う。「一般に、魔女は確かに老女であり、メランコリーに冒され、意志が弱く意気消沈に陥りやすく、神をあまり信頼しない者であるために、悪魔が様々な幻と幻想によって精神を乱すのに適した道具として、嬉々として彼女たちに近づき入り込むことは少しも疑いない」と。[15]

魔女とは、メランコリーに冒された老女なのだ。そしてヴァイヤーの主張は明らかに、前章で検討した十六世紀後半の一般的なメランコリー観の特徴（悪魔、女性、老人との密接な結びつき）を忠実にふまえている。

さらにヴァイヤーの魔女定義は、西欧キリスト教文化の伝統的な女性観と合わせて理解しておくべきだろう。「意志が弱く」「神をあまり信頼しない」という魔女についての表現は、イヴにさかのぼるキリスト教の否定的女性観の流れをくむものである。ヴァイヤーはそれに体液病理説を結合させて、魔女の具体像を次のように描いている。「悪魔は進んで女を誘惑する。女はその気質のために無節操かつ軽信で忍耐力がなく、メランコリーに冒され、自分の感情を制御することができない。特に、弱々しく愚かで不安定な心を持つ老女がそうである」[16]。

悪魔が女性を誘惑するというテーマは、旧約聖書『創世記』の原罪に由来する。女性の祖形であるイ

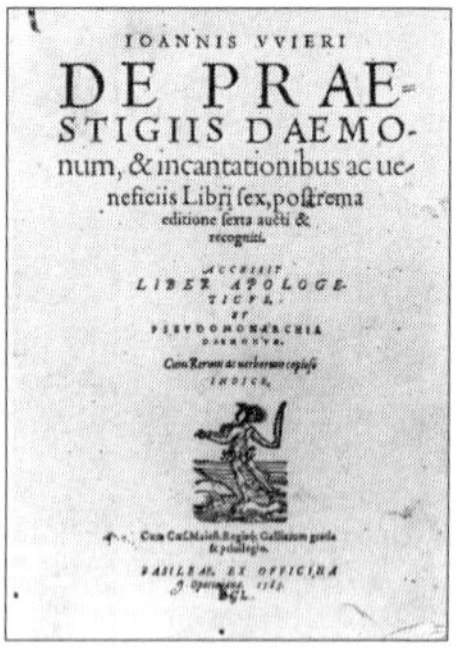
IOANNIS VVIERI
DE PRAE-
STIGIIS DAEMO-
num, & incantationibus ac ue-
neficiis Libri sex, postrema
editione sexta aucti &
recogniti.
ACCESSIT
LIBER APOLOGE-
TICVS,
ET
PSEVDOMONARCHIA
DAEMONVM.
BASILEAE, EX OFFICINA

ヴァイヤー『悪魔の幻惑について』表紙

ヴが悪魔の誘惑によって禁断の果実を食べたために人間の堕罪が始まった、という周知の話である。ヴァイヤーは、このような西欧キリスト教文化に根ざす女性観と体液病理説を巧みに結びつけた。あるいは、西欧のキリスト者であるヴァイヤーの内面で、無意識のうちに両者が結合してしまっている、といった方がよいかもしれない。

またヴァイヤーは、魔女が就寝中に悪魔と交わるという夢魔信仰を否定するため、次のように述べている。「老魔女はたいがい、その年齢と性別のために粘液質であり、かつその精神の疾患のために黒胆汁質であるから、仰向けになって眠っているときにどうしてこの病にかからないことがあろうか[17]」。「この病」とは夢魔を指している。つまりヴァイヤーは悪魔が眠っている魔女と現実に性交するわけではなく、そのようなイメージはメランコリーに由来する「想像」によって引き起こされるのだ、と述べるのである[18]。ここで奇妙なのは、黒胆汁だけではなく粘液にも言及されていることだろう。老魔女は年齢と性別の点からは粘液質、精神疾患の点からは黒胆汁質であることになり、一人の人間が二つの気質を同時に併せ持つことになる。これはどういうことだろうか。

加えてヴァイヤーは、別の箇所で老女の気質について次のように述べている。悪魔が千回協力したとしても、魔女が人間の力を越えた奇蹟的なことを行うのは不可能であるということを述べたくだりだ。「彼女たちは、前述の年齢、ならびに冷たく湿っていて濃く、とりわけ彼女たちの体を害する鈍い気質ないし体質のため、迅速で軽妙な悪魔の仕業を妨げてしまう[19]」。

前半では、「前述の年齢」は文脈上老年のことであり、「冷たく湿って」という表現から、粘液質が問題となっていることがわかる。しかしそのあとの「濃く」「鈍い」特徴は黒胆汁質を示している。[20] ここでも二つの気質が一人の人間の中に依存している状態が描かれている。

実はこの時期、黒胆汁と粘液はほぼ同じ扱いをされていたのである。パノフスキーらの研究は、古代から中世へと時代を経るなかでこの二つの体液の関係が次のように変化していったことを明らかにしている。

時代を経るに従って、黒胆汁質の特徴は粘液質の特徴と重ね合わされるようになり、最終的には二つの気質は交換可能となった。このことは十五・十六世紀における四気質の寓意的図像の描写から確認される。そこでは黒胆汁質者と粘液質者が置き換わることがしばしばあり、どちらが第三の位置を占めるのか一定しなかった。[21]

このように中世末から近世にかけて、黒胆汁と粘液はほぼ同格で並存し、両者の特徴は混合していた。したがって、ヴァイヤーの一見矛盾しているように見える主張には実は整合性があり、ヴァイヤーは同時代の体液病理説ならびにメランコリー観に実に忠実だったと考えられる。

ヴァイヤーはあくまでも魔女の行為をメランコリーに由来する想像ないし病とみなし、魔女に対する寛容な処遇を主張しつづけた。「魔女たちが真の信仰に反抗しているとしても、その状態で彼女たちを処刑すべきではなく、聖なる訓戒によって正しき道に連れ戻すべき」[22] と考えていたヴァイヤーにとって、そもそも魔女とは、自然の事物とその性質に通暁《つうぎょう》した「医者」の手に委ねるべき「患者」にほかならなかったのである。[23]

以上のようなヴァイヤーの魔女裁判批判に憤り、激しい反論を展開したのが、次に挙げるジャン・ボダンである。

1・2 ボダンの主張

ボダンとヴァイヤーの関係

ボダンは一五三一年、フランスのアンジェに仕立屋の親方の息子として生まれた。ボダン家は、不動産や官職を獲得して社会的上昇を目指す中流階層に属していた。当時このような階層の子弟の多くが選んだのは「教会と法律」の道であり、ボダンも例外ではなかった[24]。

ボダンは幼少時アンジェのカルメル会修道院に入れられ、一五四五年頃にはパリの同修道院に移り、同会を辞める四八年頃までそこで暮らした。その後トゥールーズ大学に法学を修めるために入学、五五年頃からは同大学で私講師としてローマ法を教えた。五九年頃トゥールーズ大学を辞し、パリ高等法院の弁護士となる。六七年にはパリ高等法院の国王検事、検事総長代理を務め、その後、ノルマンディーの王領の委任官（王の権利を守る役職）やアランソン公フランソワの訴願審査官兼顧問などを務め、九六年にこの世を去った[25]。

以上の経歴に加え、多方面に及ぶ多くの著作から分かるように、ボダンは古典・法律・哲学・経済に通じる大知識人として知られる。現代でもとりわけ政治学の分野で、ボダンは近代的主権概念の基礎を打ち立てた人物としてよく知られている。このボダンが、一方で魔女裁判の熱烈な支持者でもあった。

一五八〇年に出版されたボダンの『魔術師の悪魔狂』は、当時彼が切実に憂慮していた事柄、すなわち魔女の数の増大という現象に対して警鐘を鳴らそうとしたものであった。

この書は好評を博し、一六〇〇年までに十二のフランス語版、二つのラテン語訳版、三つのドイツ語訳版、三つのイタリア語訳版が出版された。[26] 同書は「十六世紀末の『魔女の槌』」といわれ、『魔女の槌』と同様、世俗法廷での魔女裁判の手引書として使われたという。[27]

本書がヴァイヤーに対する論争の書でもあったことを端的に教えてくれるのが、その出版経緯である。同書冒頭の「献辞」（高等法院首席長官クレストフル・ド・トゥに宛てられたもの）の日付が一五七九年十二月二十日となっていることからわかるように、[28] ボダンは同書をこの年には書き終えていた。しかし印刷にまわそうとした時、出版者のデュ・ピュイから、ヴァイヤーが『悪魔の幻惑について』の内容を補う冊子『魔女について』（一五七七年）を出版していたことを知らされた。ボダンはこれに憤慨し、急遽《きゅうきょ》、約八〇頁に及ぶ新章「ヨーハン・ヴァイヤーの見解への反駁」を付け加え、翌一五八〇年に出版したのである。[29]

ジャン・ボダン

ボダンはこの新章で次のように述べる。「本書を執筆し終え、まさに印刷しようとしたところ、私が仕事を頼んだ出版者が、医者であるヨーハン・ヴァイヤーの『魔女について』という新しい本を送ってくれた。そこで彼は、魔術師および魔女は罰せられるべきではないと主張している。このことが本書の出版を延期させたのだ」[30]。そしてこの直後に「ヴァイヤーはずっと以前からこの見解を持っていた」と述べられ、また注には『悪魔の幻惑について』が引かれている。[31]おそらく『魔術師の悪魔狂』を執筆する頃にはすでにヴァイヤーの魔女裁判批判論はボダンを苛立たせていたのだろう。そしていよいよ同書を出版しようとしたとき、ヴァイヤーが相も変わらず同じ主張を繰り返しているのを知って怒り頂点に達したということだろう。その怒りは、自著の出版を遅らせてまでヴァイヤーへの反論を書かせるほど大きなものだった。

ボダンの「魔女体験」

ボダンの場合もヴァイヤーと同様、宗教的立場がその見解に重要な影響を与えたとは思われない。ボダンの宗教観は新旧両教会から批判される寛容論だったが、『魔術師の悪魔狂』は宗派間の差異を越えて広く読まれ、その魔女裁判手引書としての地位は確固たるものだったと言われている。[32]

ボダンによれば、魔女とは「故意に悪魔の手を借りてある事柄に到達しようと努める輩《やから》」である。[33]ボダンにとって、魔女の行為は悪魔の力を借りて現実になされるものであり、想像の産物ではない。ヴァイヤーが欺瞞的・想像的と断じた「契約」も、ボダンにとっては現実であった。「すべての魔女の中でも、神を棄《す》て、悪魔に話しかけ、明白なる契約によって悪魔に対しあらゆる服従・奉仕・甘言・崇拝を提供する輩は、最も憎むべき魔女である」[34]とボダンは言う。

魔女の行為を現実視するボダンの姿勢は、彼自らが魔女裁判にたずさわった体験に裏打ちされていた。ボダンは「序章」に次のような話を記している。

一五七八年四月の最後の日、私が召集された魔女に対する裁判が、すべての異国の人々にとっては驚異に、またいくらかの人々には信じがたいことと思われている魔女の問題を明らかにするため、私にペンを執らせたのである。私が言及している魔女は、コンピエーニュ〔フランス北部の都市〕近郊、ヴェルベリ生まれのジャンヌ・アルイエという名前〔の女〕で、人間数人と家畜数匹を殺した廉《かど》で告発された。〔…〕彼女はまた十二歳の時から母親が彼女を悪魔に捧げてきたことを自白した。〔…〕その時以来、彼女は神を否定し悪魔に仕えることを約束し、すぐさま悪魔と肉の交わりを行い、これを十二歳以降、五〇歳ぐらいになる頃まで続けている。〔…〕彼女は悪魔に与えられた軟膏をいくらか使ったあと、悪魔によって魔女たちの集会に運ばれたと自白した。[35]

ボダンにとって魔女の様々な邪悪な行いは、裁判官としての体験に裏付けられた真実であり、疑うべくもないことであった。したがってその真実性を真っ向から否定するヴァイヤーに対して、ボダンの筆鋒は当然激しいものとならざるをえなかった。そしてヴァイヤーが「魔女とはメランコリーに冒された老女である」と主張していたことから、ボダンの批判の焦点は必然的に、ヴァイヤーのメランコリー観の妥当性の問題に絞られていくことになる。

DE LA
DEMONOMANIE
DES SORCIERS.
A MONSEIGNEVR M. CHRESTOFLE de Thou Chevalier Seigneur de Cœli, premier President en la Cour de Parlement, & Conseiller du Roy en son privé Conseil.
PAR I. BODIN ANGEVIN.
A PARIS,
Chez Iacques du Puys Libraire Iuré, à la Samaritaine,
M. D. LXXX.
AVEC PRIVILEGE DV ROY.

ボダン『魔術師の悪魔狂』表紙

ボダンによるヴァイヤー批判

ボダンはヴァイヤーを次のように批判する。「彼は〔…〕、魔女どもが自白した内容を実際に行ったのだと誤認してしまっており、また彼女たちをとらえているのはメランコリーの病であると言う。これは無学な者、あるいは魔術師が彼らの同朋《どうほう》を逃がし、悪魔の支配を増大させるために用いるうわべの口実である」[36]。

ボダンは医者であるヴァイヤーを「無学な者」と断じ、「メランコリーの病」を根拠にして魔女を弁護するのは彼自身が魔女の一味であるためだと非難している。ただ、ボダンがヴァイヤーを魔術師とみなすことには根拠がないわけではない。ヴァイヤーが年少の頃、あのアグリッパ・フォン・ネッテスハイムの弟子であったことを思い出そう。ボダンは実際著書の中で、「ヴァイヤーが、往年の最大の魔術師アグリッパの弟子であったと告白していることは、よく銘記されなければならない」[37]とはっきり述べている。

ボダンはメランコリーについて次のように言う。「彼女たちの空中輸送や呪いおよび奇妙なる行いを、メランコリーのせいにする必要はないのであり、さらに女どもをメランコリーに冒された者とみなす必要はない」[38]。魔女の問題を、メランコリーに関連づけて考える必要性など根本的にありえないというのがボダンの立場なのである。

さらにこうも述べる。「ヴァイヤーが女のメランコリーについて語り、彼の医術においてはなはだしく思い違いをしているとすれば、彼は想像によってある定義をこしらえるという、弁論術で言うところのはなはだしい過ちを犯しているのである」[39]。

これはいかにも大胆な発言である。ヴァイヤーは大学で医学の専門教育を受けた人物であり、小国とはいえ公国の王の侍医である。また先にみたように、ヴァイヤーのメランコリー観は少数派の意見ではなく、十六世紀後半当時に支配的であったメランコリー観と合致するものだったのである。

とすれば、ボダンはどのような根拠にもとづいてヴァイヤーのメランコリー観を誤りと言うのだろうか。その根拠は、ボダンのメランコリー観自体にあった。ボダンは次のように述べている。「おだやかなるメランコリーの病は、男を賢く、もの静かに瞑想的にするが、（古代のすべての哲学者や医者が指摘するように）火と水のように、女にはあまり適さない」[40]。

これが、アリストテレスの『問題集』に始まり、十五世紀末フィチーノによって復活させられたプラス・イメージのメランコリー観に属するものであることは明白だろう（事実、ボダンは「古代のすべての哲学者や医者」の箇所に付された注記で『問題集』を挙げている）。ヴァイヤーのマイナス・イメージのメランコリー観と衝突するのは当然である。

ところで、右の引用箇所でボダンが嘘を述べていることに注意しなくてはならない。ボダンは「古代のすべての哲学者や医者」が、メランコリーが「女にはあまり適さない」と指摘している、と述べている。しかしそうだっただろうか。「古代の医者」の中でも体液病理説の礎を築いた一大権威であるガレノスは、メランコリーに否定的な評価を与えていただけでなく、メランコリーは女性のほうがより酷い症状を示すと言っていたのではなかったか。

〈魔女とメランコリー〉の問題に対するボダンとヴァイヤーの見解を、十六世紀後半という時代的文脈において比較した場合、どちらがより常識的なメランコリー観に近かったと言えるだろうか。それは言うまでもなくヴァイヤーの見解である。ヴァイヤーのメランコリー観は同時代の十六世紀後半に支配的だったものだが、ボダンのそれはやや古く、同世紀前半に普及していたものである。ボダンが懸命にヴァイヤーのメランコリー観を批判しても、時代遅れの観は否めなかったであろう。しかもそれは、ヴァイヤーのマイナス・イメージのメランコリー観をしりぞけるためにのみ引き合いに出されたかのようで、いかにもこじつけらしく見える。また、大学で医学を修めたヴァイヤーとは違って、医学を専門的に学んだわけではないボダンの批判は、当然メランコリーの医学的把握において説得力に欠けると言わざるをえないのである。

ボダンはメランコリーについて次のようなことも述べている。たとえば、女性はガレノスの医学でいうと「冷・湿」の粘液質の性質を持つために、メランコリーに冒された者すなわち黒胆汁質者の「冷・乾」とは相容れない。[41] また、アルプス以北に住む北部人には魔女が多いことは多くの人々が指摘しているが、北部人の特徴は色白で碧眼《へきがん》、細い金色の髪、鮮紅色の顔色、陽気でおしゃべりなことである。これらはメランコリーに冒された者に見られる特徴とは正反対である。[42]

これらの主張はいずれも、魔女とメランコリーを結びつける見解を否定するためになされたものだが、どれも当時の文脈に照らして説得力に欠ける。前者はすでに確認したように、中世末以降には粘液質と黒胆汁質が同一視される傾向にあったという事実により反論される。また後者については、具体例を欠いた、容易に反証可能な粗雑な議論である。ただ、この主張はボダンのたんなる思いつきではなく、中世以来の「気候風土論」という大きな理論体系に関係していることには注意しておこう。ボダンの「気候風土論」については、次章で詳しくふれることになるだろう。

しかし考えてみると、博学で知られる大知識人ボダンが、当時どのようなメランコリー観が主流であったのかを知らなかったはずはない。ボダンが様々な角度から、ときに牽強付会ともみえる理論を用いつつ、ヴァイヤーの見解を執拗に覆そうとするのには、それ相応の理由があったと考えるべきではないだろうか。この問題については、後に改めて検討することにして、次にヴァイヤーとボダンを共に議論の俎上《そじょう》に載せて魔女裁判批判論を展開した、レジナルド・スコットの見解についてみておくことにしよう。

1・3　スコットの主張

スコットと魔女

スコットは、一五三八年頃イングランドのケント州で生まれた。生家は祖父がケント州長官を務めたことから推察されるように、地元で「高い尊敬を受ける」家庭であった。[43] 長じてオックスフォード大学のハート・ホール学寮で学ぶが学位を取らずに帰郷、その後結婚し、家政のきりもりや園芸にいそしむ生活をしていたらしい。治安判事を務めたほか、八八〜八九年にはイングランド議会議員を任じた。没年は九九年である。[44] この略歴からわかるように、スコットはイングランドの地方の名望家であった。

スコットの『魔術の暴露』は一五八四年に出版されたが、その執筆のきっかけはスコットの身近で起こった魔女裁判であったとされている。スコットが暮らしていたイングランドの南東部では、七〇年頃から魔女裁判が激しくなってきた。なかでも八二年にチェルムスフォード近郊のセント・オシスで行われた裁判では十三人の魔女が裁判にかけられ、そのうちの二人が処刑された。この魔女裁判をスコットは実際に目撃し、その愚かしい実態に触発されて『魔術の暴露』を執筆したと言われている。[45]

スコットの執筆動機は、ヴァイヤーの場合と似ていると言えるかもしれない。すなわち、魔女裁判が日ごとに増加しつつある現状への憂慮、そしてその裁判に見られる非合理性に対する批判と、裁かれる魔女に対する憐憫《れんびん》である。[46]

魔女裁判を批判し、魔女とされた人々を弁護する『魔術の暴露』は、神聖ローマ帝国やフランスなどヨーロッパ大陸の諸地域に比べると魔女裁判がかなり温和であったイングランドにおいても、反発をもって受けとめられた。このことは、『魔術の暴露』の出版状況から推測することができる。イングランドにおいて、一五八四年の初版以降一六五一年まで、この書は公に再版されることはなかったのである。その経緯には、本書第4章でふれることになるイングランド国王ジェイムズ一世が関与していると言われている。ジェイムズ一世は、まだスコットランド国王であった時期の一五九七年に『悪魔学』を執筆しており、その書において魔女裁判賛成論を展開し、ヴァイヤーとスコットを激しく批判している。ジェイムズ一世は『魔術の暴露』を焚書とする措置さえ講じたらしい。[47] しかしながら『魔術の暴露』は半世紀間まったく出版されなかったわけではなく、オランダ語の抄訳がイングランドの出版者によって一六〇九年、三七年、三八年に出版されており、[48] ひそかに読み継がれていたようだ。

スコットはヴァイヤーの主張を基本的に踏襲しており、両者の見解は極めて似通っている。しかしスコットによる魔女の描写は、ヴァイヤー以上に詳しい。たとえば、魔女の具体像についてスコットは次のように述べている。「魔女と言われているような者たちの一種は、普通、年寄りで足をひきずっており、ただれ目で青白い顔をし、汚らしく皺がたくさんある女で、貧しく、むっつりし、迷信深く、ローマ・カトリック教徒である。あるいは宗教を知らない者である。悪魔はこのような者たちの心の中に心地よい座り場所を手に入れるのだ」[49]。

「一種」という表現は、別の種類の魔女が存在することを前提にしている。スコットはそれを「ペテンの魔女」と呼ぶ。[50]「ペテンの魔女」とは、自分を魔女であると騙《かた》り、たとえば未来占いをして金儲けをたくらむ詐欺師のことだという。そしてスコットの主要な関心は、このような「ペテンの魔女」にではなく、前者の魔女の方にある。

ところで、ここで言及されている「ローマ・カトリック教徒」について説明しておこう。これはスコットが、カトリック固有の儀式を悪魔的魔術と類似のものと考えていたためである。[51] 反カトリックであったスコットは、引用箇所以外でもカトリック批判を行っている。[52] ただし、かといって彼がプロテスタントであったという証拠はなく、エラスムス（一四六六頃～一五三六。当時を代表する人文主義者で『痴愚神礼讃』を著したことで有名。カトリック教会の堕落に批判的で、宗教改革に賛同した時期もあったが、その過激化には反対し、終生カトリックを貫いた）に通じるような「キリスト教人文主義の弟子」と評価されることもある。[53] 宗教的立場が〈魔女とメランコリー〉の問題に影響していないと思われるのは、ヴァイヤーの場合と同様だ。

さて、〈魔女とメランコリー〉の関係についてスコットは次のように述べている。「彼女たちは痩せていて醜く、顔にはメランコリーが現れており、彼女たちを見る者すべてを恐がらせる。彼女たちは耄碌《もうろく》していて口喧《くちやかま》しく、気が狂っており、悪魔のようだ」[54]。メランコリーが現れている顔つきは、陰鬱で、顔色は浅黒いのかもしれない。[55] いずれにせよスコットが語る魔女像は明らかに、ヴァイヤーの魔女像と極めて似通ったものである。

このようにスコットの魔女描写は、一見すると魔女を弁護しようとしているとは思えないほどネガティヴなものである。しかしスコットは、メランコリーに冒された老女が魔女の誹《そし》りを

The diſcouerie
of witchcraft,
Wherein the lewde dealing of witches
and witchmongers is notablie detected, the
knauerie of coniurors, the impietie of inchan-
tors, the follie of ſoothſaiers, the impudent falſ-
hood of couſenors, the infidelitie of atheiſts,
the peſtilent practiſes of Pythoniſts, the
curioſitie of figurecaſters, the va-
nitie of dreamers, the begger-
lie art of Alcu-
myſtrie,
The abhomination of idolatrie, the hor-
rible art of poiſoning, the vertue and power of
naturall magike, and all the conueiances
of Legierdemaine and iuggling are deciphered:
and many other things opened, which
haue long lien hidden, howbeit
verie neceſſarie to
be knowne.
Heerevnto is added a treatiſe vpon the
nature and ſubſtance of ſpirits and diuels,
&c: all latelie written
by Reginald Scot
Eſquire.
1. Iohn. 4, 1.
Beleeue not euerie ſpirit, but trie the ſpirits, whether they are
of God; for manie falſe prophets are gone
out into the world, &c.
1584

スコット『魔術の暴露』表紙

受け、裁判にかけられていることに対する悲憤を交えて、次のように彼女らを擁護する。「魔術の廉で告発されている老女は、結局、感覚が麻痺しているために弁解することができないのだ。彼女たちが告発されているような出来事を引き起こせそうにないにもかかわらず、どうして彼女たちに用いられる過酷な手段を見て嘆き悲しまない者がいるだろうか[56]」。

感覚が麻痺するほど耄碌している老女に対して、裁判官たちは「過酷な手段」を用いて、魔女であると自白させようとする。しかしそれは無理な話だとスコットは難じる。なぜなら彼女たちは「告発されているような出来事を引き起こせそうにない」からである。なぜか。これに対する答えはヴァイヤーと同じである。そもそも「告発されているような出来事」、すなわち悪魔との性交や空中飛行や動物への変身といった事柄は、メランコリーに由来する「想像」にほかならない。このような立場をとるスコットにとって、魔女の行為を現実とみなし、〈魔女とメランコリー〉の関連性を否定し、魔女裁判を支持するボダンは当然批判の対象となる。たとえばスコットは、魔女が動物に変身できるという魔女信仰概念について次のように述べている。

> 『魔女の槌』やボダン、また魔術について意見を述べている他の多くの者たちが、喜び勇んでネブカドネツァルの話を論じている。まるでキルケが他の人々を豚など〔の動物〕に変身させてしまったのと同じように、妖術によってネブカドネツァルを雄牛に変身させてしまったかのように言うのだ。私としては次のように答える。ネブカドネツァルは身体においても形態においてもまったく変身させられてなどいない[57]。

魔女キルケが人々を豚に変える話は、ギリシア神話の英雄オデュッセウスの物語に出てくる有名な話である。またネブカドネツァルの話とは旧約聖書『ダニエル書』第四章にあり、新バビロニアの王ネブカドネツァル二世が、ユダ王国のユダヤ人をバビロニア地方に強制移住させた際（バビロン捕囚）、捕囚の一人ダニエルの夢解きと預言の通り悲惨な境遇に落ちた逸話を指す。『ダニエル書』には次のようにある。「彼〔ネブカドネツァル〕は人間の社会から追放され、牛のように草を食らい、その体は天の露にぬれ、その毛は鷲の羽のように、つめは鳥のつめのように生え伸びた」（新共同訳『聖書』による。以下同様）。『魔女の槌』やボダンらの著作は、このような聖書の記述や先のギリシア神話の物語を現実の出来事とみなし、魔女の変身は真実だと主張する。しかしスコットはそれは偽りだとして次のように言う。

結論を言えば、魔女狩り人たちがそのように戯言《たわごと》をつらねて喚《わめ》いている変身というものは、（すべての学識ある医者たちが確言しているように）ある程度メランコリーに由来する病気なのだ。このせいで多くの人々が、自分自身を狼などの荒れ狂う獣であると思ってしまうのである。〔…〕J・ヴァイヤーはこの病気の原因・詳細・治療について非常に学識深く述べている。[58]

ボダンへの反論

スコットには、自分が依拠するメランコリー観が当時の常識に合致しているという自信があったのかもしれない。またヴァイヤーの名前が頻繁に引用されていることから、スコットがヴァイヤーのメランコリー観を強く支持していたことは明らかである。そしてボダンのメランコリー観が誤りであることを次のようにほのめかしている。

> ジャン・ボダンは、法律家らしい薬を使って〔ヴァイヤーとは〕反対のことを主張する。つまり、我々が魔女と呼ぶそれらの老女たちには〔メランコリーが〕最も縁遠いものであるかのように言うのである。そして、最も高名で高貴な医者であるヨーハン・ヴァイヤーを、その見解ゆえに嘲笑《あざわら》うのだ。[59]

「法律家らしい薬」〔医学の専門知識のないボダンを辛辣に皮肉った表現である〕を使って魔女とメランコリーは無関係だと主張するボダンとは対照的に、「最も高名で高貴な医者」であるヴァイヤーは二者の密接な関係を説いていた。二人を対照させる右の記述からは、医学の門外漢であるボダンの見解など考慮に値しないというスコットの姿勢を読み取ることができるだろう。スコットにとって、その見解ゆえに嘲笑われるべきはボダンの方であった。

このような記述は他にもある。「ボダンは、これ〔魔女の諸行為とされているものがメランコリーを原因とする想像に過ぎないということ〕を反証しようと骨折った。その点については、彼は自身が素晴らしい医者であった。他の点では神学者であったように[60]」。

ボダンは修道会に入っていたこともあるので「神学者」はまだしもだが「医者」は事実に反する。このようなスコットの痛烈な皮肉は、自分とヴァイヤーのメランコリー観の方が正しいという確固たる自信に裏打ちされたものと言えよう。

第1章で見たように、十六世紀後半には、悪魔と老女に親和性を持つメランコリー観が支配的であった。そこから考えれば、スコットの自信のほどは頷《うなず》ける。スコットとヴァイヤーの魔女像は「メランコリーに冒された老女」であり、悪魔はこのような老女に好んで忍び寄るのであった。すでに引用したスコットの言葉をかりれば「悪魔はこのような者たちの心の中に心地よい座り場所を手に入れる」のであり、あるいはヴァイヤーの言葉をかりれば「悪魔が〔…〕嬉々として彼女たちに近づき入り込む」のだ。

ここまでみてきたように、〈魔女とメランコリー〉の問題について、ヴァイヤーとスコットはメランコリーに関する当時の支配的な思潮にのっとって主張を行ったと言ってよいだろう。これに対してボダンは、支配的な思潮を執拗にしりぞけた。なぜだろうか。ボダンのこの不可解な態度の理由については、後ほど改めて検討する。

1・4　「メランコリーに冒された老女」という魔女像

これまで三人の悪魔学者の〈魔女とメランコリー〉に関する見解を検討してきたわけだが、その結果からは、〈「メランコリーに冒された老女」という魔女像〉が浮かび上がる。この魔女像についてはすでに幾度も言及してきたが、ここで改めて次のような未解決の問題について検討しておく必要がある。
（1）この魔女像は、ヴァイヤーとスコットだけが唱えていたのだろうか。スコットがヴァイヤーを権威として引用していたことから考えて、この魔女像はヴァイヤーの創始になるものなのだろうか。だとすれば、その恣意性はぬぐい難く、彼ら二人だけが主張していた特異な魔女像の一例ということになってしまう恐れがある。
（2）ボダンはなぜ、この魔女像を執拗に、ときにはこじつけまで用いて否定しようとしたのか。
（3）ヴァイヤーとスコットは、同時代である十六世紀後半のメランコリー観の認識については正しかったかもしれない。しかしそれを拡大して、〈魔女とメランコリー〉の問題に関しても彼らが正しい認識を持っていたと言えるのだろうか。後述する理由で、この問題に関してはボダンの方が正しかったのではないか。つまり、〈魔女とメランコリー〉の問題とメランコリー観そのものの問題を安易に同一視することはできないのではないか。

右のうち（1）については、次のように様々な事例によって比較的簡単に解決しうる。

魔女裁判が猖獗を極める時代、誰もが魔女の一味と疑われる可能性のある時代に、身の危険をおして魔女裁判批判を展開したヴァイヤーやスコットが、わざわざ恣意的で根拠のない説を唱えるとは考えられない。〈「メランコリーに冒された老女」という魔女像〉がそれなりに説得力を持っていたからこそ、彼らはこの魔女像に依拠したのだと考えるべきだろう。

事実、この魔女像を唱えた人々は他にもいた。ヴァイヤーとスコットがともに引用しているイタリアの医者・数学者・自然学者ジェローラモ・カルダーノ（一五〇一〜七六）は、すでに一五五〇年の著書でこの魔女像について論じている。[16] したがって、この魔女像はヴァイヤー以前にすでに存在していたのである。

さらに、「魔女」と「メランコリー」が結びついて認識されていたということは、当時の図像からも確認できる。まず序章でとりあげた、一四八〇年頃の「土星の子供たち」の図像を思い起こしていただきたい（本書9頁参照）。十五世紀末にはすでに、このように「土星の子供たち」の図像に魔女らしき人物像が描きこまれるようになっていた。[62]

また、一五〇〇年頃にデューラーが制作した版画「魔女」には、好色と悪魔の表象である山羊に後ろ向きに跨《またが》る老魔女の姿が描かれているが、山羊の胴体後部がいかにも奇妙な形状である。この山羊は下半身が魚の姿をしており、占星術における山羊座すなわち磨羯宮《まかつきゅう》（支配星は土星）の描写の慣例に従って描かれたものである（78頁図版参照）。

さらに一五三〇年頃、ドイツの画家ルーカス・クラーナハ（父）はメランコリーに関する連作を描いている。そのうちの一つには、画面左上に、獣に跨って暗黒の天空を翔ける老若様々の裸の女たちと一人の男の姿が描かれている。前景右に大きく描かれている有翼の女性は、デューラーの「メレンコリアＩ」と同様「自由学芸の擬人像」と「怠惰なメランコリーの擬人像」を象徴的に統合したものだが、彼女が左手で支え右手の小刀で削っている木の棒は「魔法の杖」だと言われている（本書カバー参照）。当時樹皮を剝ぐモチーフは、魔法の杖を作る行為を想起させるものであった。[63]

クラーナハのこの図像は、民間信仰における「魔女の空中飛行」の起源とされている「野蛮な狩猟」と、ウェーヌスベルク伝説〔性愛の女神ウェヌスの支配する官能の山で、誘惑された男性が性的悦楽にふけると考えられていた。タンホイザー伝説としても知られる〕と関係している。[64] 裸の女たち、すなわち魔女たちに誘われて空中を騎乗する赤い服の男性は、ウェーヌスベルクに行くところなのかもしれない。ウェーヌスベルクはまた、魔術が行われ、魔女たちがサバトを催す魔の山としても知られていた。一方「野蛮な狩猟」は、一般的に異教神が先導する集団の狩りの形で描かれ、先導者はローマ神話の女神ディアーナやギリシア神話の女神ヘカテーなど、地方によって様々な形態をとる。その中

デューラー作「魔女」(1500年頃)

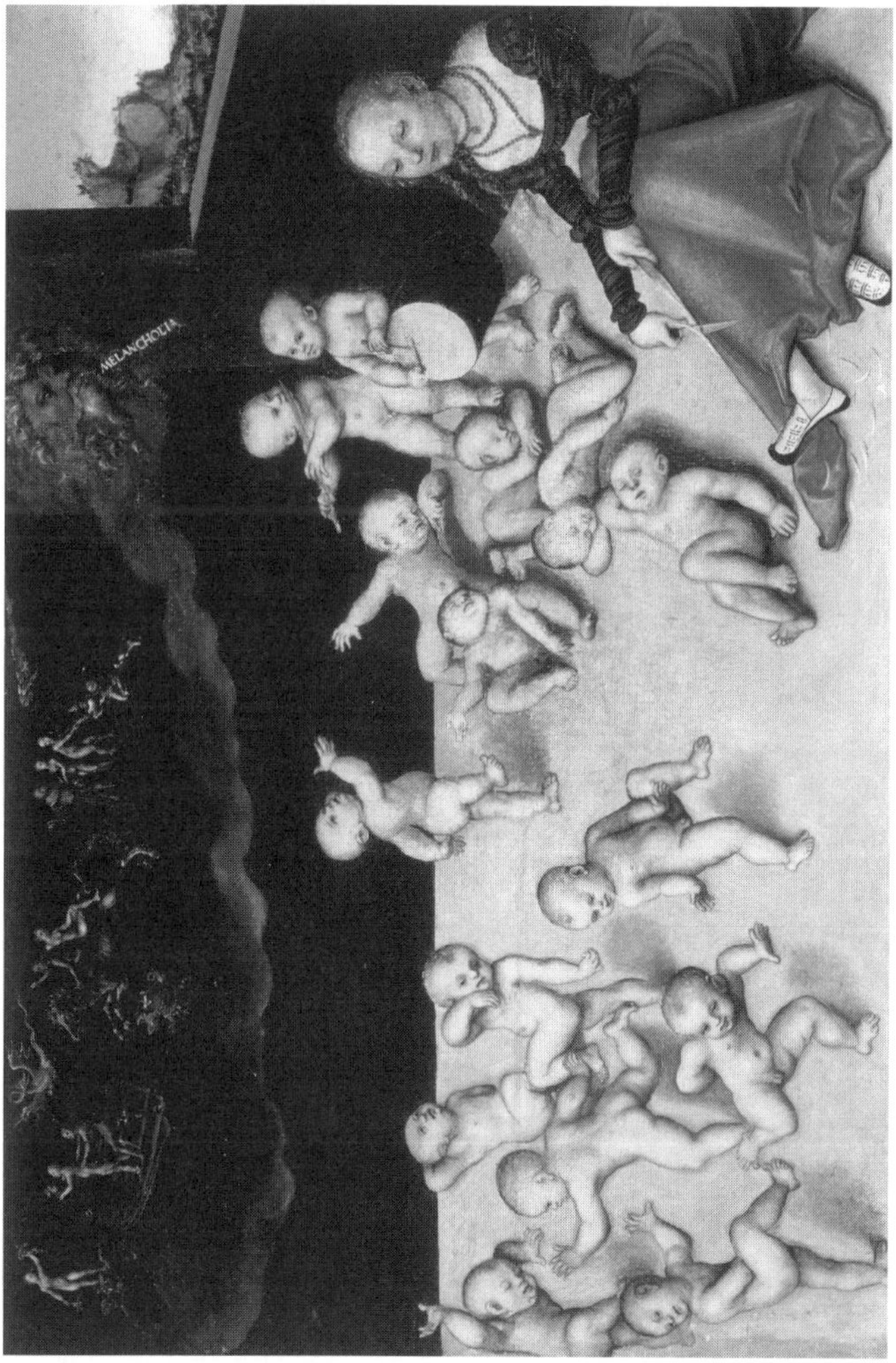

クラーナハ（父）作，連作「メランコリア」の一作品（1530年頃）

バルドゥング工房「魔女のサバト」（1517年頃）

にはサトゥルヌスも含まれる。クラーナハの別の作品では、画面上部に髭面をした老齢の男性神が描かれており、これはサトゥルヌスであると言われている（79頁図版参照）。これらの図像からは、民間信仰の次元で「魔女」と「メランコリー」が一組のものとして認識されていたこと、また「魔女の空中飛行」および「野蛮な狩猟」をメランコリーに由来する想像の産物とみなす一般的な風潮があったことがうかがわれる。

次の例も、「魔女」と「メランコリー」がサトゥルヌスを介して結びついた形で認識されていたことを示す図像である。上の図は、一五一七年頃、シュトラースブルク〔神聖ローマ帝国の都市。現在はフランスに属する（ストラスブール）〕の画家ハンス・バルドゥング・グリーンの工房で制作された木版画である。この木版画は魔女のサバト（夜宴）を題材にしており、三人の魔女の左には木にしがみつく一人の男性が描かれている。この男性が腋の下に挟んでいる松葉杖は古来、サトゥルヌスを表現するときに使われてきた持物《アトリビュート》にほかならない。[65]

以上のようなイメージの具体例を考えると、西欧ではすでに中世末から〈「メランコリーに冒された老女」という魔女像〉が普及し、一定程度受容されていたとみてよいのではないだろうか。

ただ中世末にはまだ、〈魔女とメランコリー〉と「老女」の結びつきはそれほど堅固ではなかったらしい。両者が緊密に結びつくのは、おそらく十六世紀中頃以降のことではないかと思われる。ここで、第1節冒頭でふれた『魔女の槌』についてみてみよう。十五世紀末に出版されたこの書は魔女信仰概念の礎石として、また魔女裁判の手引書として広く流布した。この書物に描かれた魔女像が、魔女・メランコリー・老女の三要素が結びついていった過程を解きほぐす一つのヒントとなるはずだ。

『魔女の槌』では、魔女とは女性一般であるとされ、女性の軽信・感じやすさ・饒舌《じょうぜつ》などの否定的な特徴が列挙される。なかでも最も否定的な特徴とされているのが女性の性欲で、「すべての魔術は肉欲に由来するが、それは女どもにおいては飽くことを知らぬものである」[66]と述べられている。

総じて『魔女の槌』においては、魔女像の特徴として重要なのは「女性である」ということだ。老女の魔女にも言及はあるが、魔女像の重要な要素として認識されているとは言えない[67]。また『魔女の槌』が、メランコリーの問題を重視していないことにも注意しておくべきだろう。メランコリーについて何度かふれてはいるが[68]、魔女像の解釈に大きな役割を果たしていないのである。

十五世紀末に流布した『魔女の槌』においては、「魔女」と「老女」と「メランコリー」の要素の結びつきは弱かった。一方、十六世紀後半にはこれら三要素の結びつきは強まった。この変化の理由は、次のように考えることができるのではないだろうか。

『魔女の槌』が刊行された十五世紀末は、メランコリー観の歴史で言えばプラス・イメージのメランコリー観の全盛期にあたる。メランコリーが天才と結びつくものとして考えられていた時期に、一般に知られていたとはいえ〈魔女とメランコリー〉の関連性を強調する必然性はなかったのではないか。魔女という、それ自体マイナス・イメージを持つ存在について説明する際に、当時流行していたプラス・イメージのメランコリー観を援用すれば論旨に矛盾をきたすはずだからである。

しかし半世紀を経ると情況は一変する。第1章でみたように、十六世紀前半の宗教的大変動の影響を受け、メランコリー観はプラス・イメージからマイナス・イメージに変化しつつあった。そしてマイナス・イメージのメランコリー観の一つの特徴は、「老女」との親和性であった。このようなメランコリー観の変化が、魔女像にも影響を及ぼしたと考えられる。つまり十六世紀後半以降、マイナス・イメージのメランコリー観の普及に伴って、中世末以来の〈魔女とメランコリー〉の関連性への認識が強固に定着したことで、「老女」が魔女像の必須要素として統合されることになったのである。

さて、ヴァイヤーとスコットは魔女裁判に反対するべく、〈「メランコリーに冒された老女」としての魔女像〉を提示したのだった。しかしその成果は思うように上がらず、西欧における魔女裁判は十七世紀に入っても猛威をふるい続けた。なぜだろうか。

そして、先に挙げた未解決の問題のうち、(2)と(3)、つまりボダンをめぐる問題は手つかずである。なぜボダンは一昔前のプラス・イメージのメランコリー観に固執し、当時定着していた魔女像を否定したのか。そして、はたしてメランコリー観が当時の思潮とずれていたからといって、ボダンの〈魔女とメランコリー〉についての見解も誤りだったとみなしてよいのだろうか。

当時定着していた魔女像に依拠した反論にもかかわらず、魔女裁判が止まなかったこと。そしてボダンの言説の謎。この二つの不可解な問題には共通して、この魔女像の「意味」が関係していると考えられる。次節ではその解明を通して、二つの謎に迫ることにしよう。

2 魔女像の意味

2・1 ヴァイヤーとスコットの魔女像

想像か現実か

ヴァイヤーとスコットの主張が有効な魔女裁判批判論として機能しなかった理由を考えるにあたり、この「メランコリーに冒された老女」という魔女像が、一般にどのような文脈で説かれていたのかをおさえておく必要がある。

たとえば先に挙げたカルダーノは、ヴァイヤーらより早くこの魔女像を唱えたが、それによって魔女裁判を批判したわけではない。反対に、彼は魔女に対する厳しい刑罰を主張したのである。[69] カルダーノの見解は次のようなものだった。魔女たちは、確かに「メランコリーに冒された老女」である。しかし彼女たちが、不可能と思われるようなことを堅く信じ、それを行ったと大胆不敵にも繰り返し主張するようであれば、彼女たちの行為を現実とみなすべきである。[70]

カルダーノは、ヴァイヤーとスコットのように魔女の行為を「想像の産物」であるとはみなさなかった。「メランコリーに冒された老女」である魔女が、行為の真実性を頑固に主張する場合は「現実」とみなすという立場に立っていたのだ。つまりカルダーノにおいては、「メランコリーに冒された老女」

と「想像」との関係は流動的だったのである。

魔女の行為を現実視するのが常識であった時代、そして当時主流を占めていた医学的人間類型から魔女が「メランコリーに冒された老女」とみなされていた時代ではあったが、それによって即、魔女の行為が「想像の産物」と断定されていたわけではなかったのである。

「メランコリーと想像」の関係は極めて重要であり、この二つの概念は密接に関連し合っている。しかし、場合によって「想像」が「現実」に反転することがありえたのが、この時代の特徴であった。近世の西欧人は、想像と現実が融解することもある世界に生きていたのである。

さて、カルダーノの例からわかるように、〈「メランコリーに冒された老女」としての魔女像〉は、魔女裁判批判者だけではなく、賛成者も受容していたものであった。要するに、この魔女像は裁判反対の根拠としてはいかにも弱かったのである。

しかも、たびたび述べたように、〈「メランコリーに冒された老女」としての魔女像〉はマイナス・イメージに色濃く彩られていた。「土星の子供たち」やデューラー、クラーナハの図像の中に魔女が描かれた理由は、魔女という存在の持つイメージが、土星・サトゥルヌス・黒胆汁の持つマイナス・イメージに一致したからである。そしてこの悪しきイメージこそ、一般に普及していた魔女像だった。このようなマイナス・イメージの魔女像に依拠して魔女裁判を批判しようとしたヴァイヤーとスコットの議論には、はじめから限界があったと言うしかない。

ヴァイヤーとスコットがそれに全く気がつかなかったとは思えない。彼らは魔女裁判に反対するため、当時としては最善の方法を選択したのだろう。この魔女像に依拠することの有効性は、おそらく次のような点にある。[71] 魔女は裁判における取り調べのなかで、悪魔との性交や空中飛行等の行為を（拷問の結果として）自白する。支持派が魔女弾劾の証拠とするこの自白内容はしかし、「メランコリーに冒された老女」という魔女像に従えば「病気」に由来するものということになる。すると必然的に魔女の諸行為は「現実」ではなく、メランコリーという「病気」が原因でもたらされた「想像」に過ぎない、ということになるわけだ。

しかし、この魔女像が元来持っているマイナス・イメージに加えて、実は「メランコリーに冒された老女」という存在の規定自体にも問題があったため、ヴァイヤーとスコットの主張は有効な魔女裁判批判論とはならなかった。この後者の問題に対しては、おそらく二人は無自覚だったと考えられる。

この問題を考える前に、まず彼らがなぜ「メランコリー」と「老女」を結びつけていたのかを整理してみよう。ヴァイヤーがメランコリーに冒された者の症状を論じるにあたって、ガレノスやコンスタンティヌス・アフリカヌスと同様、「自分が動物であると信じてしまう者」といった事例を挙げていたことについてはすでにふれた。ヴァイヤーはこのような症状を列挙したあと、なぜそのように非現実的な事柄を現実であると思い込んでしまうのか、すなわちメランコリーの原因について、次のように医学的な説明を加える。「私はここで数え切れない事例を挙げることができる。それらの例からは、精神の中枢を腐敗させるこのただ一つの体液によって、あるいは黒胆汁のくすぶる蒸気によって、感覚が様々な形で傷つけられていることがわかる。そのためにこれらすべての幻想的な驚異が生じるのだ[72]」。

メランコリーに冒された者は、「ただ一つの体液」つまり黒胆汁の影響によって、「幻想的な驚異」を実際に見たと「想像」してしまう。「精神の中枢」とは「脳」を指す。ヴァイヤーは別の箇所では「彼女たちのすべての感覚が、脳に撒き散らされた黒胆汁によっていかに害されているかわかる」[73]と述べている。黒胆汁が脳に影響を与えるという考え方はガレノス以来の通説であり、ヴァイヤーは正統的医学に依拠して説明していると言える。

一方スコットは、『魔術の暴露』第三巻第九章「いかにして黒胆汁は老女を欺くのか。豊富な事例によるその効果について」の中で、メランコリーの原因について次のように述べている。

> 彼女たちの言葉や行動、考えや身振りを慎重に注視すれば、彼女たちの頭の中に満ち溢れ、脳を占めている黒胆汁が、彼女たちの判断力とすべての感覚を奪ってしまっていること、あるいはむしろ損なってしまっていることに誰もが気づくであろう。
>
> 〔…〕もしもメランコリーに冒された者の幻想が、まやかしの不可能な事柄にのみ関係しているとすれば、老いた魔女がそのような幻想から解放されているとどうして考えられるであろうか。彼女たちは（学識ある哲学者や医者が言うように）その年齢になると、月ごとの黒胆汁や血液の排出が止まってしまい、必ず増加してしまう。そのため彼女たちは、（体と脳の弱さによって）このようなメランコリーの想像力に最も遭遇しやすい者となってしまうのである。[74]

黒胆汁の増加は閉経と関係しており、閉経とともに黒胆汁と血液の排出が止まり、体内で増加し、脳に影響を及ぼすと考えられていた。この説はスコットの創作ではない。近世の西欧では、閉経によって女性の体内には不純な血液が溜まり、その超過した血液が脳に上昇すると考えられていたのである。[75]ちなみに中世以来、黒胆汁・黄胆汁・粘液は血液が崩れてできたものと考えられていたので、[76]右の引用は「閉経によって排出されなくなった血液が崩れて黒胆汁となり、脳に上って悪影響を及ぼす」と解釈することができる。

老女、この非人間的な存在

さて、ヴァイヤーとスコットは以上のような医学的根拠にもとづいて〈「メランコリーに冒された老女」としての魔女像〉について述べているのだが、このような説明によって「メランコリーに冒された老女」という存在に、極めて特異な意味が付与されることに注意しなければならない。その意味とは、「メランコリーに冒された老女」の「非人間的な性質」である。

西欧世界において、女性は長いあいだ男性と同じ人間とはみなされなかった。古代以来、女性は男性と動物の中間にあって、動物の状態により近い存在とみなされてきたのである。

たとえば、妊娠や授乳といった女性特有の生理は、女性の動物的な側面を示す特徴であると考えられていた。[77]「真の人間」とは男性であった。「女性は本当に人間か」という問いが古来真剣に問われ続けていたのであり、実際、五八五年のマコン司教会議においてこの問題が議論された。会議に出席したある司教は、女性の存在は人間の名の下に理解されてはならないと主張した。これと同様の考え方が十六世紀後半にも存続していたことは、同世紀末ドイツの神学者シモン・ゲディクスが「女は人間ではない」という見解に反論していることからも明らかである。[78]ルネサンス期の医学においては、女性にはつねに「異常」「欠陥」といった、男性には付けられることのない言辞が付されていた。[79]そしてこのような〈女性＝非人間〉説の最大の根拠こそ、月経であった。[80]

ところでスコットの説明では、閉経がメランコリーの原因とされていた。〈女性＝非人間〉説の根拠が月経であるなら、スコットの言う「月経がなくなってメランコリーに冒された女性」は「真の人間」だということになるかといえば、そうではない。スコットの述べるところによれば、女性は老いると「月ごとの黒胆汁や血液の排出が止まってしまい」、不純な血液が体内に溜まる。つまり月経という生理現象が、加齢によって女性の身体内に取り込まれるということである。閉経後も女性は月経という「異常」とかかわり続けるのであり、「非人間性」という本質はなくならない。

そして老女という存在は、若い女性以上に非人間的な存在と見なされていたと言えるかもしれない。なぜなら近世の西欧社会において、唯一正当化される女性の存在理由は子供を産めることだったのであり、閉経後の老女はその存在理由を失うからである。ルネサンス期、不妊の女性は身体的に不完全であると考えられていた。子供を産む能力にこそ、女性が神によって創造された理由があったからだ。[81] 当時を代表する神学者ルターも、女性は子供を産むためだけに創造されたと考えていた。つまり、老女は非人間的な女性のなかでもさらに最下層に位置づけられていたと考えてよいだろう。老女とは、「究極の非人間的存在」だったのである。

そもそも老人という存在自体、西欧近世では負のイメージで認識されていた。ルネサンス期を含む十六・十七世紀には、概して美と結びつく若さが賞賛され、醜と結びつく老いが嫌悪されたのである。ことに老女は、女性蔑視の一般的風潮と結びつき、最も否定的な眼差しで見られていた。[82] 十六・十七世紀のフランスでは、老女を嘲笑し貶《おとし》める風刺詩が多く作られてもいる。[83]

ヴァイヤーとスコットは、魔女とは、閉経が原因でメランコリーに冒された老女に過ぎないと言う。しかし、彼らのそうした描写は、「究極の非人間的存在」という決定的な負の烙印をともなっていた。彼らは、魔女のそしりを受けた老女を救おうとしながら、その一方で老女を人間扱いしていない上、そのことに無自覚であった。これでは「非人間的な存在を救おう」と言っているに等しく、魔女裁判を批判するにはいかにも論拠が弱いと言わざるをえない。

さらに、「メランコリーに冒された老女」の非人間性は、「想像」の問題とも関係している。ヴァイヤーとスコットによれば、魔女と悪魔の契約や性交、魔女の飛行や動物への変身は、メランコリーに冒された老女の「想像」に過ぎないという。ところが、彼女らがそのような「想像」をすると述べること自体が、「メランコリーに冒された老女」は非人間的存在だと認めることになってしまうのである。これは以下に述べるように、近世の世界観と密接に結びついている。

第一に、この「想像」の世界は、「健常者」には体験できない世界である。この場合の健常者とは、メランコリーに冒されていない「真の人間」すなわち男性を指す。ヴァイヤーとスコットが語る「想像」とは、「メランコリーに冒された老女」にしか起きないのである。

また、そこで「想像」される世界の中身は、現代の感覚では理解しきれないものである。しかしそれは決して絵空事ではなく、近世人にとって想像界《イマジネール》とは、確固として存在する世界だった。「真の人間」である男性が体験できない世界、それはメランコリーに由来する「想像」の世界であり、魔女たちによってサバトが繰り広げられるイマジネールの世界であり、このような世界を体験できる者は究極の非人間的存在ということになろう。

第二に、メランコリーと「想像」は、悪魔を仲立ちにして密接に結びついている。第1章でふれたように、メランコリー／想像／悪魔の三者の関連性は、中世以来「メランコリーは悪魔の風呂である」という説によって自明視されてきたのであり、メランコリーに冒された者は最も悪魔につけ入られやすい存在であった。そしてそれが女性である場合、悪魔との親近性は一層堅固なものとなる。『創世記』に記されているように、悪魔がエデンの園において最初に誘惑したのは男性ではなく、女性＝イヴであった。したがって「メランコリーに冒された」老いた「女」という存在は、二重の意味で悪魔との関係を宿命づけられている。「メランコリーに冒された老女」は、女性そのものが非人間的（人間＝男性でない）存在であることに加えて、メランコリーという心身の状態によって悪魔と分かちがたく結びついているような存在であり、普通の人間ではないということになる。

魔女への反転

このようにヴァイヤーやスコットの魔女像を解読していくとき、驚くべきことに、「メランコリーに冒された老女」は魔女そのものに極めて近い存在となる。悪魔との関わりを宿命づけられた女性、それは魔女ではないのか。

ヴァイヤーは、老女がいわば心神喪失の状態にあり、悪魔に操られているに過ぎないことを論証しようとして、「悪魔は様々な幻と幻想によって精神を乱すのに適した道具として、嬉々として彼女たちに近づき入り込む」と述べたのだった。しかしこのような言葉こそが「メランコリーに冒された老女」を魔女と同一視する余地を生み、彼の魔女裁判批判論から説得力を奪ってしまう。

この問題をスコットの場合についても見ておこう。これまでの研究によれば、スコットはヴァイヤーの失敗を、悪魔の物質的実在性を否定できなかったことと考え、悪魔の物質性を疑問視する立場に立ったとされている。[84] これはたとえば悪魔との契約について、スコットが「悪魔と魔女の間には、魔女狩り人たちが想像しているような肉体的な伝達はありえない」[85]と述べていることによる。

たしかにスコットは、悪魔を肉体をもった物質的な存在ではなく霊的存在であると考え、人間の身体に物理的影響を与えることはできないと考えていた。[86] しかし悪魔の肉体的・物理的な実在が当然視されていた時代にあって、スコットのような悪魔観は「無神論ぎりぎりの瀬戸際」と見なされた。[87] そのような危険をはらんだ主張は、魔女裁判批判論として説得力の弱いものにならざるをえない。

加えてスコットは次のように、時に悪魔の人間に対する肉体的・物理的な介入を完全には否定していないと受け取られかねない曖昧な書き方をしている。これを読んだ当時の読者は、スコットが悪魔の物

ハンス・ブルクマイア作「援助する悪魔を伴う老婆」（1512年）

質的実在を容認していると思ったのではないだろうか。「悪魔はこのような者たち〔魔女として糾弾された者たち〕の心の中に心地よい座り場所を手に入れるのだ」。「座り場所」という表現は、悪魔の物質的実在性を否応なく暗示する。

「メランコリーに冒された老女」が魔女と同義になってしまう例を、スコットによる「邪視」の説明からも確認しておこう。邪視とは、一にらみで人畜を病気にしたり死亡させたりできる呪術の一種である。スコットは次のように述べている。「自然の体液を毎月浄化する働きに関して、通常の自然の流れが衰えた老女たちもまた、これ〔邪視〕に関するある証拠を示している」[88]。

スコットによれば、老女は閉経が原因で、邪視の能力を得るということになる。当時の西欧では、女性は閉経を迎えると排出されなくなった経血が脳に上昇し、それが蒸気などの形で両目に下降して邪視をもたらすと信じられていた[89]。そしてこの「体液」とは黒胆汁をも指しているのであり、ここで述べられている老女とは「メランコリーに冒された老女」にほかならない。メランコリーに冒され、邪視の能力をもつ老女、それは魔女と同義であると言って差し支えない。

以上検討してきたことから明らかなように、「魔女はメランコリーに冒された老女に過ぎない」という主張は、「メランコリーに冒された老女は魔女にほかならない」という主張に容易に反転してしまう。結果、「メランコリーに冒された老女」は救済されないのである。カルダーノが「魔女とはメランコリーに冒された老女である」という同じ定義にもとづいて魔女の断罪を主張したのは、意識的か無意識的かを問わず、このことを認識していたからではないだろうか。

まとめておこう。ヴァイヤーとスコットの主張は、魔女裁判批判論としてはほとんど無力であった。

なぜなら、彼らが依拠した「メランコリーに冒された老女」という存在規定は魔女と同義であり、西欧キリスト教文化圏における究極の非人間的存在の具現でもあったからである。その非人間性は、老化に伴い生じるメランコリーの症状を基盤に、相互に関係する三つの特徴から構成されている。すなわち①真の人間たる男性にはない月経の存在、②健常者（メランコリーに冒されていない真の人間＝男性）には体験不可能な「想像」の世界への接触、③悪魔に極めて誘惑されやすい性質、である。

ヴァイヤーとスコットの主張は皮肉にも、当時の医学的説明を駆使することによって「メランコリーに冒された老女」の非人間性を解明し、彼女らを魔女として断罪することを正当化してしまう可能性をはらむことになった。彼らの主張は魔女裁判を抑止するどころか、その正当性を追認する働きを持ってしまったとさえ言える。

2・2　ボダンの魔女像

ボダンの恐れ

つづいて、ボダンの言説にまつわる不可解な問題の考察に移ろう。前節の終わりで私たちは次のような問いに遭遇したのだった。なぜボダンは一昔前のプラス・イメージのメランコリー観に固執し、当時一般的だった「メランコリーに冒された老女」という魔女像を否定しようとしたのか。そして、そうしたメランコリー観のずれをひとまず措いて考えた時、はたしてボダンは魔女とメランコリーの関連性を理解していなかったと言えるのだろうか。

ヴァイヤーやスコットと異なり、ボダンは魔女の行為を「現実」であると考え、「魔女とはメランコリーに冒された老女に過ぎない」というヴァイヤーの主張に反論した。だが前項で検証したように、ヴァイヤーとスコットの主張が潜在的に破綻をはらんでいたことを考えれば、ボダンの反論は不可解である。大知識人ボダンにとって、「メランコリーに冒された老女」という表象の持つ西欧キリスト教文化圏特有の非人間的な性質を根拠に、このような存在を魔女と同定し、断罪を訴えることは容易だったはずである。しかしボダンはそうはせず、執拗にこの魔女像そのものを否定しようとした。これはなぜなのか。

また、ボダンには次のような選択肢もありえたはずだ。すなわちカルダーノのように、「魔女＝メランコリーに冒された老女」という定義を採用しつつ、彼女らの行為を「現実」であるとし、魔女裁判の推進を唱えてもよかった。しかしボダンはこの方法も取らなかった。こうなるとボダンは、魔女とメランコリーを関連づけて論じること自体を避けようとしているとしか思われない。そのように仮定したとして、その理由は何であろうか。

第一の問い、ボダンがプラス・イメージのメランコリー観にこだわった理由から検討してみよう。ボダンはあることを恐れていたのではないだろうか。まずヴァイヤーのような、マイナス・イメージのメランコリー観にもとづく魔女弁護論が、たとえ当時極めて少数派だったにせよ、現実に効力を発揮する場合があったこと。そして、〈「メランコリーに冒された老女」としての魔女〉像を容認することで、魔女が「老女」に限定されてしまうことである。

ボダンの『魔術師の悪魔狂』が刊行された後のことだが、フランスで一五八九年、有罪宣告を受けた十四人の魔女が釈放されるという出来事があった。パリ高等法院は、彼女たちがメランコリーに冒された者であるという医者の診断を受けて、十四人を釈放したのである。[90] これは魔女の言動がメランコリーに由来する「想像」の産物にすぎず、「現実」ではないという判断が司法によって下されたことを意味する。魔女の行為を現実視し、彼女らを危険な存在として排除することを望み、魔女裁判を熱烈に支持するボダンにとって、これはあってはならぬ判例だったはずである。そこでボダンは、このように最悪の場合魔女を野放しにしてしまうことにつながるメランコリー観そのものを、何としても封じ込めたかったのではないだろうか。

そしてボダンにとって、魔女とは老女のみに限定されてはならない存在だった。ボダンの魔女観においては、女性は老若問わずすべて魔女になる可能性があったのである。それは魔女狩りの手引書『魔女の槌』の系譜に連なる魔女観と言ってよい。ボダンは著作の中で、「魔術師について書かれたすべての書物によれば、一人の男に対して、五十人の女の魔術師（＝魔女）あるいは悪魔に憑かれた者が存在する」[91]と述べている。魔女を老女のみに限定してしまったら、その数は目減りし、恐れるに足りぬ存在になってしまう。

十六世紀末の西欧では、カトリック、プロテスタントの別を問わず、神学者たちは人々にこう説いていた。「神は罪人を罰することを嘉《よみ》せられている。そしてそれによって罪人が罪を償《つぐな》い、良きキリスト者の生涯を送ることをも嘉せられている。それゆえにこそ、神は人間に恐ろしい時代をお与えになっているのである」。宗教戦争などによる社会不安が顕在化していた当時、新教・旧教を問わず多くの著作家たちは「世界が古くなった」ことを確信し、キリスト教世界の冬の到来を説いていた。そうした教説を通じて、悪魔は神の国を滅ぼすための最後の攻撃に着手し、魔女の軍団を召集し、人類に苦難を与えるよう命令しているという終末観が広まっていたのである。[92]

つまり当時の西欧人は、悪魔およびその手下である魔女によって日々の生活を包囲されていると感じていたと言っても言い過ぎではない。このように魔女の脅威が切実な状況にあって、ボダンが魔女を老女のみに限定する議論など断じて許されるべきではないと考えたとしても無理はない。ボダンにとって、魔女とはキリスト教の敵であり、その恐ろしさを喧伝するためには膨大な数で存在していなければならなかったのだ。

なおかつボダンは、魔女と魔術師の数が増大していることを実感してもいたようである。一五五三年、ギヨーム・ド・リネという神学者が魔術師として告発された。彼は魔女たちとともに夜に空を飛んでサバトに赴き、すべての宗教を否定し、悪魔に服従したという。その際に彼は悪魔といくつかの契約を交わしたが、そのなかには「魔女について巷《ちまた》で言われていることは嘘に過ぎず、すべて不可能事であって決して信じる必要はないと世間で公言すること」が含まれていた。この話をふまえてボダンは次のように述べる。「裁判官たちが、魔女どもに対してなさねばならない追及をないがしろにしておいたせいで、この公言によって魔女たちが繁殖し、おびただしく増加したのだ」。[93]ド・リネの公言が魔女急増の原因だという指摘はこじつけめいているにせよ、ボダンの危機意識が如実に表れた言葉と言える。

キリスト教世界の破壊者たる魔女を「メランコリーに冒された老女」にのみ限定する見解は、徹底的に反論し粉砕しなければならない。ボダンはそのように考え、もはや主流でなくなりつつあったものの、ヴァイヤーへの反論の有効な根拠となりうるプラス・イメージのメランコリー観を持ち出したのではないだろうか。魔女をとるに足りない存在としてしまうヴァイヤーの魔女像を打ち砕くためには、その土

デューラー作「『ヨハネ黙示録』より，大淫婦バビロン」（1498年）。全15葉から成る『黙示録』シリーズはデューラーの名をヨーロッパ中に知らしめた。この図は，天使に導かれたヨハネが荒野で遭遇した光景を描いたものである。画面中央，「七つの頭と十の角」を持つ「緋色の獣」に乗っているのが大淫婦バビロン，「地の淫婦らと憎むべきものの母」である。その前に佇む一群の人々は「淫行のブドウ酒に酔う」地上の王や地に住む者たちである。右後方ではバビロンの都が炎に包まれ滅びようとしている。15世紀末から16世紀にかけての西欧世界は，このような終末観に覆われていた。

台であるマイナス・イメージのメランコリー観を何としてもしりぞけなければならなかったのである。

典拠を恣意的に読む

だが、当時主流となっていたメランコリー観に依拠し、しかも医学的知識の裏づけもあるヴァイヤーの主張をくつがえすことは容易ではない。そこでボダンは不利を埋めるために、メランコリーに関する諸説を恣意的に解釈して用いざるをえなかった。

第1節でみたように、ボダンはまずメランコリーの定義について次のように反論する。メランコリーという病は男性を賢く瞑想的にするが、女性とは関わりが薄く、魔女たちは「メランコリーに冒された者」などではない。その根拠としてボダンは、古代の権威ヒポクラテス、ガレノスを引きながら次のように述べる。「流行病についての第一の巻でヒポクラテスが、また同様の書でガレノスが、女は一般的に、月経のために男よりも健康であると言っている。彼女たちは月経によって多数の病から保護されているのである」[94]。

ここでボダンが述べている「多数の病」とは、肺の潰瘍《かいよう》、癲癇《てんかん》、卒中、狂乱（メランコリーに関わりがある）、昏睡、痙攣《けいれん》、震えなどである。ボダンの主張は、ヴァイヤーとスコットの主張と真っ向から対立する。しかし、ヴァイヤーとスコットの見解が古代以来の正統的な体液病理説に沿ったものであったことは、本章で縷々《るる》確認してきた通りである。当時の学説や常識に照らして間違っているのはボダンの方であり、彼は典拠をきわめて恣意的に用いているのである。

ボダンが引いている古代の医学的権威の説を確認してみよう。ヒポクラテスは流行病についてこう述べている。「女性の患者も多かったが、男性より少なく、死者も〔男性に比して〕少なかった」[95]。この言葉は確かにボダンの主張と合致する。しかしあろうことか、前後の文脈をみると、ここで言及されている病気は熱病であり、メランコリーではない[96]。百歩譲ってかりに病名の違いに目をつむるとしても、ヒポクラテスは実は次のように続けているのである。「しかし大半の者が、難産をし、産後発病したが、これらの人たちからいちばん多くの死者が出た。〔…〕また、大半の者は発熱の最中に月経を生じ、処女の多くがこのとき初潮をみた。鼻からの出血をみた者もあり、鼻からの出血と月経を併発した場合もあった」[97]。

この記述からは、女性の熱病には月経が大きく関わっていると考えられていたことがわかる。少なくともヒポクラテスは、ボダンが言うように「女性は月経のために男性よりも健康である」などとは言っていない。反対に、女性の病と月経は切り離せないものとみなしていたことがうかがえる。

そしてヒポクラテスは、メランコリーについては具体的な症例を挙げながら次のように述べている。「少しの間粗暴になって精神が錯乱するのは、黒胆汁過多症である。それが月経から起こる場合には激しいものとなる。こういう症状はかなりよく起こる。この女の患者は痙攣も起こすのではなかろうか。また昏睡したような状態になりながら声が出なくなるのも、痙攣の前兆ではなかろうか。たとえば、靴屋の娘の場合もそうだった。彼女の症状も、月経と平行して始まったのである」[98]。つまりヒポクラテスは、月経をメランコリーの重要な要因としている。そしてメランコリーの症状は、ボダンが言うように「男性を賢く瞑想的にする」のではなく、女性を粗暴にさせ、精神を錯乱させる「病気」としてとらえられている。ボダンは「ヒポクラテスとガレノスは、女性は月経によって狂乱・昏睡・痙攣を含む多数の病に罹りにくいと言っている」と述べていた。しかし実際には正反対で、ヒポクラテスは月経が精神錯乱・痙攣・昏睡に深い関わりがあるようだと述べているのである（「靴屋の娘」の症例が閉経と関連づけられているという違いはあるものの、ガレノスの見解もヒポクラテスとほぼ同じである）。

ボダンがヒポクラテス＝ガレノスの医学的見解をきわめて恣意的に解釈し、自分の主張にとって都合のよい部分だけを使っていることは明らかだろう。逆にヴァイヤーとスコットは、メランコリーと閉経の関連を強調していたことからも、ガレノスを正しく踏まえていたことがよくわかる。一方ボダンは、メランコリーと閉経の関係については一切ふれていない。ボダンは「女性の月経が止まった時、何が起こるのか話さない」[100]のだ。

ボダンの本心

このようなボダンの態度は、何を意味しているのだろうか。

それは、ボダンが内心では〈「メランコリーに冒された老女」としての魔女像〉の妥当性を認めていたということにほかならない。彼はこの魔女像が正しいと感じていたからこそ、断じて認めることができなかった。典拠のあからさまに恣意的な使用はその証左と言える。

ボダンがこの魔女像の妥当性を認めていたことは、彼の著作に一種の綻《ほころ》びとして現れている。ボダンは『魔術師の悪魔狂』のなかで次のように述べている。「ドイツ、フランス、イタリア、スペインで魔女に対する訴訟が起こされている。我々はそれについて書物を通じて知っているし、数えきれないほどの証言、証人尋問、対質尋問、証拠、自白を日々目にしている。これらの裁判で刑を執行される人々は、死罪すら強く求刑されているのである。この人々の大部分は、まったく無学な者か、老女である」[101]（傍点引用者）。

他にも、たとえば次のようなくだりもある。「我々はさらに、一五七一年にボルドーで起こった一例を記憶に留めている。そのときはフランスで魔女どもが迫害された。裁判官たちの前で、ボルドーの一人の老魔女が次のことを自白した。彼女は毎週他の者と一緒に、彼女たちに神を否認させる大きな雄山羊のいる場所に運ばれた。そこで彼女らは悪魔への奉仕を約束し、つづいて各々が雄山羊の恥ずべき部分に口づけをした。ダンスのあと、彼女らは粉薬を飲んだ」[102]。こうした記述からは、ボダンが「老女としての魔女像」を「事実」として十分に認識していたことを示している。

老女という存在は、当時の医学的人間観に照らして、メランコリーという属性を必然的に帯びていた。たびたび述べてきたように、十六世紀後半当時も古代以来の体液病理説が「常識」として通用していたのであり、黒胆汁－メランコリー－老年は密接に結びついていた。ボダンもそうした「常識」を重々わかっていたからこそ、「老年－メランコリー」の連関を断ち切ろうとしたのであろう。つまりボダンは、「魔女とはメランコリーに冒された老女である」と認識した上で、その行為を現実とみなす立場に立っていたわけで、カルダーノに近かったと言える。

このように、ボダンはヴァイヤーやスコット以上に「魔女とメランコリー」の関連性を強く意識していたのである。ボダンにとって、魔女は非人間的存在そのものであった。「一人の男に対して、五十人の女の魔術師〔＝魔女〕あるいは悪魔に憑かれた者が存在する」という言葉に端的に示されているように、ボダンに代表される魔女裁判の支持者にとって、魔女の大多数は女性である。そして悪魔を崇拝する彼女らは空を飛んで「異界」としてのサバトへ赴き、そこで悪魔と交わる。魔女の大部分は、西欧キリスト教世界における代表的な非人間的存在である女性のなかでも、最も忌まわしい存在とみなされていた老女である。ボダンらにとって、彼女たちはまごうかたなく、常人が触れることのできない、否、触れてはならない反キリスト教的世界の住人であった。

このように見てくると、ヴァイヤーやスコットの立場に立とうと、ボダンの立場に立とうと、いずれにせよ〈「メランコリーに冒された老女」としての魔女像〉は非人間的存在ということになる。この時代、「メランコリーに冒された老女」とは、メランコリー・女性・老年という三重の規定を通じて、人間のなかで最も悪魔に近しい存在であり、「現実界」（カルダーノ）と「想像界」（ヴァイヤー、スコット）ないし「異界」（ボダン）の狭間に住まう存在だったのだと言える。

人類学や民俗学が明らかにしているように、前近代あるいは近現代においてなお、老女の姿をとった魔女的な存在が世界各地に多々伝わっており、彼女らはつねに境界的存在として畏怖と嫌忌の対象となってきた。[103] 西欧近世の魔女もこれらの事例と類似点を持つが、魔女像の生成には「体液病理説」という西欧固有の要素が関係していることは銘記しておくべきだろう。体液病理説なくしては西欧近世の魔女像は成立しないといっても過言ではない。

ヴァイヤー、スコットにとっての想像界、ボダンにとっての異界は、人知を超えた魔女の行いがくりひろげられる世界であり、十六世紀後半当時の文脈で言えば「驚異」の世界である。一五七三年、近代外科学の祖とされるアンブロワーズ・パレが著した『怪物と驚異について』には、魔女の行為が「驚異」の一つとしてとりあげられている。[104]「驚異」は、中世にはいわば神の力を証すものとして、必ずしも恐怖を喚起しない現象を指していたが、十六世紀後半には神の怒りや黙示録的イメージを伴った世界規模の大変動の前兆として認識されるようになっていた。〈「メランコリーに冒された老女」としての魔女〉は、このような「驚異」の世界と現実界の狭間に生息し、神の統《す》べる世界に仇なす悪魔の側に加担する非人間的存在とみなされていたと言ってよい。

2・3　民衆世界の魔女像

本章の最後に、この魔女像が知識人だけでなく、民衆にも受容されていたのかどうかについて簡単にふれておくことにしたい。「土星の子供たち」、クラーナハやバルドゥング工房の作品などの図像表現を例として、当時〈魔女とメランコリー〉の関連性が広く受容されていたと考えられることはすでに指摘したが、以下では別の角度から考えることにしよう。

十五世紀後半から十七世紀にかけての魔女裁判における「魔女の年齢」の変化を見てみよう。十五世紀後半、魔女裁判の被告は老若男女さまざまだった[105]。ところが、十六世紀後半以降の本格的な魔女裁判の時代になると、老女の比率が上昇するのである。魔女裁判が盛んに行われた時代の魔女の年齢を検討した井上正美の研究、同じ時代の魔女と老女の関係を扱ったE・ビーヴァーの研究は、共に最も多い年齢層を「五〇歳以上」としている[106]。ちなみに十六・十七世紀においては、四〇歳以上が「老年期」とされ[107]、最終出産年齢の平均が四〇歳前後であったことから[108]、当時「五〇歳以上」の女性はほぼ間違いなく「老女」として認識されていた。そしてこの時代、被告魔女に占める老女の割合は平均して約七割であった（次頁表）。ビーヴァーは「地域や状況の違いを考慮すると、五〇歳以上の被告が、被告魔女の半

被告魔女における老女の割合

地　　域	50歳未満（人）	50歳以上（人）	50歳以上の割合（%）
カンブレジー（フランス）	6	7	54
ノール県（フランス）	23	24	51
フライブルク（ドイツ）	2	7	78
バーゼル（スイス）	1	9	90
ジュネーヴ（スイス）	24	71	75
ヴァランジャン（スイス）	2	7	78
ヴァル・ド・トラヴェール（スイス）	6	12	66
ヴュルテンベルク公国	13	16	55
エセックス（イングランド）	2	13	87
セイラム（アメリカ）	69	49	42

史料：Bever（1982）より筆者作成

分から四分の三を占めていたと結論づけるのが妥当であろう」と述べている。[109] つまり、実際の魔女裁判においても、老女は重要な位置を占めていたと考えられる。

このことから、民衆も〈「メランコリーに冒された老女」としての魔女像〉をある程度受容していたという推測が成り立つ。魔女裁判は民衆も証言などの形で関与を求められ、いわば地域ぐるみで大規模に行われた。したがって、階層を問わず、魔女像が一定程度共有されていることが必要であったと考えられる。実際に裁判に参加させるには、ただ「上」から指示するだけでなく「全共同体の支持が必要」だったのである。[110] また第1章で見たように、マイナス・イメージのメランコリー観も、当時広く受容されていたと考えられる。民衆文化とエリート文化が決して断絶していたわけではなく、相互浸透的なものであったことも考えあわせれば、[111] おそらくエリート階層以外の人々も、当時起きたメランコリー観の変化とマイナス・イメージのメランコリー観の前景化を、なにがしか感じ取っていた可能性が高い。

ただ、民衆世界の魔女像については断言は避けなければならない。実際の被告魔女の年齢層が五〇歳以上に集中していることに大きな誤りはないとしても、地域・時代ごとに魔女のイメージや具体的な様態は多様だからだ[112]。


十六世紀後半以降、本格的な魔女裁判の時代が始まる。その布石として、魔女像は変容を求められたと言ってよい。それはいわば人間観の変遷と軌を一にしていた。具体的に言えば、魔女像は医学的人間観の変化に平行して変容した。「メランコリーに冒された老女」は当時の西欧社会において負の刻印を最も強く帯びた医学的人間類型であり、十六世紀後半にそれが魔女の姿で顕在化したと言える。本格的な魔女裁判の時代は、この呪われた人間類型が魔女として認識されることによって幕を開けるのである。〈「メランコリーに冒された老女」としての魔女〉は、十六世紀後半の西欧人にとって究極の他者であった。それは老いた女性であり、身体的・性質的にメランコリーという病に冒され、悪魔と近しく、現実界に生息しながら驚異の世界に足を踏み入れている存在である。その非人間性を、魔女の他者性とみなすことができるだろう。

そして「他者としての魔女像」は、当時の西欧人の「真の人間像」を照らし出す。それは「老人でないこと・男性・健常者・キリスト者・現実の世界のみに生きる者」である。つまり魔女とは、当時の西欧社会における「真の人間像」のネガであったと言えるだろう。

第3章　魔女という他者

ジャック・デ・ヒェイン（子）作「アーチ形丸天井の部屋で作業をする魔女たち」（1604年）。死体を解体する魔女たちの様子が描かれている。この図像は，別名「魔女の台所」とも呼ばれている。

1 魔女と貧民

1・1 十六世紀の貧民の状況

この職業は、誕生してからまだ丸六〇年も経っていない。にもかかわらず、この職業が創始以来いかに繁昌してきたかは容易に分かる。上述したように、今や彼らは男女合わせて一万人以上に達すると考えられているのである。[1]（ウィリアム・ハリソン著『イングランド誌』一五七〇年代）

増大する貧民層

「この職業」とは「放浪」を指す。ハリソンによれば十六世紀初め以降、イングランドで、住居を持てず放浪生活を送る貧しい人々の存在が顕在化し始めたのである。

貧民人口の増大は、当時の西欧各地で見られた現象であった。もちろん貧しい人々はそれ以前にも存在していたが、この時代に出現してきた貧民は、その数と質、また彼らに向けられる人々の眼差しや聖俗両当局の施策の点で、まったく新しい存在だった。[2]

まず貧民人口の増大は、次のような原因が絡み合ってもたらされた。[3]第一に、天候不順による不作とこれに伴う飢饉の発生である。一五二七〜三四年、五五年、六五〜六七年、七一〜七四年、九四〜九七年、一六二四〜二五年、三〇〜三二年、三七〜三九年、五九〜六二年、九一〜九四年は不作であった。当時の人々は、頻繁に「生活の危機」に直面していたのである。[4]特に一五二七〜三一年、一五九四〜九七年、一六五九〜六二年は大きな飢饉に見舞われた年で、[5] なかでも一五二八年から翌年にかけての凶作とそれに伴う飢饉は酷く、貧窮化した農民たちが食料と仕事を求めてヴェネツィア、リヨン、パリなどの大都市へ殺到したと言われている。こうした一五二〇年代の不作と飢饉、そしてそれに伴う貧窮農民人口の増大という出来事が、「貧民」の問題を顕在化させ、何らかの対策を講じる必要性を社会に自覚させるきっかけとなったのだった。[6] これ以降、西欧各地の当局は貧民に対する様々な施策を本格的に講じ始める。

第二の原因は、ヨーロッパ全体の人口の増大である。西欧社会を一三四八年に襲ったペストの流行はそれまでの人口を四分の一から三分の一へと減少させたが、その後ヨーロッパの人口は十六世紀末まで増大し続けた。[7] その結果、穀物をはじめとする食料の価格が高騰し、実質賃金は減少、労働市場には大量の人間が溢れることとなった。穀物価格の高騰について見れば、一七二一〜四五年のヨーロッパにおける穀物価格を一〇〇とした場合、一五〇〇年の二五が、一六〇〇年末には約五倍の一二〇にまで跳ね上がっている。[8]

十六世紀西欧の農業は、人口の増大に応じて生産を拡大するという弾力性を持っていなかった。したがって人口が増えれば穀物は不足し、当然穀物価格は上昇した。また農業・工業分野ともに雇用力が十分ではなかったため、人口増大に伴い、失業と過少雇用が生じた。多くの人々は働きたくても職がない、あるいは職にありつけたとしても豊かな暮らしを送ることができたわけではなかった。労働力過剰のため実質賃金が低下したからである。[9]

実質賃金の低下は、特にイングランドとフランスで著しかった。十六世紀を通じて、フランスでは物価が二倍以上に騰貴したにもかかわらず、賃金は約四〇％しか上昇せず、一五〇〇年から一六〇〇年にかけて実質賃金は約四〇％低下した。イングランドでは物価が二倍半に騰貴したのに賃金は約三〇％しか上昇せず、一五〇〇〜一六〇〇年にかけて実質賃金は半減した。[10] 一五二〇年代、このように経済的・社会的状況の悪化が顕在化し始め、[11] 西欧各地で大量の失業者や貧民が生まれ、十七世紀初めには最悪の状態を迎えた。[12]

なお、貧民人口増大の一要因として、価格革命についてもふれておかねばならない。価格革命とは、「新大陸」アメリカの発見と侵略に伴い、十六世紀半ば以降、銀をはじめとする大量の貴金属がヨーロッパに流入し、半世紀にわたって物価騰貴とインフレーションを引き起こした現象である。ただ、価格革命による物価騰貴を貧民人口増大の第一の原因に挙げることはできない。現在の西洋経済史研究では貧民人口増大の原因について、価格革命説を否定はしないまでも、ヨーロッパ全体の人口増大とこれに伴う需要の増大もあわせて重視する説が有力となっている。[13]

一方、一五二〇年代から、各地の当局によって様々な貧民対策が講じられるようになる。たとえば一五二二年、ニュルンベルクは貧民保護を市当局の統制下に置いた。同様の施策は、二三年にシュトラースブルク（ストラスブール）で、二五年にはイープルでも見られた。貧民対策に大きな影響を与えたスペインの人文主義者ファン・ルイス・ビーベスの『貧民保護について』がベルギーのブリュージュで出版されたのは一五二六年のことである。三一年には皇帝勅書によって貧民問題に各都市が自発的に取り組むことが承認され、貧民のための社会政策と保護対策を再編する諸原則が決められた。[14]

貧民に生活物資を支給する一般施物所《せぶつしょ》が設置され始めたのも一五二〇年代のことだ。その管理は、教会ではなく都市の世俗当局が行った。つまり、中世には見られなかった公的かつ世俗の救貧制度が創られ始めたのである。一般施物所は、ニュルンベルク、シュトラースブルク、イープルには一五二五年に、リールには二七年に、リヨンには三一年に設置された[15]。このような慈善的貧民救済策は、四五年のトリエント公会議までにドイツとネーデルラントを中心にしてフランス、スイス、北イタリアを含む六二の都市で実施され、その半分にあたる三〇の都市が二〇年代に救貧改革条例を公布した[16]。イングランドで貧民対策が公的に実施されるのは五〇年代のことだが、二〇年代にはすでに貧民救済が日常の話題になるとともに、これと並行して「浮浪者狩り」が激化し、浮浪者（放浪者）に苛酷な懲罰が加えられるようになった[17]。このように一五二〇年代以降の西欧では、各地で貧民の存在が問題化していたのである。

そしてこうした動きは、中世以来の貧民観を大きく変えることとなった。中世においては、貧民は近世ほどネガティヴに認識される存在ではなかった。確かに、キリスト教道徳の文脈では、物乞いという行為は人間を堕落させるものと理解されていたし、都市と農村とを問わず民衆の貧困は当たり前のこととみなされていて、貧民それ自体が常に人々の憐れみを誘い、「救済」の対象とされたわけではなかった。しかし、中世には次のような貧民観も確固として存在していた。すなわち、「他者に魂の救済の機会を与えているがゆえに必要とみなされ、社会の安定を維持してゆくうえで欠くべからざる固有の立場をもつ」存在としての貧民である[18]。

このような中世における貧民観の背景には、言うまでもなくキリスト教に由来する「所有」の罪悪視や「イエスに従う神の国の成員としての貧民」のイメージがある。しかしそこには同時に、極めて「御利益追求」的な慈善観が同居していた。すなわち、信徒は貧民に施しをすることによって、その貧民に神へのとりなしを求め、自らの贖罪《しょくざい》を願い、死後の救済を求めることができるとされたのである。[19] いわばそれは見返りを期待しての「施し」であった。

しかしこのような貧民観が、中世末期から次第に変化し始める。多くの都市で、貧民は施療院《せりょういん》に収容し、その保護施策を中央統制の下に置くべきであるとされ、対策が実施されていった。[20] そこでは、都市の施療院等の施設を効率よく運営すること、また別の都市からの乞食の流入を防止することが目指された（後者には伝染病対策の意味もあった）。[21] 中世末、このような貧民対策の変化と、先に述べた貧民観の変化とが軌を一にして進行し、次第に排除・隔離の対象としてのネガティヴな貧民観が主流となっていった。この動向が決定的になったのが、貧民人口の増大した一五二〇年代以降のことである。

この時期以降、貧民は公共の富に対する障害物、労働に携わらない無用な人々とみなされるようになった。貧民はもはや憐れみの対象ないし贖罪の媒介者ではなく、軽蔑と恐怖の対象、社会から排除・周縁化されるべき存在となったのである。[22]

言うまでもなく、このような貧民観の変化の背景には、貧民人口の増大という現象だけでなく、勤勉・労働を社会生活の必須条件とする資本主義の叢生《そうせい》という要因があるだろう。理由はどうあれ労働に携わらず無為にすごす貧民は、西欧近世社会において形成され始めた資本主義の倫理規範に抵触する存在であった。そして、貧民観に対するキリスト教の影響の希薄化＝貧民観の世俗化[23]と並行する形で、貧民対策が世俗当局によって管轄されるようになった。このことは、貧民が「イエスに従う神の国の成員としての貧民」という聖性を剝奪され、社会から排除＝外部化されると同時に、当局の管理下に置かれたことを意味する。もはや貧民は、魂の救済を手助けしてくれる「必要な存在」として庇護を受けるべき者ではなく、社会に損害を与えないよう当局に管理されるべき者となったのである。さらに、十五世紀末から十六世紀の西欧では、ひとり貧民だけでなく、娼婦をはじめとする社会的「逸脱者」全般に対する抑圧が高まり、人間の序列化が進行していたことも付言しておきたい。[24]

貧民像の変容

このように十五世紀末から十六世紀初めにかけて貧民の問題が顕在化するに伴って、貧民そのものが大きく二つに分けて認識されるようになった。[25]「良き貧民」と「悪しき貧民」である。[26]「良き貧民」とは「援助に値する貧民」「真の貧民」であり、具体的には身体障害者や子供、老人、病人など、諸事情で働くことができない人々であった。一方の「悪しき貧民」とは「援助に値しない貧民」であり、健康であるにもかかわらず物乞いを生業とする人々のことである。

このような貧民の二分法による序列化は、次のような世俗当局の貧民に対する認識にもとづいていた。すなわち加齢や肉体的条件のために生計を立てることができず貧困に陥っている者はやむをえないとしても、健康な身体を持っていながら職に就かず物乞いをしている者は故意の怠け者であり、物乞いの行為そのものが犯罪に値する、というものである。失業それ自体も物乞いの正当な理由とはみなされなかった。世俗当局が貧民対策において目指したのは、「良き貧民」のみを助けることであり、自ら進んで働くことをしない身体強健の者は、救済される資格のない者とみなされた。それどころか、こうした「悪しき貧民」は、施療院に収容され、強制労働等に服さねばならなかったのである。[27]「悪しき貧民」の具体像は、浮浪者・放浪者であった。彼らは定住せず、仕えるべき主人をもたず、犯罪活動に専心する悪しき存在と考えられていた。近世社会において浮浪者・放浪者は、その身分そのものが犯罪として認識されていたのだ。[28] 一所不住を特徴の一つとする「悪しき貧民」に対して、「良き貧民」は一箇所に定住していた。そして都市を例に取った場合、世俗当局は貧民に施しをするにあたり、放浪の果てに他所から流入してきた者を除外・排除した。

ここで、近世の貧困の様相についてみてみよう。貧困に陥る可能性は、人間の一生の中で周期的におとずれるが、その第一の時期は幼年時代である。家族に子供、とりわけ幼児がいる場合には、その存在は家族経済の「負担」となるので、幼児を抱える家族および幼児自身の貧困化の主要な原因となった。しかし貧困化のこの第一の時期は永遠に続くわけではなく、普通、子供が十五歳前後に成長し、働き手として家族経済に貢献するようになれば終了した。[29]

この第一の時期に続く三五歳頃までの間が唯一、人生において多少とも貧困を免れる時期であった。若者は健康であれば職に就き、自らの生計を立て、ある程度の成功を望むことができた。未婚であれば、扶養すべき子供も持たず、負担は軽かった。[30] しかしこの後、貧困化の第二の時期がおとずれる。年齢としては五〇歳頃までに当たるこの時期には、多くが結婚を経て子供ができている。「結婚と子供の誕生とともに、家族の富は減少し始める」。そしてその次には、貧困化の最後の時期が待っている。老齢のため働くことができなくなり、病気や障害をかかえ、扶養してくれる家族もない老人は、「貧民」となる可能性が高かった。[31]

近世において、こうした人生の貧困化の三つの時期のうち、貧しさに陥る可能性が最も高いのは老年期であった。[32] そして、性別では女性の方が貧困に陥る可能性が高かった。中世末から近世にかけて、女性は不利な立場に追いやられていった。その原因は、人口増大や物価高騰など、先にみた貧民増大の原因と重なっている。

たとえば近世のイングランドでは、人口の増大は女性の方が著しく、女性人口の過剰がみられた。そこに物価高騰と雇用不安など社会情勢の悪化があいまって、女性はギルド〔中世～近世の同業者組合〕から排除されるようになった。またこの時代には、十六世紀の毛織物工業の発展によって需要の高まった羊毛の生産性を上げるため、土地所有者が農耕地の「囲い込み」を行い、その結果、仕事を失った農民が賃労働者となることが多かった。その場合の賃金を男女で比較すると、女性の賃金は男性に比べて格段に低かった。さらにイングランドでは、十六世紀前半の宗教改革により女子修道院が閉鎖されたため、多くの女性が生活の糧を奪われた。女性の社会的立場は悪化の一途をたどり、生計を立てる手段を奪われ、男性よりも貧困に陥りやすかったといえる[33]。

同じような例は、他地域でも見られる。十六世紀のハンブルクでは、女性の収入は平均して男性の四〇％であったし、十六世紀後半のラングドック地方では、女性の収入は同じ職種の男性の二五％しかなく、「女性は貧困化の主な犠牲者であった」[34]。貧民の男女の割合を見ても、近世イングランドの場合、浮浪者ではない定住貧民に占める女性の割合は六割であった[35]。

以上見てきたことから、典型的な貧民のイメージが指摘できるだろう。それは、「老女」である。もちろん貧民の具体像は多様でありうる。しかしながら、近世の西欧社会における女性の社会的・経済的立場の悪化という問題と、老年期が人生の中で最も貧困に陥りやすい時期であったことを考え合わせれば、「老女」は当時の貧民の典型的なイメージであったと思われる。

ジャック・カロ作「硬貨を握る乞食の女」(1622〜23年頃)

貧民対策の本格化

貧民人口の増大という現象に対して、西欧各地の当局は様々な対策を講じた。先に述べたように公的な救貧制度が設けられることになるのだが、それは規制と抱き合わせになっていた。フランスのアンシャン・レジーム〔一七八九年に始まる大革命以前の旧体制〕期の救貧制度が目指した三つの目標は、概ね西欧の他地域にも妥当するものと思われるので挙げておこう。

第一の目標：貧民であっても働くことが可能な者には仕事に就かせる。

第二の目標：病気や障害のために働くことができない者、老人、幼児に関しては、市当局管轄の慈善救済組織に委ねる。

第三の目標：放浪者・浮浪者は市から排除する。[36]

このような救貧制度の大目標をふまえた上で、以下では、イングランドとフランスにおいて行われた貧民対策の概略を確認しておくことにしたい。

近世のテューダー朝・ステュアート朝イングランドでは、貧民問題に対して様々な対策が講じられていた。イングランドにおける貧民対策として有名なのは、ロンドンのブライドウェル矯正院の設立である。国王エドワード六世がロンドン市の貧民や「怠け者」を収容して働かせる労役所にするため、ブライドウェル宮殿を市に下賜《かし》したのは一五五三年のことであった。ブライドウェル矯正院設立の動機は、身体強健な浮浪者と犯罪者を管理下に置き、様々な仕事に就かせることによって矯正し、「有用な市民」に変えていくことにあった。この試みが首都ロンドンの「浮浪者問題」の緩和に成功したため、ブライドウェル矯正院を範として、続く数年のうちにイプスウィッチやエクセターなどの都市にも矯正院が設立された。しかしながら、これらの矯正院設立によって貧民の数が減少したわけではなかった。一五六九年、枢密院の命令によって教区治安官が実施した「内密の監視と調査」の結果によると、王国全土には一万三千人の「流れ者」と「主人なき者」が発見された。[37] またブライドウェル矯正院に連行された「浮浪の罪」による逮捕者の数は、一五六〇年から一六二五年にかけて十二倍に増大したという。その内訳は、一五六〇～六一年に六九人、七八～七九年に二〇九人、一六〇〇～〇一年に五五五人、二四～二五年に八一五人であり、十六世紀第4四半期から十七世紀第2四半期かけて、時を経るごとに放浪者・浮浪者の数が増大していったことがわかる。[38]

　こうした事態に対してイングランドでは、一五七二年に新救貧法が制定された。この法律によって浮浪者の保護責任は教会から世俗の地方当局へと移され、各州が救貧税賦課の権限を持つことになった

（この時初めて、救貧対策の費用が税の形で強制的に徴収されるようになったのである）。さらに一五七六年には、各州に矯正院設立の権限が付与された。ブライドウェル方式の矯正院は、イングランド全土、さらにスコットランドやアイルランドにまで次々と広がっていった。[39]

フランスでも事情は同じであった。[40] 十六世紀前半に国王フランソワ一世はパリに「貧民対策部」を設置し、市の救貧政策を委ねたが、この対策部にはすべての世俗・教会所領から救貧税を徴収する許可が与えられた。さらに一五三六年には、浮浪者を取り締まる機動警察《マレショセ》が整備された。機動警察の司令官は裁判権を持っており、控訴なしの即決裁判によって逮捕した浮浪者をガレー船〔古代から近代まで地中海で使用された人力の軍船で、両舷に付けた多数のオールを奴隷や罪人に漕がせた〕の漕役刑に送ることができる権限を有していた。そして一五六六年には国王シャルル九世によって「ムランの王令」〔ムランはフランス中央部の都市〕が発布され、すべての貧民はその居住地において救済を受けなければならないことが決められた。

イングランドとフランスいずれにおいても、貧民対策は十七世紀になっても講じられ続けた。ひるがえせば、十六世紀を通じて、両国の一連の貧民対策は十分な効果を挙げることができず、貧民の数が容易には減少しなかったといえる。

このように近世、とりわけ一五二〇年代以降のイングランド、フランスなどの西欧諸地域では、貧民人口の増大に直面し、彼らを社会から排除・周縁化すべく、公的な対策が講じられていった。それらの施策が増加していくのは、十六世紀の第2四半期以降である。それから間もなく、十六世紀後半には西欧で魔女裁判が本格化する。この時期的近接は単なる偶然であろうか？　「貧民問題」の顕在化がやや先行してはいるが、両者とも十六世紀後半以降は同時並行的に進行していった。そして、「魔女」と「貧民」はともに、近世の西欧世界において「軽蔑と恐怖」の対象であり、「社会から排除・周縁化されるべき存在」であった。両者は、当時流布していた図像の中でともに忌むべき「土星の子供たち」とみなされていたことを思い出そう。

では、魔女と貧民とは当時どのような関係にあると考えられていたのだろうか。次項では、前章でみたヴァイヤー、ボダン、スコットの悪魔学論文に立ち戻り、それらの中で魔女と貧民がどのように関係づけられているのか検討することにしたい。以下で見るように、近世における貧民の存在は、悪魔学にも濃い影を落としている。

1・2　魔女と貧民とメランコリー

前章で明らかになった「魔女」の具体像は、「メランコリーに冒された老女」というものであった。以下、魔女と貧民の関係を検討していくにあたっても、この魔女像に焦点を当てる。〈「メランコリーに冒された老女」としての魔女〉が、悪魔学の文脈の中で貧民とどのように関連づけられているのか、ヴァイヤー、ボダン、スコットの順に見ていくことにしよう。

ヴァイヤーの「貧しい老女たち」

ヴァイヤーは、明確な表現こそ使っていないものの、魔女と貧民の関連性をはっきりと意識していたと思われる。『悪魔の幻惑について』を見てみよう。第三巻第一六章（表題「魔女には決して大気を乱すことなどできないということ、またいかにして悪魔が過てる説得によって魔女たちにそれができると思わせるのか、および穀物に魔法をかけるなどありえないということ」）の冒頭で、ヴァイヤーは次のように述べている。

> これらの貧しい老女たちは、悪魔に巧みに騙されているのだ。というのも、悪魔は四大《しだい》（風（空気）・火・土・水）の動きや自然の経過を知ったり予知したり（悪魔はこれらを人間よりもずっと素早く簡単に予知する）、また大気と天候の変化を知ったり予知したり、あるいはある者が、神の隠された意志によって災厄を受けるべき——悪魔はその実行者なのである——と認識するや否や、これらのひ弱な女たちの精神を苦しめ、彼女たちを様々な想像で満たし、彼女たちに様々な機会を与えてしまうのだ。すなわち、まるで彼女たちが、自分らの敵に復讐するために、大気をかき乱し、嵐を引き起こし、雹《ひょう》を降らせるにちがいないと〔彼女ら自身に思い込ませる〕」[41]。（傍点引用者、以下同）

魔女裁判批判論者であるヴァイヤーは、魔女が現実に悪天候や種々の自然の災厄を引き起こすなどという説を真っ向から否定する。それらの災厄は、人間の能力をはるかに凌駕している悪魔がもたらすのであり、魔女たちは悪魔に「騙され」、「精神を苦しめ」られ、「様々な想像で満た」されているに過ぎない。

ここで、ヴァイヤーが魔女を「メランコリーに冒された老女」ではなく「貧しい老女たち」と表現していることに注意しよう。ヴァイヤーにおいて、この二つの魔女像は別々のものではなく、ヴァイヤーにとって魔女とは「メランコリーに冒された貧しい老女」なのである。なお、「貧しい」を意味する近世フランス語pauureには「哀れな」という意もあるが、語源的には「貧しい」の語義が根本にある[42]。

ところで、右の引用の、魔女たちが「敵に復讐するために」悪天候を引き起こすという表現にも注意しておきたい。魔女すなわち「貧しい老女たち」が、敵とみなす人々に対して復讐心を持ち、ある種の魔術を行使するという説明は、典型的な魔女告発論を想起させる。それによれば、共同体内で貧しい者がより富裕な者に施しを求めて拒絶された場合、貧民は呪いの言葉を吐く。しばらくして富裕者の身に何らかの不幸が起こると、彼を呪った貧民は復讐を実行した魔女とみなされ、告発される。そして、ヴァイヤーはそのような「復讐」は不可能だと述べるのである。

ヴァイヤーは別の箇所で、次のように述べている。「我々は魔女たちが、まずその老いさらばえた年齢、絶望、悲惨さによって、また彼女たちの幻想の悪徳と、彼女たちを狂乱に駆り立てる薬によって、要するに悪魔を介して完全に正気を失っていることを示した。そのために彼女たちは、できなかったことやほとんどできなかったことを自白し、その結果自らの意志で、明白な死へと跳躍してしまうのだ[43]」。「幻想」「狂乱」といった表現からは、明らかにメランコリーとの関連性を読み取ることができよう。そして貧民との関係については、「悲惨さ」という表現に注意しなければならない。近世フランス語の「悲惨 miseres」という言葉は、「貧困」「極貧」をも意味するのである。ここでも魔女は「メランコリーに冒された貧しい老女」とされている[44]。

次の例にも魔女・貧民・メランコリーの関連性が示唆されている。魔女の中には、ある人間を病気にした、幼児を殺害した、嵐を起こして穀物を全滅させたという告発を受けると、拷問されないうちから罪を自白する者がいる。これについてヴァイヤーは次のように述べている。「自白は不完全で馬鹿げている。事柄の結果がもたらされると同時に、悪魔はそれらの哀れな者たちの心に、自分がやったか、あるいは自然に起こったにすぎないことを、彼女たちが犯したのだと刻みつけるのだから」[45]。

先に挙げた pauure や miseres と呼応するように、「哀れな者たち miserables」という表現が使われており、ヴァイヤーの魔女像には「貧困」「哀れ」「悲惨」という属性が色濃く反映している。そして、悪魔が彼女たちの「心に」、やってもいないことを自らの罪として「刻みつける」という表現には、悪魔が老女のメランコリーを利用するという考え方がうかがわれよう。

ここで一つ注意すべきことがある。それは、近世の西欧では、必ずしもあらゆる貧民が魔女と重ね合わせてイメージされていたわけではないということだ。当時、「良き貧民」と「悪しき貧民」が区別されていたことはすでに指摘したが、言うまでもなく現実の貧民たちはその二分法を超えて多様であったはずである。では、魔女と最もよく重ね合わされていた貧民とはどのような存在であったのか。それを知るのは容易ではないが、少なくともヴァイヤーは「メランコリーに冒された貧しい老女＝魔女」と、乞食や放浪者とを区別していたと思われる。ヴァイヤーは悪魔憑きに関する箇所で、次のように述べている。

> たとえ私が悪魔憑きに関するこれらの話の中に、ある乞食の、生まれつきのペテンの話——その珍しいペテンを、私はヘルデルラントのネイメーヘンで目撃したのだが——を付け加えるとしても、私の意図に反することはないと思われる。ジュストという名のこの乞食は、より沢山の金を蓄えるために、悪魔憑きを装って、しょっちゅう教会の入り口の前で横になっていたのである[46]。

当時、「乞食 belistre」や放浪者が病や身体障害を装って市井の人々の同情をかい、金を儲けていたことはよく知られている。ここでヴァイヤーがとりあげているのは、悪魔憑きのふりをして施しを受けていた乞食であるが、ヴァイヤーはこのような行為をペテンとして非難しており、その筆致には乞食に対する同情心はうかがえない。

そもそも魔女と悪魔憑きは異なるものだし、この一例によって判断するのは危険だが、「乞食のペテン」を挿話的に扱っていることからすれば、ヴァイヤーは乞食を含む「悪しき貧民」を、魔女とはあまり関わりのないものと考えていたようにも思われる。とすれば、消去法によって、ヴァイヤーにとって魔女と重ね合わされるべき存在は「良き貧民」だったのだろうか。

即断は避けねばならない。しかしヴァイヤーの著作からは、残念ながら魔女と重ね合わされる「良き貧民」の具体的なイメージを確認することは難しい。これについては、ボダンとスコットの著作を分析してみることにしよう。特にスコットの著作には、魔女と重ね合わされる貧民像を示す記述がある。

ボダンの「魔女＝乞食」観

ボダンは魔女と貧民の関連性について、いくつか明白な記述を残している。たとえば『魔術師の悪魔狂』では次のように述べられている。

悪魔が、彼への奉仕に身を捧げる者たちと結ぶ約束――金持ちにしてやる、権力を持たせてやる、名誉を与えてやる、望むものを手に入れさせてやるといった約束――を見れば、世界中いたる所に魔女どもが存在するとしても驚くにはあたらない。とはいえ、有能な人物にはすぐさまペテンを見破られてしまうし、魔女たちは大部分が乞食で、獣のような輩で、無学な者なので、人から軽蔑されている。[47]

ボダンによれば、魔女は「世界中いたる所に」存在するが、それは悪魔が彼女たちに、この世における様々な富の獲得を約束するからである。ある者が、悪魔が提供する物質的な誘惑に負け、魔女となる――このような取引は、その人間がある特定の社会階層に属していなければ成立しない。ボダンによれば、物質的誘惑に目が眩み、魔女となってしまう者、それは日々の生活にも窮する「乞食 belistrez」や、下賤で野蛮な者（「獣のような輩」）であり、悪魔にやすやすと騙される「無学な者」だ。これらの人々は「人から軽蔑されている」存在であり、総じて社会の下層に属する人々であったと言ってよいだろう。「魔女たちは大部分が乞食であり」という言葉に明らかなように、ボダンにとっては（ヴァイヤーとは異なり）、魔女と乞食は明らかに重なり合う存在であった。ここでヴァイヤーとの関連で注意しておきたいのは、「乞食」という言葉だ。後でふれるように、ボダンはヴァイヤーと異なり、乞食を含む「悪しき貧民」と「良き貧民」を区別せず、また「乞食」という言葉で「貧民」一般を指していたと考えられる。したがってこの文章は、「魔女たちは大部分が貧民であり」と言っているに等しい。

他の例を見てみよう。次の表現からは、ボダンにおける魔女と貧民の密接な関連性を読み取ることができるだろう。「一般に、さらなる富を求めて魔女となった金持ちは貧困に傾いていき、一方貧しい者たちは〔魔女になっても〕生涯乞食のままであるということがわかる」[48]。

この世の物質的な豊かさを求めて悪魔と契約を結び魔女となった者が、その目的を達することはない。もともと金持ちであった者は、逆に貧しくなってしまう。また、もとから貧しかった者は、魔女となっても生涯乞食（＝貧民）のままである。ここからはボダンが、魔女は貧困と切り離せない関係にあるとみなしていたことがわかる。そして、「乞食のままである」という表現からはまた、ボダンが「乞食」を貧民一般とほぼ同義に認識していたことも明らかになる。

もう一つ別の例を見てみよう。ボダンは悪魔の邪悪な仕業について次のように述べる。「彼らの仕事は、魔女どもを金持ちにしたり、魔女どもに喜びや名誉を与えたり、知識を与えたりすることではない。彼らがなしうるのは、ただ単に庶民を汚辱と不幸にまみれさせることだけである〔…〕〔悪魔は魔女たちに〕この世における報酬として、神を棄てさせ、雄山羊あるいは別の忌まわしき動物のような自らの尻を崇拝させ、接吻させる」[49]。ここに見られる「汚辱と不幸」という言葉もまた、貧困の境遇と重なってこよう。

ところでボダンは、このような「貧民としての魔女像」と、〈「メランコリーに冒された老女」としての魔女像〉の関係をどのように捉えていたのだろうか。前章で検討したように、ボダンは魔女とメランコリーとの関係を表向きは否定しつつも、ヴァイヤーやスコットと同じように〈「メランコリーに冒された老女」としての魔女像〉の妥当性は認めていたのだった。したがって「乞食＝貧民としての魔女像」をそれに重ね合わせるなら、ボダンの魔女像もまた、ヴァイヤーと同様に〈メランコリーに冒された貧しい老女〉ということになろう。

スコットの「貧しい老魔女」

スコットは魔女と貧民の関連性について、ヴァイヤーとボダン以上に明確に述べている。たとえば、『魔術の暴露』のなかで、スコットは「魔女と呼ばれている女性たち」の姿を次のように詳細に描いている。

> 彼女たちは、生涯にわたって学校には決して行かず、教師に教えを受けたことがない女たちである。それゆえ、技術も知識もない。そして貧しい。したがって彼女たちには、金属や石など——それらを使った自然魔術〔森羅万象に潜む霊魂の力を引き出す技〕によって、奇妙な事を引き起こすというのだが——を揃えることなどできない。彼女たちは年老いており、関節は硬直している。それゆえ、素早く手を動かし、手品を使って人々の目を欺くことなどできない。動きはのろのろとしており、たいがいは足を引きずっている。それゆえ、空中飛行や妖精たちとのダンスには不向きである。彼女たちは悲しげで、メランコリックで、不機嫌で、惨めである。[50]

ここでスコットは、世で魔女と呼ばれている女たちが、その実像をよく吟味すれば、一般に言われているような邪悪な魔女像とはいかにかけ離れているかを説明している。

スコットが挙げている魔女の「実像」のうち、「悲しげで、メランコリックで、不機嫌で、惨めで」、「年老いており、関節は硬直している」という特徴は、明らかに〈「メランコリーに冒された老女」としての魔女像〉を表している。そしてこのほかにスコットが挙げているのは、彼女たちには魔術を行使できるような「技術も知識もない」、すなわち無学であること、そして魔術に必要な道具（たとえば金属や石）を準備できないほど貧しいことである。ここからは、スコットが明らかに魔女と貧困を結びつけて考えていたことがわかる。

さらにこの少し後に述べられている次のような言葉は、それをさらに裏づける。「もしも彼女たちが、（〔世で〕断言されているように）隣人の畑から自分の畑に小麦を移しかえることができるのならば、彼女たちはみな貧困ではないはずである」[51]。当時、魔女は隣人の畑の穀物を魔術によって奪うと言われていた。しかし、実地に見聞した魔女裁判を通して、魔女と呼ばれている女たちの実態に触れていたスコットは、彼女たちが少しも裕福ではなく、したがって穀物を移動させる魔術など使えるはずがないと述べるのである。

そして次の言葉は、スコットの〈メランコリーに冒された貧しい老女としての魔女像〉を明瞭に表している。

> 貧しい老魔女は、たいてい無学で軽率で、助言と友情にも恵まれず、判断力も、つましい生活と人づきあいに必要な分別も欠けている。女性であるがゆえに、その性格は男性よりも弱く脆く、メランコリーに一層酷く冒される。育ちも仲間も非常に卑しいので、こうした異常な性質についてとりたてて自分で調べられることはなにもない。その年齢もまた、彼女を耄碌させ、こうした狂気に駆り立てる病である。[52]

魔女・老女・貧民・メランコリーという四つの要素が、スコットの魔女像の中に統合されているのがよくわかる。とりわけ「貧しい老魔女 poore old witch」という表現は、スコットにとって魔女が貧困と老年という要素を併せ持つ存在であったことを示している。先にみたフランス語同様、近世英語の poore には「哀れな」という語意もあるが、前後の文脈を考慮すればここでは「貧しい」の意味を読み取ることが重要だろう。「育ちも仲間も非常に卑しい」という言葉も、貧しい下層階層を指し示していよう。

スコットの念頭にあった「貧民としての魔女」について、もう少し詳しく見てみよう。スコットは次のように述べる。「魔女たちは貧しく、困窮しているため、救済を求めて家々を巡り歩く[53]」。生活物資に事欠く魔女たちが、隣近所に施しをもらいに行く姿が目に浮かぶ。スコットはさらに、このしばらく後で、大プリニウス（二三／二四〜七九。古代ローマの博物学者）やストラボン（前六四頃〜二一頃。古代ローマの地理学者・歴史家）の文献に登場する様々な呪術師に言及したあと、現代の魔女の力が彼らに遠く及ばないことを述べている。

しかしながら、（ダノー（十六世紀後半のフランスの悪魔学者）が確信しているように）貧しい老魔女たちの知識がこのように遠くまで及ぶなどということは、真実ではない。私が理解している最大限の距離としては、彼女たちにできるのは隣人の家からポット一杯のミルクなどを取って来るていどである。これは彼女たちがいる場所から半マイルの距離である[54]。

当今の魔女たちの知識は、古代の卓越した呪術師として名高いモーセなどに比べると微々たるものでしかない。スコットはそう述べる。これは、魔女とみなされた老女たちの日常生活に関するスコットの実際の観察にもとづいていると言ってよいだろう。貧しく年老いた魔女たちができることと言えば、半マイル先の隣家を訪れて施しを乞い、「ポット一杯のミルクを取って来るていど」だったのである。

ところで、スコットが魔女として描写している貧民は、「隣人に施しを受ける」のであるから、放浪生活を送る「悪しき貧民」ではない。J・グッデールによれば、魔女は原則として任意の共同体内に定住していなければならない。[55] しかし一方で、スコットが挙げている「施しを求めて隣近所を巡り歩く貧民」は、明らかに「良き貧民」として享受しうる公的な救済を受けられずにいる（だからこそ物乞いをしている）。つまり、スコットの「魔女としての貧民」は、公的な貧民救済策の対象になるような極貧層ではないということになる。この点に関してA・マクファーレンは次のように述べている。「〔魔女であるとの〕容疑を受けた者が即、村落の中で最も貧しい者であったと考えるのは誤りであろう。自らは救済を受けるべきと感じていながら救済を拒否された女性といったような、ほどほどに貧しかった者こそが容疑を受けたのである」。[56]

マクファーレンによると、十六世紀末イングランドのボアハムでは、貧民民生委員が「援助に値する貧民」として記載した小教区内の十人のうち、被告魔女として記録された者は一人もいない。[57] つまり、魔女と重ね合わされる貧民は、「悪し貧民」ではないものの、「良き貧民」として公的な救済を受けることができるほど極貧ではなく、さりとて断じて豊かではなく、日々の生活物資にも事欠く貧困状態にあった者たちだと言えるだろう。このように、やや抽象的だったヴァイヤーとボダンの貧民像に比べて、スコットの貧民像は極めて具体的である。スコットの記述からは、当時多く魔女と重ね合わされた貧民

ジャック・カロ作「カップとスプーンを手にした乞食の女」(1622〜23年頃)

像の少なくとも一端が垣間見えよう。

以上、三人の悪魔学者の著作の中で、魔女と貧民がどのように関連づけられているのかを見てきた。三者それぞれ違いはあるものの、「魔女」と「貧民」が重ね合わせて認識されていたことは間違いないと考えられる。このような認識が成立するにあたっては、近世西欧における貧民の問題の顕在化が大きく影響していると思われる。一五二〇年代以降の貧民人口の増大によって、排除・周縁化・管理の対象となった貧民は、「悪魔的」存在ともみなされていたという[58]。十六世紀後半以降、「貧民」が魔女像の構成要素の一つとして統合されるようになったとしても不思議ではない。

このような「貧民」の要素を含んだ魔女像は、ヴァイヤーら知識人の著作に書かれただけでなく、民衆の日常生活においても受容されていたのだろうか。これについては、実際の魔女裁判を分析した先行研究を見てみよう。

たとえばイングランド、エセックス州における十六世紀後半以降の魔女裁判を例にとると、魔女として有罪宣告された者の八五%以上が五〇歳以上、四〇%が未亡人、九〇%以上が女性であり、出身階層は常に貧困層であった[59]。またD・ウィリスによれば、典型的な魔女裁判は若い女性と老女の争いをきっかけとして始まり、魔女とされた老女は若い女性よりも貧しい傾向があった[60]。

またJ・シャープは、魔女と老女の関連性に関する最近の研究を総合し、次の二つの点を指摘している[61]。一つは、老女の経済的周縁性が隣人に不快感を与え、老女を魔女として告発させたという点である。中世から近世への移行の中で貧困・貧民観が大きく変容していく中で、施し物を求める老女は慈善に値する存在ではなく、村の安定を脅かす脅威として認識されるようになったのである。いま一つは、老女の多くが未亡人か、家庭という慣習的ヒエラルキーの外側に暮らす女性だった点である。彼女らは貧民としてだけではなく、家庭を軸とした「正常な支配様式」の外側に存在するものとして認識されていた。そのような女性は、近世西欧における父権的秩序の中ではアブノーマルな存在であり、当時の社会の敵意を一身に集め、魔女裁判の格好の標的になったというのである。

このように、悪魔学者の記述および魔女裁判に関する先行研究をふまえて考えると、「貧しい老女としての魔女像」は、十六世紀後半の西欧世界においてかなり一般的なものであったとみなしてよいだろう。そしてここに、当時支配的だった体液病理説にもとづくメランコリーの要素を加味すれば、〈「メランコリーに冒された貧しい老女」としての魔女像〉という、十六世紀後半における魔女像のプロトタイプ（原型）が浮かび上がる。

われわれはここでもう一つ、魔女と関わりの深いイメージについて検討する必要がある。それは、ほぼ同じ時代に「発見」された、インディオという「他者」である。

2 魔女とインディオ

2・1 新大陸とインディオの「発見」

世界観と人間観の変容

周知のように、一四九二年コロンブスの大西洋航海に始まる「新大陸」アメリカの「発見」は、世界観の大転換と言ってもよい大きな影響を西欧に与えた。

世界観の大転換は地理的認識の拡大によってもたらされた。「新大陸発見」以前の中世的な地理認識によれば、「世界」の中心はイェルサレムであり、「世界」とはヨーロッパ、アフリカ、アジアの三大陸から構成されるものだった。大地は平板であり、「世界」の周辺には怪物や野蛮人が住む異界が広がり、その彼方には奈落があると信じられていた。ところが「新大陸アメリカの発見」によって、このような中世的地理認識が誤りであることが明らかとなったのである。異界の果てに奈落はなく、世界は球体であることが実証されたのだった。[62]

「新大陸発見」は人間観をも揺るがした。新大陸に「人間的な存在」が居住しているらしいというので、西欧の人々の間では大論争が持ち上がった。新大陸に住むインディオは、自分たちと同じ人間なのか。もしそうでないなら彼らをどのような存在として理解すべきか。これは当時の西欧人にとって、非常に重要な問題であった。それがキリスト教思想と密接に関連していたからである。

当時は聖書に従って、人類の祖先ノアの息子セム、ハム、ヤフェトの子孫がそれぞれアジア、アフリカ、ヨーロッパの各大陸に移り住み、各大陸の人類の祖となったと考えられていた。しかしながら、新たに発見されたアメリカ大陸とそこに居住するインディオをこの物語（当時の人々にとっては史実）にもとづいて解釈することは困難であった。聖書の記述にもとづいて人類の分布を考える限り、アメリカ大陸に居住しているインディオがどこから来たのか、祖先は誰なのかを説明することができなかったからである。とはいえ、インディオの実在を優先し、聖書を誤りとすることもできない。そこで次のような解釈がなされた。すなわち聖書に拠れば、人類創造の場所であるエデンの園は一つしかない。したがってもしもインディオが人間であるならば、エデンの園で生まれたアダムとイヴの子孫なのだから、旧大陸の人間を祖先に持つにちがいない、というのである。このような考え方にもとづいて、一五一二年、「インディオはアダムとイヴの子孫である」という解釈が時の教皇ユリウス二世によって公布され、その祖先はハムであるとされた。[63]

しかし言うまでもなく、これ以降この解釈によって、インディオがすんなり「西欧人と等しい人間」として認識されたわけではない。[64] そもそもヤフェトではなくハムの子孫として位置づけられたことに注意しなければならない。旧約聖書『創世記』（第九章二四節〜二七節）では、ハムについて次のように述べられている。ある日、父ノアが酒に酔って裸で寝ていたのを見て、末子ハムはその醜態を二人の兄に告げ口したのだった。

> ノアは酔いからさめると、末の息子がしたことを知り、こう言った。「カナン〔ハムの子〕は呪われよ。奴隷の奴隷となり、〔ハムの〕兄たちに仕えよ」。また言った。「セムの神、主をたたえよ。カナンはセムの奴隷となれ。神がヤフェトの土地を広げセムの天幕に住まわせカナンはその奴隷となれ」。

こうしてハムの子カナンは、父の兄たちの奴隷となることを運命づけられてしまった。西欧キリスト教世界では、この最も呪われた人物であるハムをアフリカの、そして新大陸の人間の祖と定めたのである。

インディオが西欧人と対等な人間とはみなされず、やがて十六世紀以降、新大陸征服後に西欧諸国が植民地政策を推進していくなかで、長期にわたり奴隷として酷使されたことはここで改めて詳しく述べるまでもない。植民者たちは、新大陸の先住民を「自分たちと同等な人間とは考えず、はるかに下等な人間とみなしていた」[65]。「真正の人間」である西欧人に対して、インディオは「非人間的存在」であり続けたのだった。

新世界情報の普及

新世界の情報は、探検家たちが発表した多くの旅行記や報告書によって西欧世界にもたらされた。たとえばコロンブス『報告書簡』(一四九三年)、ヴェスプッチ『四回の航海』(一五〇五／〇六年)、マルティル『十巻の書』(一五一六年)などは、西欧世界に新世界の存在を広く知らしめた。また一五〇七年に公刊されたヴァルトゼーミュラーの『世界誌入門』では、アメリカ大陸が初めて世界地図に書き込まれ、新大陸の地理上での認識を定着させる嚆矢《こうし》となった。さらにオビエドの『インディアス自然誌提要』(一五二六年)、『インディアス発見・征服史及び自然誌』(一五三五年)を筆頭に、征服者・植民者・聖職者たちの新大陸に関する記録が次々と公刊された。このような記録の多くは、大航海時代の先鞭をつけたスペインに関わった人々によるものだったが、いずれも広く西欧各地域で読者を獲得したと言われている[66]。

ただし、新大陸の情報は、一四九二年コロンブスの大西洋航路発見後すぐに西欧全土で受容されたわけではない。また、様々な旅行記や記録も当然万人に読まれたわけではない。十五世紀末の新大陸発見から約半世紀をかけて、徐々にその情報は波及・拡大していったのである。J・H・エリオットによれば、新大陸の情報が記された書物に当初から強い関心を示していたのは、とりわけ人文主義者や新大陸での布教を志していた聖職者、また大都市の大商人であり、一般の読者たちはこれといった興味を示していなかった。[67] 実のところ、新大陸に関する著作は、十六世紀前半に点数の上では増大したものの、非常に限定された人々にしか読まれず、大多数の人々はいまだ新大陸の存在自体、考えてみることすらなかったと思われる。[68] 新大陸についての情報が広く受容されるようになるのは、十六世紀後半以降のことである。

しかしながら、西欧世界でインディオのイメージが形成されたのは、ほかならぬ十六世紀前半のことであったと考えられる。この時期、スペインの神学者や法律家の間では、スペインの新大陸支配の適法性やインディオの「身分」について多くの議論がなされた。たとえば一五五〇年、ラス・カサス〔一四七四〜一五六六。スペインの司祭・宣教師。インディオへの布教とその保護に努め「インディオの使徒」と呼ばれた〕とセプールベダ〔一四九〇〜一五七三。スペインの神学者。スペインによるインディアス征服の正当性を主張〕の間で行われた「バリャドリッド論争」は有名である。これは、スペイン本国のバリャドリッドで開催されたインディアス会議を舞台に、両者がインディアス（新大陸の植民地）征服の正当性や「インディオの人間性」をめぐって激しく論戦したものである。[69] それに先立つ一五三七年には、インディオの扱いについて教皇パウルス三世が勅書を発布している。[70]

このような論争や勅書は、インディオをどのような存在として認識するのか、つまり「インディオのイメージ」をいかに形成するかという問題と密接に関わっていた。セプールベダはインディオの支配と奴隷化を正当化する理由として、とりわけインディオの偶像崇拝・食人・人身供犠の習慣を挙げた。[71] 教皇パウルス三世の勅書は、インディオが「真正の人間」であることを宣言するものであったが、その発布にあたって参考にされたのは、ヌエバ・エスパーニャ〔スペイン帝国の植民地。「新スペイン」の意〕のドミニコ会士でトラスカラ〔メキシコ中部の町〕司教のフリアン・ガルセスの意見であった。ガルセスは、インディオは野蛮・残虐ではなく、食人種でもなく、キリスト教徒となる資格を持った存在であると主張した[72]。このガルセスと、彼の主張をふまえたパウルス三世は、インディオのイメージから「非人間的」特徴を排除しようと努めた。一方セプールベダに代表される人々は、インディオの「非人間性」を強く主張した。彼らが唱えたインディオのイメージの中でも魔女と最も関わりが深いのが、「食人種としてのインディオ」のイメージである。

「食人種インディオ」のイメージ

S・オアグルによれば、十六世紀の西欧人は新世界アメリカを「憧憬の対象としてのユートピア」、「インディオの食人」、そして「インディオの乱交を含む自由恋愛」という三つのイメージのもとで捉えていた。しかし、これら三つの比重は異なっていた。「新大陸アメリカ」そのものを認識する際の最も標準的なイメージは「食人」であり[73]、西欧人にとってインディオとは何よりも「人食いをする者たち」だったのである[74]。魔女とインディオの関連性を検討する上で、この「食人種としてのインディオ」のイメージは極めて重要である。

現実のものであれ想像上のものであれ、「食人」についての言説やイメージが、異文化や異なる人間集団を表象する際に重要な働きをすることはよく知られている。たとえば人類学者のW・アレンズによれば、「ある人間集団が他の集団を食人者と考えるのは、文化境界の構築と維持の一側面」[75]である。また

インディオの食人と自由恋愛のイメージ（片面刷り木版画，アウグスブルク，1505年）

英文学者の正木恒夫は、記号論的視点をふまえて食人という概念を「自他を区別するための、ひとつの極端な記号」[76]であるとしている。さらに人類学者の栗本英世は次のように述べている。

「人喰い」をおこなうとされる人々は、つねに「我々」ではなく「彼ら」である。つまり「人喰い」の語りは、自分たちから心理的、空間的に遠いところにいる他者は、社会的で道徳的な存在である我々とは対極にある人々であるという、反転し倒立した他者認識の反映であるといえる[77]。

要するに「食人」言説とは、「他者」という存在を自分たちから区別して表象する際に最適なツールと言える。

ところで、「他者」の問題をこのように他／我・彼／我という二項対立の図式で考えることは、（最近では批判の対象となっている）「近代」に特有の思考形式ではないかと思われる向きもあろう。しかし、実は近世の西欧人が世の中の事象を多く「対立概念」で捉えていたことが明らかにされている。たとえばS・クラークは、当時の人々が、理性と情熱、霊と肉、魂と身体、正しさと誤りといった形で、世界を二元的な思考方法で捉えていたことを明らかにし、ルネサンス期および十六・十七世紀の思考は「習慣的な磁極 habitual magnetic poles」の虜《とりこ》となっていたと述べている。[78] またR・ブリッグズは、当時の西欧の知識人たちが「分極化された二つの分類原則にもとづいて働く精巧な弁証法的論理によってこの世界を理解していた」と述べ、その分類原則の例として善と悪、乾と湿、熱と冷、男と女を挙げている。[79] このような当時の思考方法に即して、ここでは「西欧＝我／非西欧＝他」という二項対立の形で問題を設定したい。

さて、「食人種としてのインディオ」像はまず、コロンブスの航海日記によって西欧世界にもたらされた。[80] 航海当初、コロンブスは新大陸に食人種が存在するとは考えていなかった。彼が真に目指していた文明の地アジア、黄金の国ジパングに、人を食う種族が住んでいるなどということはありえなかった。しかし、新大陸周辺の諸島を探検するうちに、コロンブスの確信は次第に揺らいでいった。やがて一行に友好的なエスパニョーラ島のアラワク族から、小アンティル諸島に「カニバル Cannibal」という名前の食人種が存在することを知らされ、彼は日を追うごとに食人種の実在を確信していった。[81] この経緯から明らかなように、コロンブス自身が食人種インディオを実際に目撃したという記録は残っていない。スペイン人に友好的だったインディオの部族が教えてくれた情報をもとに、自分たちとこの部族に敵意を持っているらしいインディオの部族を食人種とみなしただけである。[82]

「カニバル」という名称（現代英語の食人種 cannibal のもとにもなっている）の由来については、次のように言われている。アラワク族は、自分たちの領域を侵犯し、女性を略奪し男性を拷問にかけ、最後には殺してその肉を食べる種族を、自分たちと区別して「カリナゴ」「カリノ」と呼んでいた。これをコロンブスらが「カリバル」と表記したのが初めという。[83] 名称には様々な変種があり、「カニバル」のほかに「カリブ Carib」、また「カンバリ Cambali」や「カニバリ Canibali」の使用も認められる。しかし次第に「カニバル」が、「食人種」「野蛮人」「新世界住民」という意味を担わされて西欧の言語のなかに取り入れられていった。[84]

ところで、コロンブスを含む西欧の航海者がすべて、インディオ全般を食人種と考えていたわけではないであろう。現実にインディオの様々な部族と遭遇するなかで、航海者の観察も十人十色だったはずである。しかしながら、先にも述べたように、新大陸に関する情報は一挙に西欧全土に普及したわけではない。そして当時の人々は、現代とは異なり、「現実」と「想像」の境界が不分明な世界を生きていたのであり、[85] 航海者たちもまた例外ではなかった。多くの航海者が、犬頭人（キュノケパロイ）など架空の生き物の存在を信じていたことはよく知られている。こうしたことを考えれば、キリスト教徒にとっては信じがたい（現実とは思えない）食人の習慣が、未知の新大陸への恐れと結びつき、「恐るべき、忌まわしき食人種カニバル」のイメージがインディオ全般に拡大されたとしても不思議ではない。

固有の部族名「カニバリ」は、次のような経緯で普通名詞化していった。たとえば、一五二〇年代にマゼランの世界周航に同行したイタリア人航海者アントニオ・ピガフェッタはその航海記録の中で、南アメリカのウルグアイ平原に住むチャルーア族に対して「カニバリ」という呼称を使用している。[86] またフランスでは同じく一五二〇年代に、ブラジルの海岸地域から輸入される染料用木材（ブラジルボク《パウ・ド・ブラジル》）

の量が増加するのに伴い、ブラジルに関する情報がフランス国内に広まり、そこに種々の航海記録の情報が入り混じる形で、「カニバル」という呼称が南アメリカ大陸に住むインディオの総称として使われ始めた。[87] ベネズエラ内陸のある地域は「カリバナ Caribana」と呼ばれることがあった。

カニバル族が、カリブ海の小アンティル諸島の他、ギアナやオリノコ川下流域を含む南アメリカ大陸のいくつかの地域に住んでいたことは確かだが、時を経るにつれて「食人種カニバル」という言葉が固有名を超えて「新大陸の食人種インディオ」全般を指すようになっていったことが、以上の例から見て取れよう。

西欧人の側には、インディオ全体を食人種として表象する「正当な」理由があった。西欧人にとって、キリスト教の布教と金銀の採掘という二大目標を成し遂げるためには、先住民インディオの制圧が必要であった。それを正当化するためには、インディオが劣った人種であり、悪魔に近い者たちであることを証明しなければならない。「『食人』の『発見』」はそのために行われたのであった。[88] つまり「食人種としてのインディオ」というイメージは、西欧人の利益のために、西欧人によって創り出されたのである。こうしてコロンブスによる食人種カニバルの「発見」以降、キリスト教の布教と金銀の採掘という目標を伴い、十六世紀前半に「食人種としてのインディオ」というイメージが西欧世界に次第に広がっていったと考えられる。

ところで、少しさかのぼって他の航海記録を見てみると、一五〇五／〇六年に公刊されたヴェスプッチの書簡では、十五世紀末に南アメリカ沿岸で遭遇したインディオについて「彼らの生活はまったく野蛮で〔…〕人間の肉のほかはあまり肉は食べません。〔…〕この点彼らは全く残忍でありまして、いかなる鬼畜の行為をもしのいでおります」と述べられている。また一五一六年のマルティルの『十巻の書』では第一編第一巻に「カリベ」についての言及がある。[89] これらを総合すると、「食人種としてのインディオ」のイメージが定着し始めるのは、やはり一五二〇年代頃——これは貧民の問題が顕在化するのと同時期である——と考えてよいのではなかろうか。[90]

そして十六世紀半ば以降、「食人種としてのインディオ」というイメージは、西欧諸国による新大陸植民地化の進展とその結果としての西欧本土における新大陸情報の普及によって、西欧の人々にますます広く受容されていったと思われる。以下ではその実態をイングランドとフランスについて見ておきたい。

イングランドとフランスの新大陸進出

十五・十六世紀における主要な航海と探検はポルトガルとスペインによって行われたが、イングランドとフランスもまた新大陸への進出を試みていた。十六世紀における両国の探検・征服活動は、主に二つの形態で行われた。[91]

一つは、ポルトガルとスペインの勢力が及んでいない北方の海域に進出する形態である。イングランドの場合、北アメリカ地域だけでなく、ユーラシア大陸の北部地域にも進出の企図を持っていた。たとえば一四九七～九八年にかけて、国王ヘンリ七世の後援の下、ジョバンニ・カボットとセバスチャン・カボット父子が北アメリカ東海岸の探検を行った。次の国王ヘンリ八世は一五一七年、アメリカ大陸に植民地建設を企図していたジョン・ラステルらに特許状を与えている。[92] 次王エドワード六世の時代、セバスチャン・カボットは五一年にモロッコ、五三年にはモスクワへのイングランド初の航海に出かけている。[93]

一方フランスの場合、すでに一五〇三年にノルマンディの商人ポーミエ・ド・ゴヌヴィルがブラジル南端へ到達していた。しかしこれは個人的な動機にもとづく航海であり、香辛料獲得のために喜望峰回りでインドへ向かったものの、暴風雨によりたまたまブラジルへ漂着したものであった。[94]王権による遠征は、国王フランソワ一世の時代に行われた。一五二四年、国王はリヨン在住のイタリア人探検家ヴェラツァーノを北アメリカ東海岸へ派遣し、ニューファンドランドからフロリダ半島にかけての地域を調査させた。[95]続いて一五三四～四二年にかけてジャック・カルチエを三回にわたってカナダに派遣し、セント・ローレンス川流域を探検させた。[96]しかしその後はアジアへの航路の発見が失敗に終わり、またカナダで金を確保できなかったことから、王権によるカナダ進出は約半世紀のあいだ試みられることはなかった。[97]

そして、イングランドとフランスによる探検・征服活動のもう一つの形態は、ポルトガルとスペインの勢力圏への実力行使による割り込みであった。

イングランド人による「食人種」の記述

イングランドでは、一五五〇年代にアメリカの植民地化が公然と議論されるようになった。カトリックを奉ずるスペインに宗教的に対立するプロテスタントのイングランドは、一五六〇年代から盛んに私掠船〔王の特許状により敵国の船の掠奪を許可された個人の武装船〕を新大陸沿岸に展開させるようになり、[98]スペインが植民地で得た財を奪った。たとえばジョン・ホーキンズによる私掠船の活動（六二〜六三年、六四〜六五年、六七〜六九年の三度）は、アフリカ人奴隷をアメリカで売却した代価で獣皮・金銀を手に入れるというスペインのいわゆる「三角貿易」の利益を奪取しようとする試みであった。またフランシス・ドレイクの私掠船は七二〜七三年にかけてパナマを、七八〜七九年にかけてペルー海岸を襲った。

　このようなイングランドの新大陸進出への野望と関心は、年を追うごとにさらに高まっていく。一五七九年、エリザベス女王の特許状を得たハムフリー・ギルバートが北アメリカへ向かった。[九九]この航海は失敗したが、八三年の二度目の航海によりニューファンドランド島のセント・ジョン湾に到達し、その周辺に北アメリカ最初のイングランド植民地を建設した。八四年にはリチャード・ハクルートが著書『西方植民論』のなかで北アメリカの植民地化を説いた。八五年から八七年にかけては、ヴァージニアへの植民が試みられている。そしてついにイングランドは一六〇七年にアメリカ本土、二四年に西インド諸島への植民を成功させた。[一〇〇]こうした進出と植民の時期（十六世紀後半以降、十七世紀初めにかけて）に、新大陸アメリカについての情報が、それ以前に比べて格段に多くイングランドにもたらされたことは想像に難くない。そしてそれらの中には当然、「食人種としてのインディオ」についての情報も含まれていた。

　たとえばハクルートは『西方植民論』において、スペインの植民地となっていたベネズエラのクマナという町が「スペイン人の敵であるインディオやカリブ族に囲まれている」と述べ、「クマナの町から東にかけて、ブラジルのセント・オーガスティン河にいたるまでのアメリカ」にいるのは「カリブ族とインディオと野蛮人だけである」と述べている。[一〇一]また一五九六年のギアナ地方探検を論じたウォルター・

ローリの『広大にして資源に富む美しきギアナ帝国の発展』には、次のように食人種カニバルについて多くの記述がある。「西インドへ航海するイングランド船が毎年そのそばを通る島嶼に住むドミニカのカニバル族」、「彼〔インディオのある部族の首長カラパナ王〕はまた近隣のカリブ族、すなわちカニバル族とも事を起こさず」、「このスペイン人たちは〔…〕カニバル族から女や子供を買い取ったりした」、「グァニパ湾のカニバル族が多数のカヌーを操って襲ってきそうだ」、「ティビティバ族のうちの〔…〕〔ある〕連中は〔…〕特にカニバル族に戦いを挑む傾向があった」、「スペイン人どもが〔…〕行く先々でイングランド人は人食いのカニバル族である、と教え込んでいた」、「グァニパ川とベレーセ川〔の流域〕にトリニダッド島と向かいあうようにして居住していたのが残酷なカニバル族である」、「オレノク〔オリノコ〕川の主河口の南側にはアラワク族が住む。彼らの居住する〔地域の〕先にはカニバル族がおり〔…〕」[102]。

カニバル族以外の部族を食人種として記述している例もある。ジョン・スミスの『ヴァージニア入植についての真実の話』（一六〇八年）には、次のような箇所がある。「〔パウハタン王が教えてくれたところでは〕ポコフトロナックと呼ばれる強力な国があり、その凶暴な連中は人食いの習性を有しモヤオンスとかパタロマーク〔など他の部族の国〕に戦争を仕掛け、昨年も百人ほど殺害している」[103]。スミスの著作で扱われているのは北アメリカのインディオである。「食人種」のレッテルが、カリブ地域のカニバル族にとどまらず、インディオ全般に適用されている例と言えるだろう。

フランス人による「食人種」の記述

フランスによる実力行使を伴う新大陸進出もイングランドと同様、スペインの銀輸送船に対する私掠船の展開という形で行われた。ただし、これは十六世紀前半のことである。[104] フランスの新大陸進出を、「食人種としてのインディオ」というイメージを西欧本土に普及させた要因として考えた場合に重要なのは、やや後の十六世紀後半におけるブラジル進出である。

ブラジルへの進出を試みたフランスの勢力はユグノー〔十六〜十八世紀フランスのプロテスタントの一派であるカルヴァン主義（改革派教会）の人々〕であった。まず一五五〇年代初め、ユグノーの軍人ガスパール・ド・コリニー提督はブラジルに植民地を築くことにより、スペインを出し抜くことを計画した。[105] コリニーにとってブラジルへの植民は、迫害されていたユグノーのための避難所を建設する意味合いもあった。[106] このようなコリニーの意向を受けて実際に植民地建設に乗り出したのが、後にカトリックに改宗することになるが当時はプロテスタントであったニコラ・デュラン・ド・ヴィルガニョンである。

一五五五年十一月、ヴィルガニョンはリオ・デ・ジャネイロ湾に「南極フランス」を建設し、そこに築かれた「コリニー砦」は、すでに十六世紀初頭からブラジルを支配していたポルトガルとの対立の地となった。[107] 早くも一五六〇年、フランスのユグノーによる植民地建設は、ポルトガルによって阻止されることになる。そして六七年には、三代目ブラジル総督メン・デ・サーが甥のエスタシオ・デ・サーを派遣し、フランス人はリオから撃退されてしまった。[108] わずか十数年の植民地であったが、この出来事こそ「食人種としてのインディオ」のイメージが西欧本土に普及するのに大きな影響を与えたのである。

十六世紀のアマゾン川流域にはアラワク、カニバル、トゥピー、パノ、トゥカノ、ジェなどの部族が暮らしていたと言われている。これら諸部族のうち、トゥピー系諸族は東部のブラジル地域〔現在のサンパウロ州をはじめとする海岸沿いの地域〕に住んでいた。このトゥピー系諸族に含まれるトゥピー族、グァラニー族、トゥピナンバ族などの中で、西欧における「食人種としてのインディオ」のイメージに深く関連しているのはトゥピナンバ族である。[109]

「南極フランス」建設からしばらく経った一五五七年、ヴィルガニョンの要請を受けて、ユグノーの牧師ジャン・ド・レリーがブラジルに到着する。彼は約十か月の滞在期間中の体験を記した『ブラジル旅行記』（一五七八年）で、「食人種としてのトゥピナンバ族」の実態を詳細に述べている。[110]以下では、後世に大きな影響を与えたレリーのこの著作を取り上げることにしよう。

なお、トゥピナンバ族についてはほかにも、十六世紀中頃にこの部族の捕虜となったドイツ人砲術師ハンス・シュターデン（『蛮界抑留記』一五五七年）や、フランス人修道士アンドレ・テヴェ（『南極フランス異聞』一五五七年）が書き残している。[111]テヴェはフランシスコ会修道士で、一五五五年にブラジルへ赴いたが、僅か三か月で当地を後にしている。[112]

食人種トゥピナンバ族

レリーは『ブラジル旅行記』の「第十五章　アメリカ人は戦争捕虜をいかに遇するか、また彼らを殺して食う際に行われる儀式について」のなかで次のように描写している。トゥピナンバ族が、敵対するマルガジャ族の男を捕らえた場面である。「目の前で彼を殺そうと構えている男が言う、『今や貴公はわれらの手に捕らえられ、わが輩によって殺されようとしている。われわれ全員によってブゥカン焼き（木で作った火格子による炙り焼き。次頁図版参照）にされ食われてしまうのだわい[113]』」。

この捕虜が撲殺されたあと、次のような場面が展開する。

食人を行うトゥピナンバ族（テオドール・ド・ブリ『アメリカ史』1592年より）

> 捕虜の主人だった男が適当だと考える数の男たちと協力してこの哀れな死体に手をかけ、あっという間にばらばらに切断してしまう〔…〕さて死体の各部分は勿論のこと、臓腑に至るまできれいに洗うと、すぐさまブゥカンに載せられる〔…〕肉が焼けると、殺害を見に集まった者は皆ブゥカンを囲んで改めて歓声を挙げ、ブゥカンのほうへ流し目やら狂ったような視線を向けて、仇敵の肉片やら手足やらをじっと見つめるのである〔…〕そして実際、その荒々しい心情を満たさんがために、捕虜の肉体のあらゆる部分、爪先から鼻、耳、頭の天辺に至るまで、彼らはことごとく食い尽くすのだ。[114]

トゥピナンバ族が行う食人の儀式の描写はこのように極めて詳細であり、レリーの著作によって、このような「食人種としてのトゥピナンバ族」のイメージが母国フランスの人々に大きな影響を与えたことは想像に難くない。『ブラジル旅行記』は、一五八〇年、八五年、九四年、九九年、一六一一年と版を重ね、さらに一五八六年と九四年にはラテン語訳、九三年にはドイツ語訳、九七年にはオランダ語訳が出版されている。[115] この出版状況からは、この著作がフランスにとどまらず西欧各地に普及し、広い範囲に影響を与えたことが推測される。そして、やはりトゥピナンバ族に言及しているテヴェの『南極フランス異聞』も、一五六八年に英訳されロンドンで出版されている。[116] また先にふれたイングランドのハクルートは、『西方植民論』を公にする前年の一五八三年に、ルーアンでテヴェと会っている。[117]『ブラジル旅行記』の普及にこれらの事実を傍証として考え合わせると、「食人種としてのトゥピナンバ族」のイメージないし情報は、一五八〇年代頃に西欧全土の規模で広まったと見てよいように思われる。

「食人種としてのトゥピナンバ族」のイメージは、すでに「食人種インディオ」を表す普通名詞と化していたカニバル族のイメージや、食人習慣を持つとされた他の様々なインディオの部族のイメージと融合し、その結果「食人種としてのインディオ」という、部族の差異を超えたイメージが完成したと考えられる。カニバル族はアマゾン低地の北側にも居住していたので、[118] トゥピナンバ族と容易に同一視されただろう。実際、十六世紀のインディオ認識をめぐって、「トゥピナンバ化 tupinambisation」という現象が見られた。これは十六世紀の地理学的文献に一般的に観察されるもので、本来トゥピナンバ族固有のものであったはずの民族的特徴や文化が、新世界のインディオ全体に帰されるという現象である。[119] つまり十六世紀後半、食人種トゥピナンバ族の存在がよく知られるようになった西欧本土において、トゥピナンバ族、カニバル族、そしてインディオの他の食人部族のイメージが融合し、「トゥピナンバ化」を経て「食人種としてのインディオ」というイメージが完全に定着したと考えられる。

では、このような「インディオの食人」をめぐる言説を、三人の悪魔学者（ヴァイヤー、ボダン、スコット）はどのように考えていたのだろうか。次項では、彼らの著作の中でインディオ・魔女・メランコリーがどのように結びついているかを検証しよう。

2・2　魔女・インディオ・メランコリーの結合

食人する魔女

西欧世界において「食人」は、古くから教会が異教や異端諸派を断罪する際に用いた嫌疑であった。魔女狩りの歴史を、原始キリスト教時代から中世の異端諸派に至るまで網羅的に考察したN・コーンは、乱交的狂躁《オルギー》と食人は「紀元二世紀までさかのぼることのできる伝統に属している」と述べている。[120] 中世における異端審問の告発内容には、必ずと言ってよいほど食人が含まれていた。[121] また古代異教世界の神話に登場するストリアないしストリガは、夜間飛行し子供を食べる女性の怪物である。[122] このように食人を魔女の特徴と見なす考え方には古い歴史がある。しかし、十六世紀後半における「食人する魔女像」は、それ以前のものとは質と程度において異なっていた。

十六世紀における「土星の子供たち」の図像表現を、主にサトゥルヌスと魔女の描写に焦点を当てて考察したC・ジーカは、十六世紀末に食人の描写が定着すると述べ、その原因をインディオに関する情報の普及としている。[123] このような図像表現上の変化は、十六世紀末にインディオを媒介として魔女像に食人の要素がより強固に融合したことを示していよう。さらにこのような魔女像の形成プロセスの中で、魔女断罪の重要な根拠となったサバトのイメージも完成することになった。サバトのイメージは中世には未完成であったが、「一六〇〇年ごろになって初めて完全に練り上げられた」のである。[124]
以下、こうしてこの時期に定着しつつあった「食人する魔女」のイメージについて、悪魔学者たちがどのように考えていたかを見てみよう。

魔女とインディオを結びつけないヴァイヤーとスコット

まず、ヴァイヤーの著作から検討することにしよう。ヴァイヤーは『悪魔の幻惑について』のなかで、メキシコ高原に高度な文明を築いていたアステカ王国を一五二一年に滅ぼした征服者《コンキスタドール》、エルナン・コルテスを引き合いに出しつつ、次のように述べている。

エルナン・コルテスは、アメリカ大陸のテノチティトラン〔アステカ王国の首都〕では偶像に人間の血を浴びせかけると書いている。〔…〕疑いなく、これらの偶像は悪魔どもに由来するものである。悪魔どもは世界の創造以来、真実なる神を憎悪し、あらゆる手段を用いて人間の良心と身体をひどく苦しめ、血をまき散らすことに異常な喜びを見いだすのだ。[125]

ヴァイヤーは、コルテスの新大陸報告書を読み、アステカの宗教儀礼を悪魔由来のものと断じている。ここでヴァイヤーが述べているのは、アステカの偶像崇拝と人身供儀の習慣であって、食人ではない。しかし当時の西欧では、アステカ王国に人身供儀とならんで食人の習慣があると広く信じられていたの

[126]で、ヴァイヤーも「アステカの食人」という認識を持っていた可能性は高い。

ただ、ヴァイヤーの著作の中に、「食人するインディオ」と魔女の関連性を直接示唆するような記述を見出すことはできない。これは当然のことと言えよう。仮に魔女とインディオが近しい存在であり、両者が食人行為によって結ばれるとしたら、魔女は食人という非人間的行為をもって断罪されるべきだということになってしまう。これでは、魔女を擁護しようとするヴァイヤーにとって、自らの意図に反することになるからだ。

ただヴァイヤーはこの直前で、「テルトリアヌスはその『キリスト教護教論』において、アフリカではティベリウス〔ローマ第二代皇帝、在位一四～三〇年〕の時代まで、子供をサトゥルヌスに捧げる習慣があったと言っている」[127]と述べている。これは食人にまつわる歴史的な逸話を挙げたもので、サトゥルヌスと魔女の食人行為を特に関連づける意図によるものではない。しかしこの直後にアステカの偶像崇拝と人身供儀が言及されていることから、ヴァイヤーがサトゥルヌスの「子供食い」とアステカの儀礼とを、ともに忌まわしい習慣として連想していたことがうかがえる。

ところでヴァイヤーは次の言葉が示すように、食人という行為自体を忌まわしいものと見なす一方で、魔女が現実に食人を行うとは考えていなかった。

> 何らかの儀式によって幼児を殺害することができるなどと考えるのは誤りであり、サタンによる純然たる偽造、無分別な信仰にほかならない。同様に、魔女たちが幼児の遺体を墓から掘り起こしたと供述しているのも、悪魔が説得したためにほかならない。そのような説得は、腐敗した想像力か

ら発したものであるか、あるいは深い眠りに関係しているのである。〔…〕骨から分けられた子供の肉を得体の知れぬ飲物と化すまで鍋で煮る料理も、同じ方法で彼女らの精神に吹き込まれたものであることは全く疑いの余地のないことである。[128]

悪魔に捧げる目的でなされる幼児殺害と墓暴き、そして「子供鍋」による食人――魔女が行うと信じられていたこれらの忌まわしい行為について、ヴァイヤーはその虚偽性を指摘する。その根拠は、前章で確認したヴァイヤーの魔女像にある。

ヴァイヤーは〈「メランコリーに冒された老女」としての魔女像〉にもとづき、悪魔が「メランコリーに冒された老女」の体内に過剰に存在する黒胆汁を利用し、非現実的なことを想像させているにすぎないと主張したのだった。そもそもヴァイヤーのこのような立場を考えれば、彼が食人行為を媒介として魔女とインディオを直接結びつけることはありえないと言えよう。

魔女の食人行為の現実性を否定する姿勢は、ヴァイヤー同様魔女裁判に反対する立場をとっていたスコットにも見られる。

スコットは、『魔術の暴露』第二巻九章「魔女狩り人たち、特に『〔魔術師の〕悪魔狂』におけるボダンによって、魔女の嫌疑に対して申し立てられている十五の罪状」のなかで次のように述べている（最初の文はボダンに代表される「魔女狩り人たち」が申し立てている魔女の罪状で、「返答」以下がそれに対するスコットの反論となっている）。

彼女〔魔女〕たちは、公然と大人と子供の肉を食い、そして血を飲む。返答。それでは彼女たちは、アンスロポファジイ〔食人種の中世における呼称〕とカニバルの親類になってしまう。イングランドおよびフランスの誠実なる人々は、魔女と呼ばれているこれらの女性たちのうち何人かが、そのような行為に及ぶのを見たと断言している。しかし私は決してそのようなことを信じない。万がいち彼女たちがそのような行為〔食人および血を飲むこと〕に及んだとしたら、彼女たちは毒で死んでしまったはずである。[129]

ここでスコットが挙げているアンスロポファジイとカニバルという二つの概念は、ともに「食人種としてのインディオ」を指し示していると言えよう。そしてスコットは、インディオの食人行為と、魔女のそれとは全く別物であり、魔女のそれは事実ではないと述べているのである。

このようなスコットの認識の基底には、ヴァイヤーと同様、魔女はメランコリーに冒された老女に過ぎず、食人行為は悪魔が老女に吹き込んだ想像に過ぎないという考えがある。ヴァイヤーと同様スコットにとっても、魔女とインディオは融合させうる存在ではなかった。否、融合させてはならなかったのだ。ちなみにスコットもサトゥルヌスにふれてはいるが、食人と関連する形でではなく、たとえば占星術批判の文脈で述べられたものである。[130]

以上の検討から明らかなように、ヴァイヤーとスコットの著作のなかに魔女とインディオの結びつきを示す言葉を見出すことは難しい。これは二人が魔女を弁護する立場をとっていたことを考えれば当然と言える。そこで次に、魔女裁判を支持していたボダンの著作において、魔女とインディオがどのような関係のもとに捉えられているのかを検討することにしよう。

ボダンのインディオ観

ボダンは『魔術師の悪魔狂』の、魔女の罪を列挙した箇所で次のように述べている。

> 第十一の罪は、魔女どもが明らかに人間の肉を、とりわけ幼い子供の肉を食べ、またその血を飲むことである。ホラティウスが「喰らい尽くす魔女たちが、子供の生肉を腹部から裂き取ることはない」と述べた時代には、そのような行為は奇怪なことと思われていた。しかしながら、それは頻繁に立証されているのである。〔これまでにも〕十二分に立証されてきたように、魔女どもは子供を手に入れることができない場合には、墓場に死体を掘り起こしに行くか、絞首刑者の肉を入手するために絞首台に赴くのである。[131]

ヴァイヤー、スコットとは正反対に、ボダンは魔女の食人が現実であることを確信している。紀元前一世紀ローマの詩人ホラティウスの時代とは異なり、現在では魔女の食人は現実に行われており、しかも「頻繁に立証されている」という。

またボダンはこの前で、魔女の「第一の罪」として神と全宗教の否定、「第二の罪」として神に対する冒瀆を挙げたあと、「第三の罪」である悪魔崇拝についてこう述べている。「第三の罪はさらに一層忌まわしいものである。魔女たちは悪魔を敬い、崇拝し、悪魔に生贄を捧げる[132]」。

サバトの食卓にならぶ人肉食（ド・ランクル『堕天使および悪魔の無節操の図』1613年より）

生贄については、続く「第四の罪」において詳しく取り上げられている。「第四の罪はさらに重大なもので、多くの魔女どもが自分の子供をサタンに捧げたと認め、自白した」[133]。

ボダンは、悪魔を崇拝する魔女たちが悪魔に捧げる子供の生贄も、サバトにおける食人も、現実に起きていることとして認識し、それらをきわめて忌まわしい罪と位置づけていた。

さて、これら魔女の罪——悪魔崇拝・生贄・食人——を列挙したボダンの記述をよく読むと、それぞれインディオの偶像崇拝・人身供儀・食人の習慣に対応していることがみてとれる。同じ著作のなかで、悪魔の力が古代においてキリスト教の浸透に伴い衰退したものの、依然として強大であることを述べた箇所を見てみよう。

悪魔に子供を生贄として捧げる魔女（ド・ランクル『堕天使および悪魔の無節操の図』1613年より）

〔…〕神の法の開示は、非常に強大な力をもってサタンの力を弱めたのである。さりながら、長きにわたって異教徒であった人々や、依然として異教徒である人々は、夜昼となく、やはり長きにわたって悪魔に酷く苦しめられてきたし、今も酷く苦しめられている。オラウス・マグヌスによる記述〔一五五五年、スウェーデンの聖職者マグヌスが著した『北方民族文化誌』〕や、インディアスについての記述において見出すことができるように、ノルウェーやフィンランド、ピラピエ〔未詳〕および他の北方地域、そして西方の島々におけるように。とりわけブラジルと〔その〕近隣の地域のように。そこでは人々は、依然として生贄を捧げており、そして人間を食べている。[134]

ボダンによれば、キリスト教が普及したにもかかわらず、北ヨーロッパ各地の人々はいまだ悪魔に悩まされている。そして、新大陸発見に伴って西欧世界に紹介されるようになった「西方の島々」も同様に、悪魔に悩まされている地域なのだ。この「西方の島々」に住む「異教徒」とは、言うまでもなくインディオを指している。ブラジルについての言及は、ボダンがトゥピナンバ族を知っていたことを推測させる。

この一連の記述から明らかなように、ボダンは魔女とインディオがともに忌まわしい食人を現実に行っていること、いずれも悪魔の影響下にある同じ種類の存在であることを強く打ち出している。ボダンはまた次のように言う。

> 悪魔を神であると考えてしまい、その忠告や助言、あるいは援助や助力を得るために立派に信仰しているつもりで、悪魔を召喚してしまっている者どもは魔術師にほかならない。昔の異教徒たちと同様に、西方の島々には依然としてそのようなことを行っている輩がいる。彼らは、太陽や月その他の被造物を崇拝する。確かに彼らは偶像崇拝者であると言える。[135]

前章で確認したように、ボダンにとって「魔術師」は「魔女」と同義である。ボダンは、「西方の島々」の人々すなわちインディオの偶像崇拝を悪魔崇拝と同一視し、彼らを魔術師＝魔女と同類であると断じる。

ただし、ボダンがこの二者を完全に同等な存在とみなしていたわけではないことに注意する必要がある。魔女もインディオも食人行為においては共通しているが、ボダンにとって魔女の食人の方がより忌まわしいものだったのである。不思議なことだが、ボダンは魔女の食人は筆鋒鋭く断罪するのだが、インディオのそれには批判を加えない。また「人肉を食べることに関しては、魔女が大昔から非常な食通であることはきわめて確実である」[136]とも述べ、食人がまずもって魔女の属性であることを強調している。ボダンがインディオの食人行為に寛容であったのはなぜか。またボダンは、魔女およびインディオの食人行為とメランコリーとを、どのように関連づけて認識していたのであろうか。

ボダンの気候風土論

興味深いことに、ボダンは食人とメランコリーを結びつけて認識していた。これはここまで見てきた『魔術師の悪魔狂』ではなく、その四年前（一五七六年）に出版された『国家論』のなかに読み取ることができる。

『国家論』は近代の主権概念の礎を築いたとされるボダンの主著であり、西欧近代政治思想史のなかで重要な位置を占めている。このような書物の中で食人やメランコリーが論じられているとは、一見奇異な印象を受けるかもしれないが、これはボダンが考える国家の概念に関係している。食人やメランコリーが登場する第五巻第一章の章題は「人間の多様性に対して国家の形態を適合させるために持つべき規則について。また諸民族の本性を認識する手段」である。すなわち食人やメランコリーの問題は、国家のありようを考察する際に考慮すべき諸民族の習慣やその社会形態を紹介する中で言及されているのである。

以下でこの『国家論』第五巻第一章を詳しくみてみよう。それを、これまで見てきた『魔術師の悪魔狂』の内容と重ねることで、ボダンにおける魔女・インディオ・メランコリー・食人の関係性が明らかになるだろう。

さて、『国家論』のなかで、国家と民族の関係についてボダンは次のように述べている。

場所の多様性に応じて国家の状態は変えられなければならない。優れた建物とは、〔それが建てられる〕場所で入手しうる素材に応じて築かれるものだ。政治に携わる賢人はこのことを心がけ、自分の気に入るように民族を選択するようなことがあってはならない。〔…〕そこで、まず北方の諸民族、続いて南方の諸民族の本性について述べることにしよう。[137]

ボダンは、国家とは場所とそこに住む民族の特性によって形態が異なると説き、この地上を北方地域と南方地域に分けて検討しようと言う。そして続く「諸民族の区分」という節でボダンは次のように述べる。

北方民族と南方民族の間には無限の多様性が存在する。このことを十分に理解するために、地上に住むすべての諸民族を、〔北半球を〕赤道から北へ向かって三つの部分に分けることにしよう。第一は赤道から三十度のところまでであり、この灼熱の地域に南方の諸民族を割り当てよう。それに続く三十度すなわち〔赤道から〕北極に向かって六十度の地点までには中間の諸民族を割り当てる。そこは温和な地域である。そしてそこから北極までが北方の諸民族が住む三十度〔の地域〕であり、ここは極寒の地域である。[138]

諸民族の分布を、北半球（ボダンは資料がないという理由で南半球については語っていない）を緯線で三十度ごとに区分するこのような「民族－地理分布認識」と言うべきものを、ボダンはすでに一五六六年に出版された『歴史を平易に知るための方法』において展開していた。その際、民族の特性（気質）が占星術と体液病理説にもとづいて説明されていることに注意しておく必要がある。

ボダンは北方・中間・南方の民族の特性について次のように説明する。「北方の民族」に含まれるのは、北ドイツ、イングランド、スコットランド、デンマーク、スキタイ、タタールの人々である。その気質は熱心・移り気で、軍事や技術に優れている。彼らは火星と月に支配され、血液を多く有する多血質である。「中間の民族」に含まれるのは、フランス、南ドイツ、ギリシア、アジアの人々である。その気質は実践的・実際的で、政治や商業に優れている。彼らは木星と水星に支配され、黄胆汁を多く有する胆汁質である。「南方の民族」に含まれるのは、カルデア、ヘブライ、エジプト、ペルシア、インド、スペイン、アメリカ大陸の人々である。その気質は保守的で思慮深く、瞑想による知識に優れている。彼らは土星と金星に支配され、黒胆汁を多く有する黒胆汁質である。[139]

ここで、『魔術師の悪魔狂』における説明を思い出しておこう。ボダンは、魔女が多いと言われているアルプス以北の人々は多血質の特徴を持つので、魔女は黒胆汁のメランコリーとは関連がないと述べていたのだった。

このように占星術と体液病理説をもとに地球上の民族分布を考察する、ある種の「気候風土論」[140]には、ボダン以前に長い歴史があった。その典拠は、宇宙論に関してはプトレマイオス、自然学に関してはアリストテレス、医学に関してはヒポクラテスとガレノス、地理学に関してはストラボンに遡り、ボダンと類似の思考を展開した人物としては十三世紀のグイド・ボナッティやジャン・ド・ジャンダンが挙げられる[141]。したがって「気候風土論」はボダンの発明ではない。しかしながら、ボダンが自著でこの「気候風土論」を公にしたとき、その典拠を明らかにしなかったため、「結果的に彼の理論がオリジナルだと一般的にみなされるようになった[142]」。諸民族の差異を「気候風土論」にもとづいて解釈しようとする「民族－地理分布認識」は、「十六世紀にボダンが定式化したもの[143]」とさえ言われている。

インディオの食人行為への寛容

『国家論』の検討に戻ろう。われわれの目下の関心事であるインディオが登場するのは、言うまでもなく「アメリカ大陸の人々」を含む「南方の諸民族」が言及されている箇所だ。

『国家論』におけるボダンの南方諸民族への評価は、次のように極めて好意的である。「南方の諸民族は、信仰心厚く、小柄で、黒髪、褐色の肌をしている。そして非常に素晴らしい鋭敏な頭脳を持っている[144]」。黒髪・褐色肌といった身体的特徴については客観的な描写と言えるかもしれないが、「非常に素晴らしい鋭敏な頭脳」という描写の根拠は定かでない。

ボダンはさらに続けて、「神秘学、哲学、数学その他の瞑想的な学問は、南方の民族に由来するものである[145]」とも述べている。これはカルデア人、ヘブライ人、エジプト人などには当てはまるかもしれないが、十六世紀後半の西欧におけるインディオ認識のありようを考えた場合、少なくともアメリカ人すなわちインディオには当てはまらないはずである。実際、ボダンはインディオに言及する場合には、学問水準どころか、何よりその食人行為の「残忍さ」を指摘している。北方地域と中間地域における戦争をはじめとする古今の残虐行為を論じたあと、ボダンは南方地域の「残忍さ」について次のように述べている。

> 我々は同様の残忍さについて、あるいはごく最近発見されたインディアスにおける一層酷い残忍さについて知っている。たとえばブラジル人たちは、幼子を血まみれにすることはないにせよ、敵を食うだけでは飽き足らないのである。[146]

そして「最西端に住むブラジルの人々は、最も野蛮で残忍である」[147]とも述べていることから、ボダンがトゥピナンバ族を念頭に置いていることは間違いないだろう。

ここで先の「南方民族」の特性に関する記述に戻ると、なぜ食人という否定的な属性を有するインディオが、肯定的に評価されている南方民族に含まれるのだろうか。これにはもちろんボダンの地理認識の制約も関わっていよう。しかしこの問題を考える際に忘れてならないのが、体液病理説である。『国家論』でボダンは次のように述べている。「最極地〔北方民族よりも北の地域〕に住む者たちが粘液質であるように、南方の者たちは黒胆汁質である」[148]。「北方の地域よりも南方の地域に、より多くの狂人が存在する」。あるいは「激しいメランコリーによって引き起こされる心の熱狂を鎮めることは容易ではない。そのために、この体液〔黒胆汁〕に強く支配された者たちは、そうでない者よりも頻繁に狂気に陥るのだ」[149]。ここで言及されている「狂気」は、否定的意味合いを持つものではなく、瞑想に導く「神なる狂気」

に等しいものであったと言えよう。

　ボダンの黒胆汁に対する考え方は、すでに前章で明らかにした通り、アリストテレス、フィチーノの系譜に連なるプラス・イメージのものであった。つまり、『魔術師の悪魔狂』の僅か四年前に執筆された『国家論』においても、このような「プラス・イメージのメランコリー観」が踏襲されていると考えられるのである。

　ボダンはメランコリーについて語る際、常に肯定的な意味合いを付与していた。したがって、インディオが食人という（ないしそれ以上の）残虐行為を行うとしても、南方民族が黒胆汁質の気質を有している以上、その残虐性はプラス・イメージのメランコリー観によって相殺されたものと思われる。そしてこのような相殺作用は、当時のインディオ認識によってさらに補強されていたと考えられる。そのインディオ認識とは、近世西欧における名誉心にもとづく「復讐」賞賛の風潮に関係する。食人という忌まわしいインディオの行為が、名誉心にもとづく「情熱的な復讐」という側面を持つ場合は容認されえたのだ。つまり、当時の西欧においては「食人に関して一種の寛容が存在した」のである。[150] ボダンは、このような「条件付の食人寛容論」と、自身の「プラス・イメージのメランコリー観」にもとづいてインディオの食人を解釈していたと考えられる。ボダンは次のように述べている。「南方民族は、非常な激しさで心の熱狂をかきたてるメランコリーの性質のために、残酷で復讐心が強いのである。そして彼らはその苦しみを晴らすために才気をふるうのだ」[151]。

　ここでインディオの食人行為そのものが具体的に挙げられているわけではない。しかし、当時すでにトゥピナンバ族の食人が部族間抗争における復讐心を主な動機としていたことはよく知られていた。[152] したがってボダンがここで問題にしているのは明らかにインディオの食人行為であろう。そしてとりわけ注意すべきは、「南方民族の残虐行為」すなわちインディオの食人行為の原因がメランコリーであると断定されていることだ。メランコリーと深く関係するサトゥルヌスが、神話の中で食人という属性を持つことはすでにふれた。しかしながらボダンの著作を通して、当時神話的イメージだけでなく体液病理説とも結びつく形で、食人とメランコリーの明確な関連性が想定されていたことがわかる。

ボダンにおいて、「メランコリーを原因とする食人」を行うインディオ像は、魔女像とどのような関係にあると言えるだろうか。

ボダンは『魔術師の悪魔狂』の中で、魔女とインディオを明確に結びつけていた。そして前章で明らかにしたように、ボダンの魔女像もヴァイヤーやスコットと同様、〈「メランコリーに冒された老女」としての魔女像〉であった。けれども表向きはプラス・イメージのメランコリー観を主張する必要があったためであろう、『魔術師の悪魔狂』の中に魔女の食人という忌まわしい行為をメランコリーと結びつける記述は見られない。しかしながら、『魔術師の悪魔狂』の四年前に書かれた『国家論』においては、インディオの食人がメランコリーを原因とすると述べられている。つまり、食人とメランコリーの連関性をはっきりと意識しながら、『魔術師の悪魔狂』では立場上決してそれを書くことができなかったというにすぎないと思われる。

こうして、『国家論』と『魔術師の悪魔狂』の二著を総合的に検討することによって、ボダンにおける魔女・インディオ・メランコリー・食人の関係が浮かび上がってくると言える。ボダンにとって、魔女はインディオと同類の存在であり、両者を結びつける媒介項は食人行為であった。そしてその裏にはメランコリーが隠されていたのである。

老女と食人

前章で見たように、ボダンは魔女を老女に限定したがらなかった。しかし当時、トゥピナンバ族の中でもとりわけ老女が食人を好むという説が流布していた。「老婆たちが予め準備してあった熱湯を持って登場する（彼女たちは若い女よりも人肉喰いに貪婪だから、捕虜を抱えている者すべてに対して、早く始末してしまえと、うるさくせっつくのだ）[153]」とは、レリーの言葉である。

また、当時フランスで次のような事件が起きている。宗教戦争（ユグノー戦争）が高揚していた一五七三年、サンセールの包囲戦において、ある老女が死んだ子供の肉を食べるという事件が起き、この老女は魔女として処刑されたのである。この事件を、レリーは七四年の『サンセール市の忘れがたき話』という作品で取り上げている[154]。レリーはまた『ブラジル旅行記』の八五年版においてボダンの『魔術師の悪魔狂』を多く引用し、「ブラジルの女」と「フランスの魔女」が同じ悪魔によって導かれていると述べている[155]。こうしてレリーとボダンのテクストが交差する地点で、魔女、食人、インディオ、老女が結びつく。

さて、ボダンはインディオと魔女を同類の存在と認識していた。にもかかわらず、インディオの食人には寛容さを示したが、魔女の食人には厳しい態度で臨んだ。この態度の違いには物理的距離、すなわち西ヨーロッパに暮らすボダンにとって、インディオの食人は現実味の薄い遠い世界の話題だったのに対し、魔女の食人は身辺にさし迫る脅威だったという事情も関わっていよう。そして魔女の食人は、「賞賛されるべき復讐心」とは無関係であるばかりか、人間の敵たる悪魔に忠誠を誓う儀式の一環であり、徹底的に断罪されるべき行為であった。

さらに、体液病理説由来の気候風土論にもとづく民族観も関係していただろう。ボダンが「南方民族」インディオに対応させた黒胆汁質は、彼の支持するプラス・イメージのメランコリー観と結びつく気質であった。したがってボダンにとってインディオの食人は、寛容に対処されなくてはならなかった。しかし、ヨーロッパ人である魔女は多血質か黄胆汁質だからメランコリーとは関係なく、その食人行為も当然負の性質のみを帯びているというわけである。

3 他者としての魔女像の完成

以上、魔女・貧民・インディオ、そしてこれらとメランコリーの関連性に焦点を合わせてヴァイヤー、ボダン、スコットの著作をあらためて分析し、彼らの魔女像を再検討してきた。

ヴァイヤー、ボダン、スコットは、西欧で魔女裁判が激化する時代を代表する悪魔学者であり、その見解は後世に多大な影響を与えた。したがって彼らの魔女像は、十六世紀後半の西欧社会全体で共有されていた魔女像の表象《リプリゼンテーション》/代理の一つであることは間違いない。

前章と本章を通じて明らかになった当時の魔女像をあらためて整理しておこう。まず第2章で見たように、魔女とは「メランコリーに冒された老女」として表象される存在であった。そしてこの魔女像の形成には、十六世紀前半における宗教改革の進展に伴うメランコリー観の変化(プラス・イメージからマイナス・イメージへ)が関係していたのだった。この魔女像にはまた、「貧民」の要素が重ね合わされていた。その背景には、一五二〇年代以降西欧各地で社会問題化した貧民人口の増大という現象が深く関わっていた。

そして同じ頃、新大陸情報の普及に伴い、この魔女像に食人行為を媒介として「インディオ」の要素が付け加えられた。食人はもともと魔女の重要な要素と見なされていた。そしてボダンの『国家論』と『魔術師の悪魔狂』を総合的に分析することにより、食人行為とメランコリーの関連性が浮かび上がってきた。本書冒頭で取り上げた「土星とその子供たち」の図像（3頁）は、以上のようなコンテクストのなかで解読する必要があろう。

こうして十六世紀後半、とりわけ一五七〇〜八〇年代に、魔女像は一定の完成をみた。その魔女像とは、「メランコリーに冒され、貧しく、人肉を食らう老女」である。

資本主義が勃興しつつあった近世西欧では、勤勉という労働倫理が約束する「社会的成功」や「富裕」が人間としての理想像となった。「貧しい人々」はその対極としての非人間的存在、社会の価値観を破壊する、排除すべき「他者」となった。

一方「食人」は、西欧キリスト教世界では古今を通じて非人間性と「他者性」の普遍的表象であった。しかしながら近世西欧において、「食人」はそれ以前には見られなかった規模と程度で「他者性」の表象として広まったものと思われる。その背景には、新大陸アメリカのインディオの現実の食人行為が西欧本土に伝わったことがあろう。インディオの「発見」が、「食人」の「他者性」と「非人間性＝非西欧性」を増幅させたのである。

魔女とは、貧民とインディオが担っていたこのような負の要素＝「他者性」を一身に凝縮した表象であった。一五七〇～八〇年代以降の魔女裁判の激化は、この表象の完成と軌を一にしているのである。

つまり本章で明らかになった魔女像は、西欧本土にとっての「内部の他者」としての貧民と、「外部の他者」としてのインディオの要素を凝縮した表象であったと言える。

次章では、三人の悪魔学者の後の時代に、この魔女像がどのように変容していったのかを、十六世紀末から十七世紀第1四半期の時期に焦点を当てて検討していくことにしたい。

第4章 魔女像の変奏

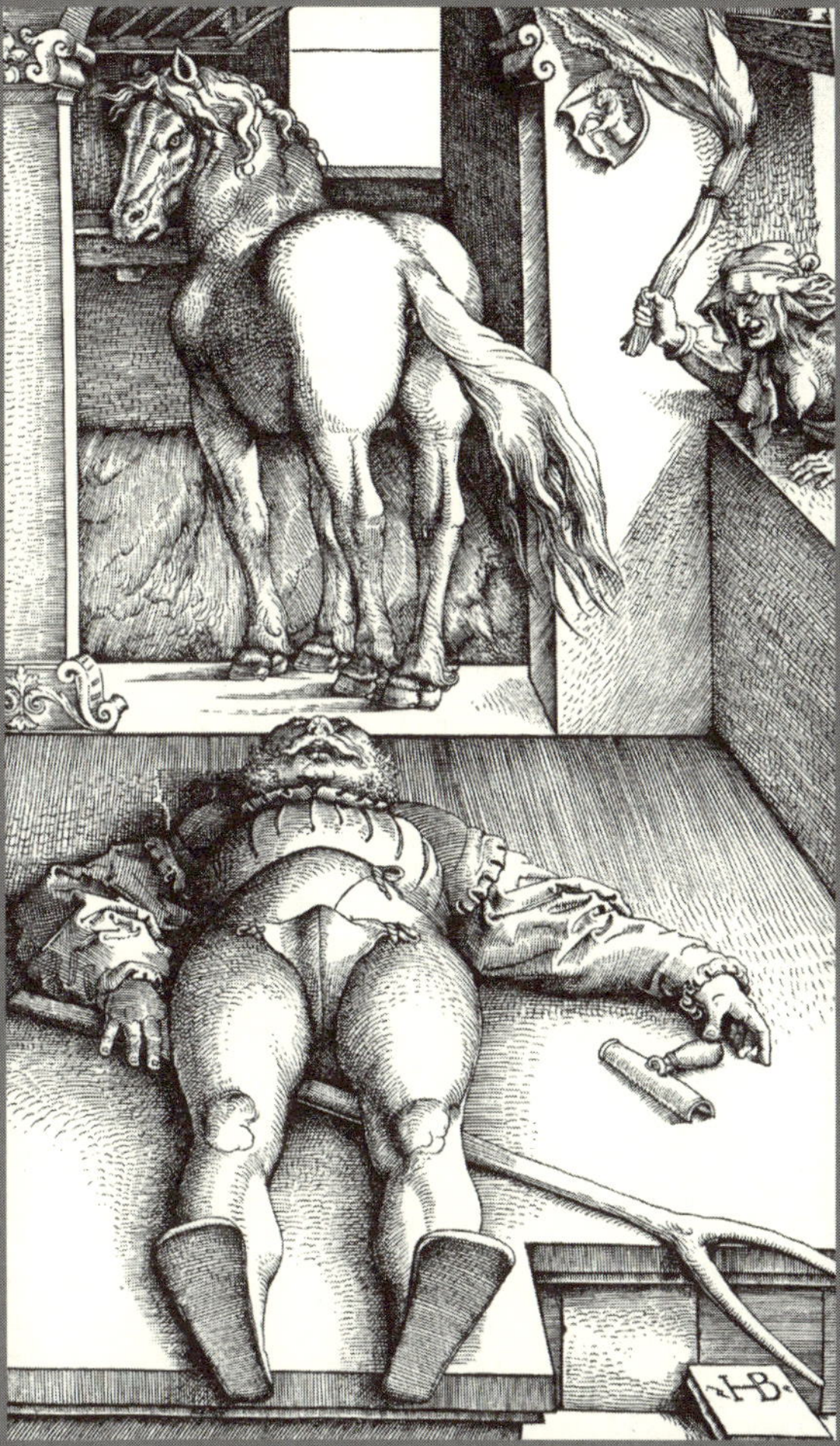

ハンス・バルドゥング・グリーン作「魔術をかけられた馬丁」（1544年）。バルドゥングは，16世紀第１四半期には若く艶めかしい魔女の図像を制作したが，晩年に制作したこの図像では魔女を醜い老女として描いた。床に倒れた馬丁は魔女に魔術をかけられたものか，魔術をかけられた馬が蹴り倒したものか，美術史上の解釈は定まっていない。

西欧で魔女裁判が盛んに行われたのは、十六世紀後半から十七世紀中頃にかけての時期である。なぜこの時期に魔女裁判は本格化したのか。この問題についてはこれまで多くの研究が、プロテスタントの宗教改革とカトリックの反宗教改革の影響、また絶対主義国家の形成にともなう日常生活の規律化等を重視してきた。これらの研究を安易に要約することは危険をともなうが、諸研究のおおよその共通了解をまとめると次のようになるだろう。

魔女信仰概念においては、サバトの乱痴気騒ぎ、魔女の動物変身や空中飛行などが語られる。これらは実のところ、民衆文化の世界に古来生き続けてきた祭の慣習や、「野蛮な狩猟」（77頁参照）に代表される民間信仰の名残にほかならない。新旧両教会の改革心にはやる聖職者たちは、民衆世界に残存するこのような慣習や信仰に遭遇すると、それらを抑圧・歪曲したり悪魔に引きつけて解釈し、悪魔学の体系の中に取り込んでいった。その結果起きたのが、魔女信仰概念の精緻化であった。一五六三年、カトリックの反宗教改革の起点となるトリエント公会議が終わると、カトリック・プロテスタント双方の「民衆文化の抑圧」はますます強化されていった。

一方、ほぼ同じ時期に世俗側当局も、絶対主義国家の形成過程で臣民の日常生活の規律化に努め始め、民衆世界の性慣習や祭文化を抑圧していくとともに、家父長制社会の確立を推進していく。そのような動きのなかで、国王・家長・男性の優位が説かれるのと並行して、女性は一層存在として貶められていった。一五六〇〜七〇年代以降の魔女裁判本格化の背景には、以上のような聖俗両当局による「近代化」への動向があったのである。

しかしながら本書では、こうした社会的・宗教的要因にのみ魔女裁判という現象を還元することは避け、裁かれるべき魔女の表象＝魔女像がこの時代（一五七〇～八〇年代）に完成したことの意味を探ろうとしてきた。そして、前章までの検証によって、魔女像とは常に「中立的なイメージ」ではなく、ある時代と地域に特有な何らかの価値を担わされたものであることが明らかになった。

ところで、魔女裁判が十六世紀後半から約半世紀以上にわたり盛んに行われたということを考えると、この時期を通して魔女像は変化せず、人々に堅く信じられ、存続していたのだろうか。果たしてそうではない。以下で検討していくように、この時期、魔女像は悪魔学論文によって様々に形を変えていくのである。そこからは、当時の悪魔学者たちの魔女像が決して一枚岩のものではなく、常に揺れ動いていたことが明らかとなろう。

本章では、これまでに見てきたヴァイヤー、スコット、ボダンと並び、魔女裁判研究において必ず引証されると言っても過言ではない著名な悪魔学者たち（イングランドおよびフランス文化圏に限定する）がこの時期に著した論文を分析する。それによって、十六世紀後半から十七世紀第1四半期における「魔女像の変奏」を検討していくことにしたい。

本章で取り上げる人々を含め、著名な悪魔学者の多くは、当時魔女裁判に裁判官など当事者として直接関わっていた。したがって彼らの実体験にもとづく悪魔学論文を分析することは、当時の魔女像の変容過程を知る上で極めて重要である。またこれまでの研究においては、これらの著名な悪魔学論文を〈魔女とメランコリー〉というテーマで読み解いたものは皆無に近い。以下の分析はその点で意義をもつと思われる。

以下各節で、著作の初版年代順に、ジョージ・ギフォード、ニコラ・レミ、ジェイムズ一世、アンリ・

ボゲ、ウィリアム・パーキンズ、ピエール・ド・ランクルの悪魔学論文をみていくことにしよう。

1　説教師ギフォードの魔女像

「年老いた魔女」をめぐる対話

ジョージ・ギフォードは、イングランドのエセックス州で生まれ育った非国教派の聖職者である。同州モールドンの万聖教会の司祭・説教師を務めた。[1]

スコットの『魔術の暴露』を検討した際にふれたように、エセックス州はイングランドにおける魔女裁判の中心地であった。スコットと同様、ギフォードもまた当地の魔女裁判を目撃した経験にもとづいて悪魔学論文を執筆したと言われている。ギフォードは一五七四・一五七九・一五九二年の三度にわたって魔女裁判を見聞し、まず一五八七年に『魔女と妖術師を使った悪魔の狡猾なる策略についての論説』を執筆、次いで一五九三年に『魔女と魔術に関する問答』を著した。[2] ここでは、魔女裁判研究においてより重要度が高く、ギフォードの代表作でもある後者を検討していく。[3]

地域と執筆経緯は同じだが、ギフォードの魔女裁判に対する立場はスコットとは異なっている。ギフォードはボダンのような熱烈な魔女裁判支持者ではなかったが、魔女裁判を容認はしていた。彼は魔女の実在を否定することはせず、魔女が悪魔と交渉を持つということに疑念を抱かなかった。[4]『魔女と魔術に関する問答』は、五人の人物が魔女について論じるという対話形式で書かれている。五人の登場人物は、迷信深い田舎者サミュエルとその妻、魔女の実在を信じる学校教師M・B、懐疑主義者ダニエル、そしてRという名の主婦である。

話は、サミュエルが自分の住む地域について不満を漏らすところから始まる。――「まったく、わしたちの住んでいるこの悪しき土地ときたらひどいもんさ。イングランドじゅうでも最悪の土地の一つだろうよ」。これを聞いたダニエルがこう切り返す。「そんなばかな。お前さんは素晴らしい土地で、新鮮で健康に良い空気を吸って暮らしているし、土は肥えていて収穫もまずまずじゃないか」。サミュエルは答える。「空気に文句なんかないさ。邪悪な奴らがいるんだ」。ダニエルが問いかける。「邪悪な奴ら？人が住む所にはどこでも、そんな奴らがいるものさ。口汚く罵る奴、嘘つき、嘲笑う奴、中傷する奴、飲んだくれ、姦通者、暴徒、道楽者、博打打ち、高慢な奴。こういった奴らは、どこにでも大勢いるだろう」。ダニエルの至極まっとうな意見に対して、サミュエルは次のように答える。

> そうじゃない。わしが言っているのは、そういう輩のことじゃないんだ。あんな奴らは気にもならないさ。わしを不安にさせるのは、あの魔女ども、邪悪な顔つきをしたあの年老いた魔女ども、あの魔女どもなのさ。[5]

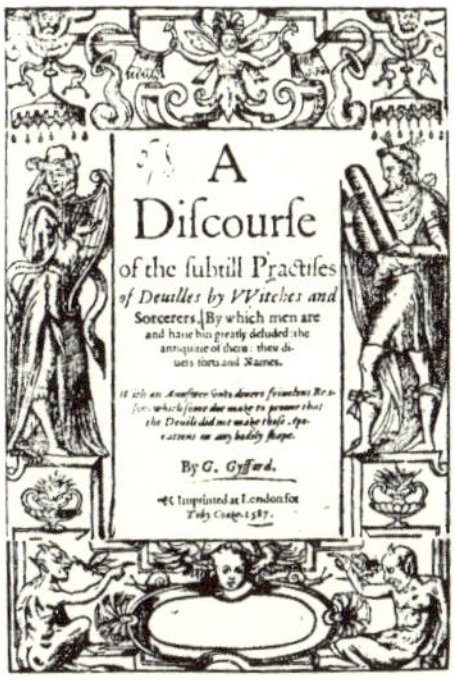
A Discourse
of the subtill Practises
of Devilles by VVitches and
Sorcerers. By which men are
and have bin greatly deluded: the
antiquitie of them: their di-
vers sorts and Names.
By G. Gyfford.
Imprinted at London for
Toby Cooke. 1587.

ギフォード『魔女と妖術師を使った悪魔の狡猾なる策略についての論説』表紙

この対話からは、当時エセックス州が、イングランドの中でとりわけ「悪しき土地」として認識されていたこと、そしてその原因が魔女の存在にあったということが読み取れる。ここで特に目を引くのは、魔女が「老女」として認識されていることである。[6]

右の場面に続いて、魔女の存在に怯えるサミュエルはダニエルに助言を求める。その対話の中に、ギフォードの魔女観が現れている。ダニエルは言う。「私は知恵を振り絞って、お前さんに最善の助言をしよう。私の助言に従えば、心休まること間違いなしだ。お前さんは哀れな人だよ。どう見ても魔術にかかっているんだからね」。この言葉にサミュエルは驚愕する。「魔術だって？　わしが魔術にかけられていると言うのかい。わしは体は丈夫だ。あんた、わしをよけいに恐がらせようとしているんだろう」。これに対して、ダニエルは次のように答える。

そうじゃない。老女がお前さんに魔術をかけたとか、お前さんの体が魔術にかかっているというんじゃないんだ。盲目で不信心なお前さんの心に悪魔が魔術をかけて、お前さんを神様から引き離しちまったのさ。そうしてお前さんは、悪魔の手を通して救いを求めることで、悪魔そのものを崇拝することになってしまってるんだ。[7]

ここからは、ギフォードが、たとえ魔女が魔術を行使したとしてもそれは悪魔のさしがねによるものであり、「年老いた魔女」は責任を問われないと考えていたことがうかがえる。しかしそれでも、魔女は完全には免罪されない。ギフォードはダニエルに「私は魔女どもを弁護するつもりはない。私は、悪魔が魔女どもを使って悪事を働くということを否定しない。魔女どもは死刑にしなきゃならんよ」[8]と語らせているのである。

懐疑主義者であるにもかかわらず、魔女の実在を堅く信じているダニエルはさらに次のようにも言う。

「悪魔の力によって悪事を行う魔女どもが存在すること、あるいはむしろ悪魔が魔女どもを使って悪事を行うと言ってもいいが、このことは聖書と、われわれのあらゆる経験が明らかに証明している。だからこれを覆そうとしたって、単なる揚げ足取りにしかならないのだ」[9]。

ダニエルは懐疑主義者とされているが、その懐疑は魔女の実在と魔女裁判の正当性に向けられることはない。ダニエルは、悪魔よりも魔女により怯えているサミュエルの存在を相対化する役割を担っているにすぎない。他の登場人物も魔女を裁くことに同意しており[10]、ギフォードの著作は明らかに魔女裁判を支持する内容といえる。

ギフォードにおける魔女と貧困・老女・メランコリーの関連性

ギフォードはダニエルにこうも言わせている。「すべては老女たちとのいさかいが原因だ。老女たちはいずれにせよ、魔女の容疑を受ける可能性がある」[11]。

このような解釈は、貧しい老女が裕福な隣人に施しを乞うたものの断られ、それをきっかけに反目が生じ、その後隣人の身に起こった不幸について老女が魔女の嫌疑を受けるという、先にふれた魔女告発論を想起させる。

このようにギフォードの魔女像は、「老女」と「貧しさ」を要素としている。では〈魔女とメランコリー〉の関係についてはは、ギフォードはどのように考えていたのだろうか。この問題を考えるにあたっては、ギフォードが、悪魔の魔女に対する働きかけを、外面的・物理的な次元においてではなく、内面的・心理的な次元において認識していることに注意する必要がある。たとえば、次のようなダニエルと

M・Bの対話がある。

ダニエルは言う。「あんたは、魔女が激怒して帰宅すると言うけれども、悪魔以外の誰が、魔女の心に怒りの火をつけるというんだ。悪魔以外の誰が、復讐のために、また〔世の中に〕害毒を撒きちらすために、魔女の心を悪意で掻き立てるなんてことができますか。魔女の心を指図しているのは悪魔なんですよ。あんたはこれについてどう考えているんですか」。これに対して、学校教師M・Bは答える。「たしかに、魔女の心を掻き乱し、怒りと悪意のとりこにするのは悪魔の仕業にちがいありませんよ[12]」。

悪魔は物理的に魔女を操作するのではなく、魔女の精神と内面に影響力を行使する。これがギフォードの考え方である。それでは、このような内面的・心理的影響力はどのように行使されるのか。ギフォードはこれを、ダニエルの口を借りて、体液病理説に関連づけて説明する。「おお、盲目の女たちを魔女にし、従わせるサタンの幻想の恐るべき力よ。サタンは、身体中の腐敗した体液について熟知しているのだ[13]」。

悪魔は魔女を使役するため、魔女の身体内の体液を利用するという。その体液とは言うまでもなく黒胆汁である。ダニエルは次のように語る。

悪魔はいくつもの方法で魔女たちを欺き、彼女たちにありもしない物事を信じさせるんですよ。これはとくと考えなきゃならん。ドイツなどでは、悪魔どもは魔女たちに、雷を起こさせ嵐を呼ぶ力があると信じさせてしまったくらいです。そこまで魔女たちを欺くことができるんですよ[14]。

魔女と「使い魔」（イングランド，チェルムスフォードの魔女裁判を報じたちらし，1589年）

魔女が悪魔に欺かれた結果、ありもしない幻想を自らが実現したと信じてしまうという説は、ヴァイヤーやスコットと同型である。そして両者と同様ギフォードもまた、それが黒胆汁の利用によるものと捉えていた。ダニエルは続ける。

悪魔は貧しい女を欺くために、女の姿に化けてネズミやネコを手渡したり、あるいはそういう動物に化けたりするんですよ。つまり、悪魔はメランコリーで抑圧された心に、決して現実にはありえないものがたしかに存在したと信じこませることができるんです。[15]

女性に変身した悪魔が魔女に手渡す「ネズミやネコ」といった動物は、イングランドの魔女信仰概念の特色である「使い魔」のことである。[16]使い魔は悪魔との契約の際に悪魔から魔女に与えられる動物で、魔女に助言したり、殺人を含む悪事を魔女に代わって実行する。

右の引用箇所でギフォードが、悪魔が魔女を欺く方法として挙げているのは、「貧しい女」の内面に働きかけて想像力を操作する方法である。そしてとりわけ重要なのは、その操作が魔女のメランコリー、すなわち魔女の身体中の黒胆汁を利用することによって可能となることが明言されていることである。

このようにギフォードは、〈魔女とメランコリー〉の関連性を明らかに認めていた。ギフォードの魔女像もしたがって、「メランコリーに冒された貧しい老女」であったと言ってよいだろう。

ギフォードは魔女裁判を支持する立場に立っていたが、〈魔女とメランコリー〉の関連性を明確に意識していた（この点である意味ボダンと共通する）。しかしギフォードは、魔術を行使する主体として魔女よりも悪魔を重視し、魔女には「悪魔に操られる者」という二次的な役割しか見ていなかったようである。つまり、魔女は悪魔と同盟している点で断罪されなくてはならないが、それは魔女本人の意思によるというよりも、悪魔に欺かれ、操られた結果であると見なしていたと思われる。そして魔女を欺く方法として、老いた貧しい女のメランコリーと黒胆汁を利用することが挙げられていた。なお、ギフォードがインディオについてどのように考えていたかは、残念ながら記述がなく、わからない。

2　ロレーヌの裁判官レミの魔女像

貧困と深く結びついた魔女

ニコラ・レミは、一五三〇年頃ロレーヌ地方トゥール市近郊のシャルムで生まれた。家は法律家の家系で、父親はシャルム上級裁判官、伯父はヴォージュの国王代官裁判所の代官であった。レミはトゥールーズ大学で法学を修めたあと、六三年からパリで働き始めたらしい。七〇年から伯父の職を継ぎ、七五年ナンシーにおいてロレーヌ公の書記官に任じられ、次いで翌年同地でロレーヌ公領法廷の裁判官に任命された。この年からレミの魔女裁判官としての経歴が始まる。八三年には貴族の身分を得て、九一年にはロレーヌの法曹界最高位の役職、検事総長に昇進した。レミはこの職を一六〇六年に息子に譲るまで務め、一六一二年に没した。[17]

一五九五年、レミは裁判官としての経験にもとづいて著した『悪魔崇拝』を出版した。これは同時代の悪魔学論文の中でも最も影響力のあった著作の一つと言われており、フランス語の原著の他ドイツ語・ラテン語版も幾度も版を重ねた。[18] R・H・ロビンズは本書について、「同時代のジャン・ボダンと並んで、レミの書物もまた、『魔女の槌』の持つ魔女狩りの最高権威の地位を、部分的ながら引き継ぐものとなった」と述べている。[19]

『悪魔崇拝』には魔女の具体例が数多く記載されており、そこからレミの魔女像をかなり明確に読み取ることができる。同時に、本書の影響力を考えれば、当時の西欧の知識人階層が抱いていた魔女像の標準といったものもうかがい知ることができるだろう。レミは『悪魔崇拝』の冒頭で、自身の著作について「ロレーヌにおいて最近十五年間に魔術の罪で死刑に処せられた、約九〇〇人の裁判資料にもとづく」と述べている。レミは膨大な数の魔女裁判を担当し、多数の女性を魔女として処刑した。レミによって行われたロレーヌの魔女裁判は、魔女裁判史上最も苛烈なものとして悪名高い。しかしながら最近になって、裁判記録にもとづく実証研究が進ん

ニコラ・レミ

だ結果、レミが判決を下した死罪の数は本人が述べる「九〇〇人」までは及ばなかったことが明らかとなっている。[20]

『悪魔崇拝』はその書名からすると、悪魔と魔女の契約やサバトなど、伝統的な悪魔学で扱われてきた内容が多くを占めているかのように考えられがちである。しかしおそらくレミの関心は、むしろ「実際の魔女のありよう」に注がれていたと思われる。事実、魔女裁判で告発された魔女を描写する際のレミの筆致は、「直接的でとりわけ正確である」[21]。たとえば、レミの魔女像は「貧困」の要素と切り離すことができない。

いくつか具体例を見ることにしよう。一五八七年八月、フォアパッヒという土地で魔女として裁かれたベルトランド・バルビエについて、レミは次のように述べている。「彼女は次のように自白した。エリザという名の女が、コップ一杯の牛乳を彼女に施すのを拒否したため、仲間の魔女たちの助けを借りて、エリザの首に一本の骨を差し込んだというのである」[22]。

コップ一杯の牛乳を乞うて拒否されたという告白からは、このバルビエという魔女が貧しかったことがうかがえよう。あるいは次のような例もある。「一五八六年九月、デューズのメティンゴに住むカタリーナは、あるパン屋からつけでパンを買うことを拒否されたのをひどく怨み、自分の悪魔に、パン屋に仕返しするのを手助けしてほしいと懇願した」[23]。この例も同様に、中世的な相互扶助的人間関係の近世における衰退、貧民像の変容という社会状況の一端を照らし出していよう。また次のような例も挙げられている。

人々にラスニエという名で知られていたある魔女は、ナンシーの家々の戸口から戸口を巡って物乞いをすることを習慣としていた。彼女はその老齢と虚弱によって、有力な市民の憐れみを大層掻き立てたので、多くの施し物を受け取り、かなり快適な生活を送ることができていた。[24]

「戸口から戸口を巡って物乞いをする」という描写は、スコットにおいても見られた。しかしなぜ、人々から憐れまれていた貧しいラスニエが魔女とされたのか。貧しい老女と魔女はどのように結びついたのか。その経緯は以下のように綴られている。

ある日、ラスニエはいつものように副市長の家の戸口で執拗に施し物を求めた。その時、折悪しく副市長の長男が出て来て、今日は使用人がみな忙しくしているから、日を改めて出なおすようにと言った。彼女はこれに激怒し、すべての魔女と同様、即座に長男に向かって呪いの言葉を吐いた。するとたちまち彼は、まるで石に足を打ちつけたかのような激痛に襲われ、あまりの痛みにただちに家の中に担ぎ込まれなければならなかった。[25]

これは周知の魔女告発論である。[26] 施しを乞うて拒絶された貧民が富裕者に悪態をつく。その後富裕者に何らかの不幸が起これば、その原因は物乞いをした貧民に帰せられ、復讐の力は魔女の魔術と見なされた。

レミは同様の例を他にもいくつも挙げており、レミの魔女像において「貧困」が重要な構成要素であったことがわかる。レミは魔女が共同体において病治しを生業としていることにふれ、その理由について「報酬あるいは少なくとも感謝を得られるかもしれないから」であり、「魔女どもの大部分は乞食で、施し物で生計を立てているからである」[27]と述べている。

レミのこうした「貧困」と密接に結びついた魔女像は、当時のロレーヌ地方の社会的・経済的状況を反映したものと考えられる。十六世紀の西欧が深刻な「貧民問題」に直面していたことはすでに指摘したが、ロレーヌ地方も例外ではなかった。ロレーヌの農村社会においても富める者と貧しい者との階層差は広がる一方であり、土地は農民から一部の富者へ譲渡される傾向が強まっていた。また共同体の権利は破壊され、農民の借金が急増していた。このような社会的・経済的状況の悪化が顕著になったと言われる一五八〇年頃から一六三〇年頃にかけての時期は、まさしくレミが魔女裁判官を務めていた時期と重なる。[28]

「魔女は若い頃から魔女である」

次に、レミの魔女像における「老女」の要素はどうであろうか。先の例に登場したラスニエという魔女は「老齢」であった。しかしながら、レミは魔女裁判支持者として、「老女としての魔女」のイメージの固定化には与しない。魔女裁判反対論者について論じた箇所で、レミは次のように述べている。

> 魔女の老齢と性別の弱さを理由とした別の弁明も提案されている。すなわち、ある人物の罪の軽重を判断する際には、最大限注意深く、常に〔魔女の老齢と性別の弱さが〕考慮されるべきである。かく

してこの罪は、ひとり自然にのみ責任を課すことができる心の状態に起因するのであり、それによってとりわけこの罪の忌まわしさは酌量されるべきである、というのである。しかしながらこのような主張は、むしろ全く逆にいかなる時も賢明に振る舞う自然を、極めて不当に告発することになる。[29]

「魔女の老齢と性別の弱さ」を理由に魔女裁判を批判する者とは誰なのか、ここでは名指しされてはいないものの、レミはおそらくヴァイヤーを念頭に置いている（『悪魔崇拝』ではヴァイヤーがたびたび言及されている）。レミは、そのような魔女擁護論は自然（とそれを統べる神）を冒瀆することに等しいと述べている。この後段でレミはさらに次のようにも言う。

この魔術という疫病に冒されている者はみな、女あるいは高齢の耄碌した者である。悪魔はこの種の忠誠を誓わせることによって（確かに稀ではあるが）、男も同様に支配する。[30]

レミにとって魔女は実在であり、実際に彼が裁判で目にした魔女たちはまごうかたなく老女であった。だが彼にとって、性別や老齢という自然の要素を理由として魔女裁判に反対するのは非合理的なことであった。またレミは、多くはないにせよ男性も魔術師として悪魔の支配を受ける場合があるとしている。さらにレミは次のように続ける。

火刑に処される魔女（バーデン，彩色木版画，1574年）

　老いさらばえた多くの女が、この罪〔魔術の罪〕で逮捕されていることは真実である。しかしそのような場合においても、彼女たちは若い頃からずっと有罪であり続けてきたのであり、その罪は長きにわたる立場の一つなのである[31]。

　魔女とは、老年期に至って初めてなるのではなく、魔女として断罪された女は若い頃からずっと魔女なのだ――この主張は、レミが魔女を老女のみに限定すべきではないと考えていたことを示している。レミはこうも断言する。「神の法は明らかに、魔女どもの年齢や性別にいかなる配慮をもせず、こうした非合法で禁じられた術を行う者どもを罰するよう求めている[32]」。「老女としての魔女像」を認めつつも、魔女を老女にのみ限定することを避けるという論法はボダンと共通している。レミがこのような論法を取ったのは、ボダンと同様、魔女の「増殖」を世に強く訴えたかったためと思われる。レミは、自分の生きている時代が「あらゆる悲惨さと災難に満ちた邪悪きわまりない」時代だと言う[33]。そして次のように語る。

極めて恐ろしく忌まわしい罪を十分に非難せず、恐怖に駆られていることや、その老齢と性別、軽率さを口実にして処罰を軽減しようとする者どもがいる。この者どもに災いあれ。〔…〕裁判官が、神の正しい裁きに値する者どもを寛容に遇するなど、冒瀆以外の何ものでもない。そのような行為が神の王国の到来を遅らせるのである[34]。

レミのこうした言葉には、当時の社会を特徴づける終末論的なイメージが去来していると言えよう。

想像か現実か――レミの迷走

一方インディオについては、『悪魔崇拝』の中に言及はあるものの、魔女と直接関連づけられてはいない。しかしレミは、悪魔が様々な姿態を取って出現することにふれてこう述べている。「アルヴァラード・ア・ミヌエ、オビエド、また西インド諸島のインディオの慣習について書いている人々の証言によれば、悪魔はある時は何か獣の姿で、またある時は別の獣の姿で現れ、頻繁に集会を催すという[35]」。この記述からは、レミが魔女とインディオをともに「悪魔と集会を行う存在」と見なしていた可能性がうかがわれる。

またレミは、魔女が食人を現実に行うと堅く信じていた。サバトで供される食事について論じた箇所では、「魔女どもは時々、本当に人肉を食べる」と述べられており、また一五八三年の魔女裁判における自白が具体例として次のように引用されている。「〔被告〕ドミニク・イサベル（ログヴィユにて、一五八三年判決）が付け加えるには、〔サバトでは〕人肉の食卓が準備されていることさえあったという」[36]。しかしインディオの食人行為については、この書には取り上げられておらず、食人行為を媒介とした「魔女―インディオ」の関連性についてレミがどのように考えていたかはわからない。

最後に、レミにおける〈魔女とメランコリー〉の関係について検討しておこう。レミは著作の中で、魔女の諸行為が現実のものなのか、想像上のものなのかを幾度となく論じている。レミは魔女裁判支持の立場から、魔女の諸行為を現実視し、それらが想像の産物にすぎないという主張に反論を加えている。しかしその反論は不徹底である。魔女が空中飛行してサバトへ赴くという魔女信仰概念に関して、レミは次のように述べている。

> 魔術のこの側面を論じる人々の間には、多くの論争と見解の相違がある。すなわち、魔女どもは実際に悪魔たちの催す悪名高い邪悪な集会へ飛んで行き、その肉体が出席しているといえるのか。あるいは、魔女どもは単にある種の幻想的な妄想にとり憑かれているだけなのか、また夜、空虚な心が夢で満たされるときに起こるように、自分たちが〔サバトに〕出席していると想像しているにすぎないのか。この論争においては、二つの立場いずれも、多くの議論と事例によって支持されている[37]。

このような記述は一見、中立的かつ客観的な姿勢と映る。しかし実のところ、これはレミの判断が「揺れ動いている」ことの現れと見なすのが適切であろう。レミはこれに続いて「信頼に値する著作家」としてボダンの名を挙げ、[38]さらに魔女の空中飛行の具体例をいくつか挙げたあと次のように述べる。

ここには事実がある。〔これらの事例は〕幻想的な夢などではない。出来事は人間の目によって目撃されたのであり、単に噂によって知られたのではない。いずれも自立した人間による一貫した証言によって確認されたのであり、一人の人間が頭の中でこしらえた虚構の報告にもとづくものではない。[39]

レミはこのように、魔女の空中飛行の現実性を断定的に主張する。ところが、この箇所に続いて、レミは次のように述べるのだ。

一方で、そのようなサバトの集会は夢の中に時おり登場するだけだと考えている人々に、私は喜んで同意する。〔…〕魔女どもは、しばしば眠りの中で、空虚で埒もない想像によってサバトを訪問するにすぎない。悪魔どもは喜んで、魔女どもが起きている時にはその望む所へ移動させ、眠っている間やちょっとした狂気に襲われている間には、彼女たちの心にそのような出来事の像を刻みつけるのだから。[40]

ここには、〈魔女とメランコリー〉の関連性に対するレミの立場の曖昧さが見て取れる。そして後半の説明は、ヴァイヤーの〈魔女とメランコリー〉論に似通っている。実際、『悪魔崇拝』にはヴァイヤーへの言及がたびたび見られる。しかしレミのヴァイヤーに対する立場もまた曖昧である。ヴァイヤーをアグリッパ・フォン・ネッテスハイム、ピエトロ・ダーバノ〔一二五〇～一三一六。パドヴァの医者で、哲学・占星術にも通暁。ドミニコ会から異端と魔術の嫌疑を受けた〕と並べ、「忌まわしき魔法の三大家」と呼んで非難する一方で、自身の議論を補強するためにヴァイヤーを引用してもいるのだ。[41]ヴァイヤーの論理の妥当性と、空中飛行やサバトなどがメランコリーのもたらす想像の産物にすぎないという考えの正しさは認めざるをえない。しかし一方で、ロレーヌの治安を担う立場から魔女裁判を正当化せざるをえない――これが、ロレーヌ公領裁判官レミの迷走の内実ではないだろうか。

3 国王と魔女

イングランド王と魔女

一六〇三年、イングランド・スコットランド同君連合王国のステュアート朝を興した国王ジェイムズ一世は、スコットランド国王ジェイムズ六世であった時代、一五九七年に『悪魔学』を著した。この著作が執筆された動機については、ジェイムズの結婚式に関連して起こった魔女騒動が深く関係していると言われている。

ジェイムズがデンマーク王国国王フレデリク二世の娘アンと結婚式を挙げたのは、一五八九年十一月二三日、ノルウェーのオスロにおいてであった。アンはすでに同年九月一日にコペンハーゲンからスコットランドへ海路向かっていたが、途中、嵐に見舞われノルウェーの海岸沿いのマルドに寄港せざるをえなかった。そこで十月下旬、ジェイムズは自ら花嫁をスコットランドに連れて行くためノルウェーに向かったのだが、彼もまた嵐に見舞われ、結局、オスロに滞在することになったのである。結婚式はそのままオスロで挙行された。国王夫妻は、十二月二二日まで同地に滞在した後デンマークに移り、翌一五九〇年四月二一日まで滞在した。それからようやく海路スコットランドに向かったわけだが、ここでもまた嵐に見舞われ、結局スコットランドに到着したのは五月一日のことであった。[42]

それから約半年後の一五九〇年十一月初旬、スコットランド東部のロジアンにおいて、ゲリー・ダンカンという名の女性が魔女として告発された。そしてこの魔女裁判の中で、次のことが明らかとなった。すなわち、ダンカンをはじめとするスコットランドの魔女たちが共謀して、国王夫妻のスコットランド到着を嵐によって遅れさせようとしたこと、そして魔術による国王殺害を目論んでいたこと、さらにこの陰謀には反国王派のボスウェル伯（フランシス・ステュアート）が関与していたことである。[43]

ジェイムズ1世

当初はあまり関心を抱いていなかったと思われるジェイムズは、この魔女裁判が進展していくなかで魔女の問題に次第に興味を抱いていった。ボスウェル伯の追放に終わる裁判は一五九三年まで続き、ジェイムズはこの事件に触発されて『悪魔学』を著すことになったと言われている。[44]

『悪魔学』はその後、ジェイムズが連合王国の国王に即位した一六〇三年に再版され、翌一六〇四年にはオランダ語訳、同年と一六〇七年にはラテン語訳が出版された。[45]そして同時代のイングランドの悪魔学論文にしばしば引用されてもいる。こうしたことの背景には、国王のものした著作にほぼ無条件に権威が付与されたという事情も関係しているのだろう。[46]

王権神授説を唱えたジェイムズの魔女裁判に対する姿勢は、この書の「読者への序文」から明らかである。ジェイムズは言う。「朕をしてこの論考を早急に公にすべく動かしたのは、現在の当国における、恐るべき膨大な数のこれら忌まわしき悪魔の奴隷ども、すなわち魔女ども、あるいは魔法使いどもの存在にほかならない。朕は断じて自らの知識や才能をひけらかすためではなく、ただ（良心に動かされて）、できうる限り多くの人々の猜疑に答えんがためにこの書を著した」。そしてジェイムズは断言する。「サタンの攻撃は最も確実な方法によって現に行われているのであり、その手下どもは最も厳しい罰を与えられるに値するのである」[47]。

「ヴァイヤーもスコットも間違っている」

このようなジェイムズの魔女裁判賛同論は、ヴァイヤーとスコットへの批判にもとづいていた。ジェイムズは言う。自分は「現代の、主に二人の忌まわしき見解に反対するために」著書を書いたのだと。そして二人についてこう続ける。「その一人は、イングランド人のスコットという者であるが、この者は〔自身の〕公刊した書物において、魔術の類が存在しうる可能性を恥知らずにも否定している。そうして霊を否定することにおいては、古《いにしえ》のサドカイ派の轍を踏んでいる〔ユダヤ教の一派サドカイ派は霊魂の不滅や聖霊の存在を否定した〕。もう一人は、ドイツの医者でヴァイヤーという者であるが、この者は魔術を行うすべての輩をあからさまに弁護し、魔女どもが罰を受けないようにせしめんとしているが、このことによって彼自身が魔女どもの仲間の一人であることを明瞭に暴露しているのである」[48]。

このようなジェイムズの言葉から、当時ヴァイヤーとスコットの魔女裁判批判論が極めて問題含みの説として波紋を呼んでいたこと、とりわけ魔女裁判に賛成の立場をとる人々からすれば看過できないものであったことが読み取れる。ヴァイヤーとスコットの見解は、もともとさほど魔女裁判に関心のなかったジェイムズに執筆を決意させるほどの内容だった。ここでも、ヴァイヤーとスコットの著作が、彼ら以降の悪魔学者と魔女をめぐる議論に大きな影響を与えていることが見てとれよう。

では、ジェイムズは、ヴァイヤーとスコットの魔女像に反駁すべく、いかなる魔女像を提示しているのか。『悪魔学』の本文は、フィロマテスとエピステモンという二人の人物の対話によって構成されている。第三巻第六章「魔女どもの裁判と刑罰について。魔女どもに対していかなる告発が有効とされるべきか。現代において魔女どもの数がこれほどまでに増大した原因は何か」では、二人が魔女の刑罰方法として火刑が適していることを確認しあったあと、次のようにフィロマテスが問いかける。「〔処罰の際には〕性別・年齢・階層に例外が設けられるべきではないのか」。これに対して、エピステモンは否と答える。なぜなら、魔女の行為は「偶像崇拝の最大の問題であり、その点でいかなる例外も神の法によって認められない」からである。これを受けてフィロマテスが、子供も容赦されないのかと再度問うたのに対し、エピステモンはこう断言する。「私の結論は微塵も動かない」[49]。

DAEMONOLOGIE, IN FORME of a Dialogue,
Diuided into three Bookes.
EDINBVRGH
Printed by Robert Walde-graue.
Printer to the Kings Majestie. An. 1597.
Cum Privilegio Regio.

ジェイムズ1世『悪魔学』表紙

ジェイムズの立場はこのエピステモンの回答に反映されて

いると思われ、彼はすべての人間が魔女として疑われる可能性を持っていると考えていた。しかし、その魔女像にはある種の揺らぎが見られる。「一人の男に対して、魔術に身を捧げる女が二十人存在するのはなぜであろうか」というフィロマテスの問いに、エピステモンは次のように答える。「理由は簡単である。女性は男性よりも虚弱であり、すでに真実性が十分に証明されているように、この性は世の始めにイヴを騙した蛇によって、これら悪魔の忌まわしい罠にいともたやすく囚われてしまうものとなったからだ」[50]。ここからは、ジェイムズが「女性」を魔女の最も重要な性質として特別視していたことがうかがえる。

あるいは階層については次のような対話が見られる。フィロマテスが問いかける。「悪魔が、これらの罠〔魔術・妖術・呪術・降霊術〕のいずれかに人々を誘惑する手段はいくつあるのか」。エピステモンは答える。「まさしく我々自身の中にある次のような三つの熱情によって。〔第一に〕偉大な知識人の内に存在する好奇心。〔第二に〕深刻な懸念をもたらす類の不正に対する復讐の渇望。〔第三に〕酷い貧困によって引き起こされる、財産に対する並々ならぬ貪欲さである」[51]。ここで注意したいのは、二番目・三番目に挙げられている「手段」である。ジェイムズはエピステモンの口を借りて、この箇所に続いて「〔第一の〕好奇心は、もっぱら魔術師あるいは降霊術師を誘惑するものであるが、他の二つは妖術師あるいは魔女をおびき寄せるものである」[52]と述べているからだ。

「魔術師や降霊術師」が魔術などの邪悪な行為に身を任せるのは、「好奇心」が原因である。この「好奇心」とは、学問的・知的関心に極めて近いものと言って差し支えないだろう。たとえば「魔術師」として誹謗中傷されたオカルト哲学者アグリッパ・フォン・ネッテスハイムのことを想起すればよい。また、降霊術には高度な知的作業が要求された。[53] 一方、「妖術師あるいは魔女」の動機は、「不正への復讐心」と、貧困を原因とする貪欲さである。この因果論は、すでにふれた典型的な魔女告発論を想起させる。ジェイムズの魔女像にも、「貧困」が重要な要素として含まれているのだ。

このことは、次のような対話によっても補強されるだろう。魔女の行為について説明してほしいというフィロマテスの問いかけに対して、エピステモンはそれには三つのことが考慮されなくてはならないと述べる。第一が魔女たちの密談方法、第二が悪魔の道具として使用される魔女の問題、第三が魔女に行為を実行させる悪魔の問題である。

第一の密談方法について、エピステモンは次のように言う。

魔女どもはしばしば教会で密談を行うが、そこに彼女たちは悪魔を崇拝するために集合する。ここで悪魔は魔女どもに、いつ、どのようなことに従事したいのか尋ねる。すると彼女たちの一人一人が悪魔に対して、富を獲得するため、または彼女たちが悪意を持っている何者かに復讐するために、どのような邪悪な行為を行いたいのか申し出るのである。[54]

富の獲得と復讐の完遂。邪悪な行為を行わしめるこれらの動機は、すでに確認してきた近世西欧における貧困の顕在化と無関係ではありえない。

ちなみにジェイムズは、魔女とインディオの関連性については言及していない。

魔女と人狼とメランコリー

では〈魔女とメランコリー〉の関係について、ジェイムズはどう考えていたのだろうか。

すでに見たように、ジェイムズは著書『悪魔学』の冒頭で、ヴァイヤーとスコットの見解に対する批判を行っていた。そのヴァイヤーとスコットの見解の中心には、〈「メランコリーに冒された老女」としての魔女像〉がある。ジェイムズは明らかに、この魔女像の主軸をなす〈魔女とメランコリー〉を結びつける議論を批判している。

『悪魔学』第二巻の表題は「妖術、とりわけ魔術の描写」であり、その第一章の章題は「そのようなもの〔妖術や魔術の類〕が存在しうることは聖書により証明されていること。また、それを単に想像と黒胆汁の体液〔の産物〕にすぎないと言明せんとするようなすべての輩が反駁される理由」である。わざわざこのような章を設けていることから分かるように、ジェイムズにとって〈魔女とメランコリー〉の問題は極めて重要なものであった。

メランコリーの問題を持ち出すことで魔術の実在を疑う者が出てきてしまうことを、ジェイムズはフィロマテスの口を借りて次のように指摘する。「多くの輩が、魔術の類が実在することをほとんど信じていない〔…〕それは無知で狂った者どもが、まさしくメランコリーに冒されてなした想像の産物にすぎないと考えられているのだ[55]」。「多くの輩」はジェイムズの誇張であるとしても、この批判の矛先が最も鋭く向けられているのが、メランコリーに仮託して魔女を弁護しようとしたヴァイヤーとスコットであることは明らかである。

さて、フィロマテスの右の指摘に対して、エピステモンは次のように返答する。魔女たちの自白や理解力について、その原因をメランコリーの体液に求める医学があるが、「メランコリーを引き起こす自然の体液についての医学的見解に飛びついた者たちはみな、いずれそれがいかさまを隠蔽するには全く役立たないことを知るであろう」[56]。

このようにジェイムズは、ヴァイヤーとスコットの説を全面的にしりぞける。それでは、ジェイムズはどのようなメランコリー観にもとづいて二人の説を否定しているのだろうか。ジェイムズはエピステモンの口を借りて、次のように続ける。

メランコリーの体液は、それ自体、黒色で重く土質である。その徴候は〔この特質を反映して〕、これに冒されている者は誰でも痩せて顔青白く、孤独を好むようになる。そして、もしもこれらの徴候が最高度に達すれば、単なる精神錯乱と「狂気」になってしまう。しかるにそれに反して、今まで魔術を行った廉で有罪宣告を受け、自白した膨大な数の者たちは、最近自白した多くの者どもを見ればすぐさまわかるように、その正反対の特徴を示している。すなわち、驚くべきことに、彼女たちの中には金持ちや世慣れた輩がいるし、体について言えば太っている者や肥満の者がいる。また彼女たちのほとんどは肉の快楽、友人宅への頻繁な訪問、そして合法・非合法を問わずあらゆる種類の歓楽に溺れてしまっているのだ。これらは、先に述べたメランコリーの徴候と全く反する事柄である[57]。

魔女たちの身体的・精神的状況を具体的に挙げていることからみて、ジェイムズは自分が立ち会った魔女裁判の経験をもとにして述べているのかもしれない。体液病理説にもとづく医学理論と自身の実体験を照らし合わせながら、ヴァイヤーたちの魔女像を批判する議論には説得力がある。だが、ジェイムズの魔女像にはある矛盾が見られることに注意しなければならない。

先に見たように、ジェイムズの魔女像は「貧困」を重要な要素としていたはずだ。しかし、右の引用箇所では「魔女たちの中には金持ちがいる」と述べている。このような記述の混乱は、ヴァイヤーたちの魔女像になんとしてでも反駁したいと思うあまりの勇み足だったようにも思える。これは逆に言えば、ヴァイヤーたちの魔女像がある程度の真実性を有していたことを意味しているのではなかろうか。

また、右の引用箇所からは、ジェイムズが〈魔女とメランコリー〉の関連性を一切認めていなかったという印象を受ける。ところが他の箇所を見ると、実際はそうではなかったことがわかる。たとえば「悪魔は老練な熟達者として、我々のどの者がいかなる体液によって最も支配されているかをよく知っているのだ」[58]というエピステモンの言葉には、図らずも彼が体液の重要性を認めていたことが表れている。ジェイムズは、体液病理説および悪魔と黒胆汁の関係について、否定的だったわけでも無関心であったわけでもない。むしろ人並み以上に関心を抱いていたと言ってよいだろう。

さらにジェイムズは、人狼とメランコリーとの関連性について、エピステモンの口を借りて次のように述べている。「人狼についての私の考えを貴殿に簡単に申し上げれば、たとえ何かそのようなものが存在したとしても、私はそれを黒胆汁の自然の超過からのみ生じたものであると理解している」[59]。

人狼の問題については、西欧の民間信仰研究において多くの成果があり、これを論じるとすればもう一冊の本が必要となろう。したがってここでは、人狼への言及が、間接的にジェイムズのメランコリーへの関心の大きさを示していることを確認するにとどめよう。ジェイムズは〈人狼とメランコリー〉の関連性は認めながら、〈魔女とメランコリー〉の関連性を否定する。その背景には、第一にボダンの場合と同じように、〈魔女とメランコリー〉の関連性を認めることで、魔女を老女のみに限定することになってしまうのを恐れたということがあろう。すでに見たように、ジェイムズは性別・年齢・階層を問わず誰でも魔女として疑われうると主張しようとしていたのである。

第二に、〈魔女とメランコリー〉の関連性を公然と認めることは、魔女の諸行為が「現実」ではなく「想像の産物」であることを容認するに等しくなってしまう。魔女の諸行為、すなわち魔術の実在を堅く信じるジェイムズにとって、それはとうてい受け容れがたい説であった。

にもかかわらず、ジェイムズが〈魔女とメランコリー〉の関連性を認識していたことは、間接的にではあるが別の箇所からも確認される。ジェイムズはエピステモンに次のように語らせている。「悪魔は、魔女どもをその体液において狡猾に満足させることによって準備をととのえる。そして魔女どもを再三再四、絶望で満たす。その一方で、悪魔は魔女どもの前に姿を現す適切な時機を探るのだ[60]」。

悪魔が魔女を絶望で満たし、支配するために利用する体液とは、言うまでもなくメランコリーを引き起こす黒胆汁である。ジェイムズは、「メランコリーに冒された魔女」という魔女像を認めていたと言ってよいだろう。

ジェイムズは、「老女としての魔女」には特別な関心を払っていない。しかし、すでに見てきたような、黒胆汁に最も親近性のある存在が老女であるという当時の西欧人の一般的認識、またジェイムズの魔女像が「貧困」を要素としていることを考え合わせれば、ジェイムズの議論もまた、〈「メランコリーに冒された老女」としての魔女〉という魔女像の枠内にあったとも見なしうる。

4 フランシュ＝コンテの魔女

ボゲの魔女像――貧民としての魔女

裁判官アンリ・ボゲ（一五五〇〜一六一九）は、フランス東部のフランシュ＝コンテ地方で自ら魔女裁判を行い、その経験をもとに『魔女論』を著した。この著作はその末尾に魔女裁判の具体的方法を論じた章が付されていたこともあり、魔女裁判の手引書として好評を博し版を重ねた。一六〇二年の初版以来、早くも翌年には再版され、その後一六〇五〜〇八の各年と一六一〇、一一年に改訂版が出版されている。[61] R・H・ロビンズは、この著作に対して次のような評価を与えている。「『魔女論』の評判は、当時の著名な悪魔学者であるボダン、レミ、ド・ランクルらの類似の著作を凌《しの》ぎ、ほとんど『魔女の槌』にも匹敵するものとなった」[62]。

ボゲは由緒ある名家の出身で、フランシュ＝コンテのグレーで生まれたらしい。どのような教育を受けたかは定かでないが、『魔女論』に引用・参照されている膨大な文献から判断すると、かなりの教養の持ち主であったと推測される。おそらく法律への造詣の深さを買われ、一五九六年ブザンソンの大司教によってサン＝クロードの裁判長に任命され、一六一六年までその職にあった。カトリック信仰に厚く、一五九一年には『聖クロードの生涯』〔ブザンソンの聖クロード（サン＝クロード）は七世紀の大修道院長・司教で、フランスで厚く信仰されている聖人の一人〕という著作を出版している。[63] 以下では、ボダンらを凌ぐ人気だったという彼の『魔女論』を詳しくみていくことにしよう。

ボゲは、魔女を貧困と結びつけて認識していた。彼は、収穫を損う魔女の魔術についてのくだりで、次のように述べている。「なかには貧しい乞食の魔女どもがおり、この者らは、〔魔女が降らせる〕霰《あられ》や雹《ひょう》のあと〔収穫ができなくなって〕、飢え死にすることを恐れて、霰や雹をうれしく思っていない。そのためサバトで裕福な魔女たちと争うのだ」[64]。

これは興味深い記述だ。雹や霰による収穫への損害は、「貧しい魔女たち」にとって死活問題であり、彼女らはそのためにサバトにおいて「裕福な魔女たち」と反目することがあるというのだ。ボゲは続けてこう述べている。

シャンプリットの町では、このことを自白した魔女が火刑に処された。彼女は、裕福な魔女たちがときどき雹や霰を降らせたいと望んだのに対し、〔自分たち〕貧しい者は反対し、争いの決着は賽の目でつけたとまで述べたのである[65]。

また他の箇所では、物乞いをして断られた結果、施しを拒絶した人間に対して魔術を行使した魔女の具体例が述べられている。

クローダ・ペリエ〔という名の魔女〕は、かつて自分に施しを拒んだマリ・ペリエに〔報復するため〕、彼女に向かって息を強く吹きかけた。するとマリは地面に倒れ込み、〔自力では〕起き上がれなかった。マリの甥のピエールがクローダを脅して魔術を解かせるまでの数日間、マリは病みついた[66]。

さらに次のような例も挙げられている。ローランド・ドゥ・ヴェルノワという女性が被った魔術の被害に関する事例だ。

この女性は二羽の雌鶏を飼っていた。ある日、彼女は一個の卵をグロズ゠ジャック・ボケ〔という名の魔女〕に与えることを拒んだ。するとグロズ゠ジャックは恨みから、彼女の雌鶏を殺そうとして、なにか粉末をふりかけたパンくずを雌鶏に投げた。二羽の雌鶏はそれを食べたとたん、すぐに死んでしまった。そのうちの一羽は、死ぬ前に地面に身を投げ出して跳び上がり、壁によじ登ったのである。気がふれたかと思われる光景であった。[67]

グロズ゠ジャックが貧しかったとは明言されていないが、僅か一個の卵を乞うていることからみて、豊かでなかったことは確かだろう。
また、ボゲは魔女と貧困について次のようにも述べている。

ジャック・ボケ、フランソワ・セクルタン、クローダ・ジャンプロスト、アントワーヌ・ガンディヨンおよびその他数名の者は、彼らの悲惨さと貧困ゆえにサタンに身を委ねた。サタンは彼らにさらに多くのことを約束する。サタンは、ある者たちに対しては富を提供し、彼らに何不自由ない生活を送ることができると確信させるのである。[68]

このように『魔女論』には、「貧しい魔女」とみなされる者の実態は記されているが、一方で「裕福な魔女」については詳しく述べられていない。ボゲが魔女を見る時の重点は「貧困」に置かれており、ボゲの魔女像が「貧困」を重要な構成要素としていることは明らかだろう。

では、ボゲの魔女像は「老女」とは関係しているのであろうか。ボゲが挙げている魔女の事例の中で、老女と明言されているものは少ない。だが、呪術的な祈禱によって人畜の病を治す魔女について述べた箇所には次のようにある。「私のある隣人は、このような迷信的な方法を使うために魔女の嫌疑をかけられているある老女に、病を癒してもらったことがある」[69]。また、先に名前が挙げられていたクローダ・ジャンプロストについては、次のような記述がある。

私はかつて、クローダ・ジャンプロストに次のように尋ねたことがある。お前はなぜ、岩山をいくつも駆け上がらねばならないようなときでも、それほど敏捷《びんしょう》にほかの者たちについて行くことができるのかと。というのも、彼女は足が不自由な上、高齢だったのである。彼女は私にこう答えた。サタンが担いでくれるのです[70]。

右の問答からは、クローダの仲間の魔女たちが老齢者のみではないことがうかがわれる。また、ボゲが魔女として挙げている者の中には、先の引用にあったジャック・ボケをはじめとして、複数の男性が含まれていることが注目される。したがって、『魔女論』において、魔女（ないし魔術師）は女性および老人に限定されてはいないということになる。

このことには、ボゲがボダン同様、魔女の「増殖」に切実な危機感を持っていたことと、フランシュ＝コンテ地方における実際の魔女裁判で彼が目にした被告の実像が関係していると思われる。まず魔女の「増殖」に関して、ボゲは著作冒頭に置かれたブザンソン大司教宛の献辞の中で次のように述べている。

> 猊下《げいか》の土地であるサン＝クロードが、部分的にではあれ魔女どもから清められたのは、ひとえに猊下のお力によるものであります。害虫は、すでに長きにわたって増殖し、多くの場所を汚染しておりました。しかし猊下はこれを恐れることなく、これら害虫を根絶することに着手されたのです。[71]

魔女が「害虫」のイメージで捉えられ、その「増殖」を食い止めるべきことが説かれている。さらにボゲは、序文で次のようにも述べている。

> 魔女どもの忌まわしき行為のみならず、日々増殖するその無限の数を見るにつけ、私は自分が魔女どもの公然たる敵であり、私が彼らを決して容赦しないということを、世に広く知らしめたいと切に望むものである。魔術の全世界における流行は、反キリストの到来を示す徴のなかでも主要なものの一つであり、我々はすでに反キリストの時代にいると考えられる。[72]

ボゲが魔女の「増殖」を、反《アンチ》キリストの到来と終末思想の流れに位置づけながら切実に憂いていたことが読み取れる。

また、ボゲは実体験を重視していた。『魔女論』の末尾には、裁判官が魔女裁判を円滑に進められるように「裁判手続の次第」が掲載されているのだが、この資料についてボゲは次のように述べている。

> これを作成するにあたり、私は異端審問官たちやボダン、レミ、ビンスフェルトらの著作の助けを借りた。しかし主要な部分は、私自身の経験および、私がこの憎むべき輩の一派について気づいたことがもとになっている。[73]

魔女とインディオとメランコリー

ボゲはまた、インディオを魔女と重ね合わせて理解していたと考えられる。ボゲは、魔女の食人について次のように述べている。

> 魔女どもが人肉を食べるということを信じられずにいる人々がいることはよく知っている。しかし、そうした人々は次のことを考えてみるべきである。すなわち、いつの時代にも、人狼でないにもかかわらず食人に類する行為を行う人々がいたということ、そしてその人々はそれ故に、アンスロポファジュ〔食人族〕と呼ばれていたということである。さらに、新世界には、膨大な数の食人族が依然として存在すると言われている。彼らは、多くの敵を食べたとき、特に自慢する。魔女は、さらにその上をいく。なぜなら、魔女どもは人肉を食べるために死体を掘り起こしたり、絞首台から

死体を下ろすことも厭わないからだ。[74]

ボゲが、インディオと魔女の食人行為を比較した上で、魔女のそれに一層忌まわしい性格を与えようとしていることは明らかだろう。ボゲは、魔女とインディオをその食人行為において重ね合わせて認識し、さらに食人という要素をインディオ以上に魔女に強く現れる属性とみなしていたのだ。

ボゲはボダンと同様、魔女裁判に賛成する立場をとっていた。しかし、〈魔女とメランコリー〉の関連性については、ボダンとは異なる見方をしていたと思われる。ボゲは、悪魔憑きとメランコリーの関係について次のように述べている。

> 悪魔は、人間がそれによって構成されている諸体液に滑り込み、人間に苦悩を与えるためにこれを利用する。確かなのは、悪魔は特にメランコリーの体液に無上の楽しみを見出すということである。この体液は、生気なく悲しい気質に一致する。したがって、黒胆汁質の人々は、他の人々よりも頻繁に悪魔に憑かれるのである。[75]

ボゲが体液病理説を信じていたこと、また悪魔とメランコリーの親近性を自明のこととして認識していたことが分かる。ただし、ここで論じられているのは「悪魔憑き」であり、魔女ではない。では、〈魔女とメランコリー〉の関連性についてはどうであろうか。ボゲは、魔女の動物変身についてのくだりで次のように述べている。

通常、魔女自身が走り回り、人殺しをしているのであり、魔女が狼に変身するわけではない。しかし魔女には、自分がそのように変身していると思われるのだ。これは、魔女〔の体〕を構成している四体液を悪魔がかき乱すことによって起きる。その結果、悪魔は魔女の幻想と想像に、彼が望むものを表現するのである。[76]

この説明は、ヴァイヤーやスコットのそれと共通している。黒胆汁という体液の名は明記されていないが、先の引用とあわせて考えれば、ここで言われている体液は黒胆汁以外にはありえない。ここから、ボゲが〈魔女とメランコリー〉の関連性を認めていたことが分かる。ボゲは魔女裁判に賛成し、魔女信仰概念のほとんどを信じていた。しかしながら、魔女の動物変身については信じず、それが魔女の想像の産物であると主張するために、メランコリーの概念を用いた。ボゲの中では、ボダン的な魔女像とヴァイヤー的な魔女像が混在していると言える。それを端的に示しているのが、ヴァイヤーへの言及の仕方である。ボゲは『魔女論』全体を通じてヴァイヤーを批判する一方で、自説の補強のためにヴァイヤーを引用しているのである。

ボゲの魔女像については、次のようにまとめることができるだろう。ボゲは、「メランコリーに冒された魔女像」を容認していたということ、そしてこの魔女像には、老女・貧民・インディオの要素が融合していたということである。

5　説教師パーキンズと魔女

「良い魔女も処刑されるべき」

ウィリアム・パーキンズ（一五五五〜一六〇二）は、イングランドのピューリタンの説教師で、著名な悪魔学者として知られ、ケンブリッジ大学のクライスト・カレッジの特別会員でもあった。[77] そのプロテスタント神学者としての権威は極めて高く、少なくとも五十の著作がスイスで版を重ね、別の五十の著作がドイツ各地やネーデルラント、フランス、ボヘミア、ハンガリーで出版され、スペイン語訳やウェールズ語訳がロンドンで出版された。パーキンズの名声は、十八世紀まで続いたほどであった。

このパーキンズが魔女について論じた著作が『魔術という忌まわしき術についての論述』（以下『論述』と略す）である。本書は著者の死後、一六〇八年にケンブリッジで初めて刊行され、二年後の一六一〇年に再版、さらに十七世紀の間に出版されたパーキンズの『著作集』の多くの版に収録されることとなった。本書の執筆動機は定かではないが、J・シャープは次のように述べている。「推測しうるのは、彼〔パーキンズ〕が魔術を時宜を得た主題だと考えたらしいことだけである。そしてその考えは、イングランドにおける魔女裁判の着実な増加と、一五九三年に三人の魔女の処刑に行き着いたハンティントンシャー地方ウォーボイズの有名な魔女事件によって強められたのかもしれない。ウォーボイズの事件には、数多くのケンブリッジの学監とケンブリッジで学んだ聖職者が関係していた」[78]。著作の内容自体は、一五九〇年代にパーキンズが行った説教がもとになっていると言われている。

『論述』は十七世紀以降、イングランドに限らず様々な地域において広く読まれ、引用され、後世の魔女論に影響を与えた。たとえば、一六二二年からリヴォニアの教会の監督を務めたヘルマン・ザムゾンや、ハンガリーの司教マーチャース・ノーグラーディはパーキンズの見解に同意していた。また、アメリカのニュー・イングランド地方セイラムの魔女裁判（一六九二～九三年）を指揮したことで有名なコットン・メイザは、魔女裁判を正当化する一六九二年の著作の中でパーキンズの魔女論を引用している。さらにイングランドでは、政治思想家ロバート・フィルマーが魔女裁判への懐疑論を展開した一六五三年の書物の中で、パーキンズの魔女論について論じている。[79]

パーキンズの魔女定義は範囲が広く、魔術に関わるあらゆる者を断罪しようとするものである。そして悪魔と魔女の間で交わされる契約の概念が、その定義の重要な骨子となっている。パーキンズによれば、「魔女」という言葉によって我々が理解しているのは、「殺人を犯したり苦痛を与えたりする者どもだけでなく、通常『賢い男《ワイズ・マン》』ないし『賢い女《ワイズ・ウマン》』と呼ばれているすべての占い師、呪術使い、ペテン師、魔法使い」のことである。そして「害をなすのではなく善をなし、傷めつけたり破壊したりせず、人助けや分娩の手助けをしたりするような、すべての良い魔女も」処刑されるべきである。なぜなら、すべての魔女は「神を否定し、サタンと同盟を結ん」でいるからだ。パーキンズは、あらゆる魔女は「律法」と「モーセの宣告」（旧約聖書『出エジプト記』第二二章第一八節）にもとづいて処刑されなければならないと説く。[80]

A DISCOVRSE OF THE DAMNED ART OF WITCHCRAFT; SO FARRE FORTH as it is reuealed in the Scriptures, and manifest by true experience.

FRAMED AND DELIVERED by M. WILLIAM PERKINS, in his ordinarie course of Preaching, and now published by THO. PICKERING Batchelour of Diuinitie, and Minister of Finchingfield in Essex.

WHEREVNTO IS ADIOYNED a twofold Table; one of the order and Heades of the Treatise; another of the texts of Scripture explaned, or vindicated from the corrupt interpretation of the Aduersarie.

PRINTED BY CANTREL LEGGE, Printer to the Vniuersitie of Cambridge. 1608.

『魔術という忌まわしき術についての論述』表紙

パーキンズにとって、旧約聖書中のこの箇所は極めて重要な意味をもっていた。『論述』の序章冒頭には、警句として次の言葉が記されている。「『出エジプト記』第二二章第一八節。汝、魔女を生かしておくべからず」[81]。そしてパーキンズにとって、契約概念は魔術行為の根本を構成するものであり（「あらゆる魔術実践の根拠は、魔女と悪魔の間で結ばれる盟約ないし同盟である」[82]）、死罪判決の根拠であった（「かかる厳罰の理由とは、悪魔と盟約を結ぶこと自体にある」[83]）。

パーキンズは、魔女の性別についても区別を設けない。「良い魔女」も処刑すべきと断言するパーキンズの魔女定義は、魔女の性別についても区別を設けない。「魔女とは魔術師であり、公然あるいは秘密の盟約によって、驚異の所業をなすにあたり、あえて悪魔の助力と援助を借りることに同意する」。さらに、「この一般的な〔魔女という〕用語の中に、私は人間の両方の性あるいは種類、すなわち男と女を含めている。いずれの性も魔女であることから除外されない」[84]。つまり、パーキンズにとって魔女＝魔術師に性別の限定はないのである。

パーキンズの魔女像における「腐敗」概念

一方で、パーキンズは魔女像の中核が女性であることをはっきりと認識していた。モーセが旧約聖書中で魔女を指す言葉として、ヘブライ語で「女性」を著す mecashephah を使用している理由について、パーキンズは次のように言う。モーセは、「第一に、弱い性である女は、男よりも一層、この忌まわしき術を伴った悪魔の幻惑によってすぐさま絡め取られてしまうということを我々に理解させるため」この単語を使用したのだ、と。パーキンズはさらに次のように続ける。「悪魔が、男よりも女をより容易にかつ頻繁に誘惑することは、昔も今も経験によって真実であることがわかっている。だからこそ古代ヘブライ人たちは、次の言葉を格言として使用したのだ。『女が多ければ多いほど、魔女もそれだけ多い』。この世の初めにおける悪魔の誘惑は、イヴすなわち女に対するものであった」[85]。

このような解釈は極めて伝統的なものであり、パーキンズもまた他の悪魔学者と同様、女性の劣性を説くキリスト教の女性観にもとづいた魔女像を是認していたと言える。そしてパーキンズは、女性が男性よりも虚弱な性であるとしても、魔女であるかぎり死罪に処すべきとも述べている[86]。

では、その女性の中でも「老女」との関係についてはどうだろうか。『論述』には、「老女としての魔女像」への頻繁な言及は見られない。しかし、モーセの律法において言及されている魔女と、自分たちの時代の魔女が同じものであるかどうかを論じた箇所で次のように述べていることから、彼も「老女としての魔女」を前提としていたと考えてよいだろう。「我々の時代の魔女どもの性質やありようを十分に吟味してみれば、両者〔モーセの時代の魔女と自分たちの時代の魔女〕が同じものであることが容易にわかるだろう。なぜなら、我々は経験によって、男女を問わず、だがとりわけ年老いた女どもは、神と洗礼を否定し、秘密にあるいは公然と悪魔と同盟を結ぶような輩だということを知っているからである」[87]。

次に、パーキンズの魔女像は「貧民」とは関連しているのだろうか。人間が魔術を実践したがる理由について、パーキンズはエデンの園における人間の堕罪を例に挙げながら、悪魔が人間に現状に対する不満を抱かせ、神と同等の地位を欲するようにしむけるからだと言う。そしてパーキンズは、このような悪魔の誘惑に乗せられ、現状に不満を覚え、分不相応にも高い地位や身分を目指す人間の状態を、「腐敗」と表現する。そしてこの「腐敗」に関する説明の中で、「貧困と魔女」の関係が次のように説かれる。

この腐敗は、主に〔次の〕二つの局面において現れ、その両方が、魔術実践の主要な原因となる。第一は人の外面的な境遇における腐敗である。人は貧困であれ名誉と評判の欠如であれ、卑しく低い境遇——彼は正当にも、それが自分のせいだと考えている——に暮らしている時には、当然ながら自己愛に取り憑かれ、自分は援助に値する人間だと高く自惚れているものである。やがて彼は心の中に、ある程度の悲痛と悲嘆を増大させる。この後すぐに、彼は悪魔に身を委ね、この邪悪な術〔魔術〕をめぐってその臣下ないし弟子となることを望む。ある種の驚異を行うことによって、いずれは貧困から救われ、人々の間で信用と援助を勝ち取ることができると思い込むのだ。[88]

パーキンズは貧困を、人間が悪魔の臣下に入り、魔女となる動機の一つとして理解していたのだ。右の引用中、「心の中に、ある程度の悲痛と悲嘆を増大させる」という言葉はメランコリーとの関連性を推測させるが、パーキンズがメランコリーについてどのように考えていたのかは後に詳しくふれよう。なお、「二つの局面」の第二は、人間の「好奇心」であるとされており、[89]先にみたジェイムズ一世の『悪魔学』を想起させる。

パーキンズが魔女とインディオの関連性についてどのように考えていたかは、『論述』の中にインディオへの言及がないためわからない。

「魔女＝メランコリー」説批判

パーキンズの〈魔女とメランコリー〉をめぐる認識は複雑である。彼は著作の冒頭で、魔術を主題とする理由について、まずいま現在、魔術が流行の罪となっており、極めて多くの人々がその罪に巻き込まれていることを指摘したあと、次のように述べている。

　さらに、いろいろな人々が、魔術が単なる幻覚に過ぎず、魔女とは悪魔に欺かれた者どもに過ぎないということを真実とみなしている。この見解は、無知な者のみならず、学識ある人々によっても信じられ主張されているのだ。彼らは、魔女が存在しないということを、言葉と書物によって公然と主張している。[90]

名指しこそされていないが、ここで言及されている「学識ある人々」が、ヴァイヤーやスコットであろうことは明らかである。パーキンズは『論述』の中で、ヴァイヤーやスコットに見られた〈「メランコリーに冒された老女」としての魔女像〉を非常に詳細に批判しており、この魔女像への反駁が執筆動機の一つだったのではないかとも思われる。モーセの時代の魔女と現代の魔女は異なるものであり、現代の魔女は悪魔との間に契約を結んでいないと主張する魔女裁判批判派に反論して、パーキンズは次のように言う。「〔魔女裁判批判派によれば〕我々の時代の魔女は年老いた者たちで、弱い脳を持ち、黒胆汁の超過に悩まされている。悪魔はその体液を利用し、次いで彼らを欺き、彼ら自身はそうした覚えがないのに、悪魔と契約を結んだと思い込ませるという。そして結果的に彼らに、本当は彼ら自身ではなく悪魔自身がなした奇妙な物事を行った、あるいは行うかもしれないと想像させるというのだ」[91]。

　この見解が、ヴァイヤーとスコットの〈「メランコリーに冒された老女」としての魔女像〉に通じることは明白である。パーキンズはこうした魔女像について、約四頁にわたって長々と反論を行っている。まずパーキンズは言う。「このような説明は、根拠なき、単なるメランコリー症に等しい空想である。明らかな真実はその正反対のところにある。つまり彼らは、断言するが、自分の体液のために欺かれているのではない」[92]。パーキンズによれば、〈「メランコリーに冒された老女」としての魔女像〉を主張する者たちこそ、メランコリーに冒されているのであり、その魔女像自体「空想」に過ぎない。さらにパーキンズはこのあと、五つの観点から詳細な批判を加えていく。

第一に、「我らの時代の魔女は、他の人々と同様に狡猾で抜け目なく、その上、〔魔術以外の〕他のすべての事柄においても巧妙でずる賢い」。つまり彼らは、「メランコリーで苦しめられ、脳を冒された者たち」、知性に異常をきたした者たちなどではない[93]。

第二に、「我らの時代の魔女は、魔術の実践によって罪を犯していることを自覚しており、自らの罪を隠蔽するために狡猾な手段を用いる。だから、彼らに有罪宣告を下そうとする者は、彼らを知能で凌駕しなければならない」。また、「もし魔女たちが、何らかの体液の腐敗によって欺かれているとしたら、〔…〕彼らにある事柄をなさせる体液をつきとめるべく観察せよ」、そうすれば、まさにその体液のせいで、彼らが現実に魔術を行っていることが明らかとなるだろう[94]。

もし魔女がメランコリーに冒された者であるなら、その行為は、メランコリーを引き起こす体液＝黒胆汁の影響下で実際になされたのであり、想像の産物ではない。パーキンズの趣旨はおそらくこのようなところにあり、この点ではボダンに近いと言えよう。

そして第三に、「魔女は同一の特徴を持っており、そのすべての行いにおいて同じ振る舞いをする。

彼らの言葉と行為における一致は普遍的である。学識ある人々が観察しているように、ヨーロッパ中のすべての魔女が、その尋問と有罪宣告のなかで、よく似た動作や態度をとる。彼らは、同一の返答、逃げ口上、弁明、異議を用いる。〔…〕よって、真相は明らかであり、彼らは公言されているように、体液の力を通してサタンに欺かれているのではない。もしそうであるなら、個々の〔メランコリーの〕症状に応じて、罹患《りかん》の様々な状態を示すはずだし、公的にも私的にも、彼らの言葉、行為、思いつきは多様となるはずだからだ」[95]。

魔女がメランコリーという病に冒されているとするならば、その罹患の程度は個々の魔女によって様々でありうるはずであり、自白の内容や振る舞いも多様となるはずである。ところが実際には、魔女の言動はヨーロッパ中で同じではないか――こうしてパーキンズは、「メランコリーという病に冒された魔女」という見解をしりぞける。

第四に、「我らの時代の魔女は、その技術を口承で他の者に伝えるのが常である。彼らは自分が生きている間に、彼ら自身の仕事を子供や子孫に教え、これを指導し、仕事の根拠と実践を教え込む」。しかし、「もしも彼らがメランコリーに冒された者であるなら、彼らの思いつきは彼らと共に死に絶えてしまうだろう。何らかの体液から生じる思いつきと想像的な幻想は、人から人へと伝達されるものではないからだ」[96]。

パーキンズによれば、魔女が行う魔術は、一種の教育によって子孫に伝えられるものである。「何らかの体液」（黒胆汁）によって生じる想像は、メランコリーに冒されている当人にのみ生じるものであり、別の人間に伝達されるはずがない。この説明は一見説得的だが、よく考えれば無理がある。かりに魔女がメランコリーに冒されていたとしても、自分の意志で、言葉と動作によって子孫に魔術を伝授することは可能と思われるからだ。

　最後の批判は、司法のあり方にも言及したもので興味深い。

> 最後に、もしも〔魔女の行為をメランコリーに帰する〕この悪知恵が、腐敗した体液を通じた欺きという口実の下、魔女の弁護に役立つとすると、その時には、あらゆる罪に対する口実ができてしまうことになる。たとえばある重罪犯が、盗みもしくは殺人で逮捕され、裁判官の前に引き出されたとする。尋問にもとづき、彼は事実を自白し、有罪を宣告され、法の下で有罪の判決が下されんとする。そこへ、重罪犯の友人が入ってくる。そして裁判官の前でこのように申し立てる。「この男は頭が狂っています。そしてメランコリーに悩まされています。彼は犯行を自白しましたが、真実は別のところにあります。彼ではなく悪魔が殺人を犯したのであり、彼がやったのではないのに、悪魔が彼に自分がやったのだと思わせたのです。そのあとすぐに彼は自白したのです」。これが道理にかなった申し立てであり、裁判官に彼を釈放する気を起こさせる十分な手立てだなどと考える者がいるだろうか。もしこのようなことがまかり通るなら、確実に、同じ理由でどのような罪でも悪魔のせいにされてしまい、すべての良き法と司法手続きは無益なものになってしまうだろう。[97]

　この説明には論理的な説得力がある。確かに、裁判において「メランコリーに冒されている」ことが無罪申し立ての根拠になってしまうとしたら、司法は崩壊してしまうだろうからである。

以上のように、パーキンズは詳細に〈魔女とメランコリー〉の関連性に反駁した。しかし、この五つの批判をもとに、パーキンズの魔女像がメランコリーと無関係であると断言できるだろうか。実はそれは不可能であり、パーキンズの〈魔女とメランコリー〉に関する認識は、かなり両義的であったと言っても過言ではないのである。

揺らぐ魔女像

パーキンズは魔女の魔女たる所以を、魔女が悪魔との間に交わす契約に見る。これに関連してパーキンズは次のように言う。

魔女であることから明白に除外されるのは、次の二種類の人々である。第一に、狂乱あるいは狂気に感染しているか、知能の弱さゆえに悪魔に欺かれている者である。これらの者たちは、一応はサタンと契約を結んだとみなされるかもしれないが、厳密に言えばサタンが彼らと契約を結んだのである。しかし実は彼らは、サタンの援助を得るために真に契約に同意することはできず、その契約はただ想像におけるものに過ぎないのである。

あえて確認しておくが、これはパーキンズの言葉であり、ヴァイヤーやスコットの言葉ではない。恐らくパーキンズの主旨は、ある者が魔女として告発される以前に、すでに「狂乱あるいは狂気」の症状を示していた場合は、契約の締結は狂った想像力の産物に過ぎず、その者は魔女であることから免れるということだったであろう。しかしそうであるとしても、魔女裁判を批判したヴァイヤーやスコットの見解との間に明確な差異を認めることは困難である。

またパーキンズは悪魔と黒胆汁の関連にたびたび言及しており、体液の影響を軽視していたわけではないことがわかる。たとえば「悪魔の驚異」について説明している箇所では、体液との関連性にふれながら、「悪魔の驚異」には「幻覚」と「現実の仕業」の二種類が存在すると述べている。[99] このうちの前者について、パーキンズは次のように言う。

> 悪魔は幻覚を作り出し、これによって人間を欺いたり、騙したりする。そして悪魔の作り出す幻覚は二つの要素に分かれる。一つは外部感覚を惑わすものであり、もう一つは心を惑わすものである。悪魔は外部感覚を惑わす幻覚によって、人間が実際には感覚しなかった事柄を聞いたり、見たり、感じたり、触れたりしたと思わせるのだ。こうしたことを悪魔は様々な方法、すなわち自然の力を使って容易にやってのける。たとえば、眼の中の体液といった感覚器官を腐敗させたり、視覚の媒体となる大気を変化させることによって。[100]

「眼の中の体液」が黒胆汁を指すであろうことは、それを悪魔が利用するという文脈から容易に察しがつく。またこの箇所は、スコットの「邪視の黒胆汁原因説」を思い出させる。

さらにパーキンズは、悪魔が人間の気質・体質を熟知しており、それゆえにある種の病を引き起こすことができると述べ、その具体例としてメランコリーを原因とする「人狼」を挙げている。

悪魔は人間の気質と、人間が罹りやすい特殊な病を知悉しており、ある種の者に対して有利な立場にある。加えて悪魔は欺瞞――それによって〔人間は〕想像力を腐敗させられ、心中に発した強固な説得力によって、現実にはそうではないものになってしまう――をも働かせることによって、病の性質を悪化させる。このことは、「人狼」と呼ばれる病において明らかである。メランコリーに支配され、脳の調子を乱された者たちがこの病に罹ると、彼らは自分が狼だと心から信じ込み、そのように振舞ってしまうのだ。[101]

パーキンズは他の箇所でも、悪魔が人間の気質、さらに言えば気質を決定する体液について熟知していることに言及している。[102] ここで論じられているのは魔女ではなく人狼であるが、いずれにせよパーキンズが悪魔と黒胆汁の関連性について強固な信念を持っていたことは間違いない。

このように、〈魔女とメランコリー〉の関連性に関するパーキンズの見解には、かなり揺らぎが見られる。パーキンズはボダン同様、魔女裁判支持の立場からは〈魔女とメランコリー〉の関連性を否定しなければならなかった。しかしその一方で、狂気に陥っている者は魔女から除外すべきであるというヴァイヤーに近い魔女像も持っていた。そして悪魔と黒胆汁の関連性については堅く信じていた。ここからは、パーキンズもやはり〈魔女とメランコリー〉の関連性を認めていたこと、〈「メランコリーに冒された老女」としての魔女像〉を容認していたことがうかがわれよう。

6　バスク地方の魔女

魔女の巣窟

フランス人裁判官ピエール・ド・ランクル（一五五三〜一六三一）は、一六〇九年、バスク地方ラブールを舞台に、苛烈な魔女裁判を行ったことで知られる。彼がこの一六〇九年の魔女裁判の経験をもとに執筆したのが、魔女裁判研究史上でもっとに有名な『堕天使および悪魔の無節操の図』（一六一二年刊）である。また初版の翌年に出版された第二版に加えられた「魔女の夜宴」と題されたサバトの詳細な図像（226頁参照）と説明は、魔女裁判研究でとりわけ名高いものである。

ド・ランクルは一五五三年、フランス南西部ボルドーの裕福な法服貴族の家庭に生まれた[103]。イエズス会の学校で学んだあとトリノ大学で学び、七九年には法学の博士号の学位を得た。またこの年までにヨーロッパ各地を遊学し、ボヘミアのプラハで高位聖職者ポンターヌスと親交を結び神学的な教養を深めたほか、ピエトロ・デ・メディチ〔フィレンツェ・ルネサンスの開花に寄与したコジモ一世の末子〕に伴われてイタリアの社交生活を体験した。七九年以降は故郷に戻り、ボルドー高等法院の次席検事の職に就き、八二年には評定官となった。

一五九九年、ド・ランクルはフランス国王アンリ四世の許可を得て公務を一年間休み、聖地巡礼に赴いている。翌一六〇〇年の聖年〔カトリックでローマ巡礼者に特別の大赦が与えられる年〕に合わせてローマに滞在し、ロレートの聖母大聖堂へも二度巡礼した。ド・ランクルもまた他の悪魔学者と同様に、高い教養を有し、カトリックを厚く信仰していた。

一六〇九年、アンリ四世の勅命によってバスク地方の魔女の実態調査を命じられたド・ランクルは、ボルドー高等法院部長のジャン・デスパニェとともにバスク地方へ赴いた。しかしながらデスパニェは別の任務により途中で離脱したため、魔女裁判を実際に行ったのはド・ランクルであった。この魔女裁判は、僅か四か月間の裁判期間中に六〇〇人の被告が裁かれたという説があるほど激しいものであった。

以下では、ド・ランクルが『堕天使および悪魔の無節操の図』においてどのような魔女像を描き出しているか検討することにしよう。ド・ランクルはこの書の中で、バスク地方は魔女の巣窟《そうくつ》であると述べ、バスク人一般を魔女と等しい存在とみなしている。彼は次のように言う。「フランスのちっぽけな片隅に過ぎないこのラブール地方に閉じこもっている多くの悪魔や悪霊、そして魔術師や魔女どもを目にすること。そして当地が〔魔女どもの〕苗床であり、他の知られうるヨーロッパのいかなる場所にも、これほど無数の魔女どもが発見できる場所は存在しないということに気づくこと。これは驚異である」[104]。

ラブール地方が魔女の巣窟と化している理由について、ド・ランクルは次のように述べる。まず、この地方が悪魔を媒介にして新大陸アメリカと結びついている上、スペインとフランスの境界に位置しているために、スペインの悪しき慣習が流入してきていること[105]。バスクの男性は遠くニューファンドランドにまで赴く遠洋漁業を生業としており、その不在中独り残される妻は悪魔に誘惑されやすいこと[106]。また独特の言語や慣習を持つ極めて特異な地方であること[107]、などである。フランス王国の権威を内面化し、母国に至高の地位を与えるド・ランクルは、辺境の民バスク人と彼らが住むラブール地方を蔑視し、「魔女の苗床」と断定して憚らなかったのである[108]。

TABLEAV
DE L'INCONSTANCE
DES MAVVAIS ANGES
ET DEMONS.
OV IL EST AMPLEMENT
traicté des Sorciers, & de la Sorcellerie.
LIVRE TRES-VTILE ET NECESSAIRE
non seulement aux Iuges, mais à tous ceux qui
viuent sous les loix Chrestiennes.
Auec vn Discours contenant la Procedure faite par les Inquisiteurs d'Espagne & de Nauarre, à 53. Magiciens, Apostats, Iuifs & Sorciers, en la ville de Logrogne en Castille, le 9. Nouembre 1610. En laquelle on voit combien l'exercice de la Iustice en France, est plus iuridiquement traicté, & auec de plus belles formes qu'en tous autres Empires, Royaumes, Republiques & Estats.
Par PIERRE DE LANCRE, Conseiller du Roy
au Parlement de Bordeaux.
Maleficos non patieris viuere. Exod. 22.
Reueu, corrigé, & augmenté de plusieurs nouuelles obseruations,
Arrests, & autres choses notables.
A PARIS,
Chez IEAN BERJON, ruë S. Iean de Beauuais, au Cheual
volant, & en sa boutique au Palais, à la gallerie
des prisonniers.
M. DCXIII.
AVEC PRIVILEGE DV ROY.

『堕天使および悪魔の無節操の図』表紙

貧民としてのバスク人

ド・ランクルもまた、他の悪魔学者と同様に「魔女」と「貧民」を重ね合わせて認識している。悪魔が人間に対して及ぼす害悪について論じた箇所で、ド・ランクルは次のように述べている。「悪魔が彼らから収穫物を奪い取ってしまい、飢えに陥ると、彼らは生きるために多くの悪しきことを行ってしまう。そしてサタンは、この困窮の悪しき通り道において、彼らの様子を窺い、救済をせがませ、彼らを結局、乞食から魔術師にしてしまうのである[109]」。

「彼ら」とはラブール地方に住むバスク人のことであり、「魔術師」は魔女を指す。ド・ランクルはここで、バスク人が魔女になりやすいもう一つの理由、つまり「貧困」について述べている。バスク人は悪魔によって収穫物を台無しにされ、飢えており、そのため乞食にならざるをえない。そのような境遇に陥ったバスク人は悪魔に容易に唆され、その手下となってしまう、というのである。

この主張は、ラブール地方が元来、耕作に不向きな土地であり、もっぱら漁業を生業とせざるをえないというド・ランクルの認識にもとづいている。そしてド・ランクルによれば、海は変転極まりない「無節操」の領域であり、悪魔に好まれる。したがって漁業を生業とするバスク人は「無節操」であり、悪魔と親近性があるということになる。ド・ランクルはこのように、ラブール地方の土地柄やバスク人「気質」を悪魔と結びつけ、この土地が「魔女の巣窟」であることを説明する[110]。

こうした見方は、先にも述べたように、ド・ランクルがフランス王国と自分を同一化し、バスク人が居住するラブール地方に対して差別意識を持っていたことも関係している。たとえば、ド・ランクルはバスク人について次のようにも述べている。

彼らは二種類の毛羽で覆われたビロードのように、その境界の地において二つの印を刻まれている。すなわち、自然が彼らをフランスとスペインの国境上に住まわせ、一部は山に、一部は海岸に住んでいる。そして半数はバスク語とフランス語を、あとの半数はバスク語とスペイン語を話している。彼らのほとんどは、フランスよりもナバラやスペインで取引をするが、その取引によってもたらされる風習や衣服、志向について無関心なので、必然的に貧民とみなされる。宮廷に足繁く通う貴族たちは、フランス人に昇格しているため、このような気質はもたない[111]。

では「魔女とインディオ」の関連については、ド・ランクルはどのように考えていたのだろうか。彼は次のように述べている。

エスパニョーラ島のインディオは、コホバと呼ばれる薬草を燃やした煙を吸って精神を混濁させ、両膝の間に両手を挟んで頭を低くした体勢で、しばらくのあいだ恍惚状態に陥る。〔やがて〕完全に半狂乱になり、取り乱した様子で立ち上がると、彼らの間でスミと呼ばれている偽りの神の驚異を物語る。これはサバトから戻ってきた我々の地方の魔女どもが行うのと全く同じである[112]。

ド・ランクルは、インディオの偶像崇拝と魔女の悪魔崇拝を同種のものとみなしていたと言ってよいだろう。このように魔女とインディオを同類とみなす認識は、新大陸とラブール地方の悪魔が同一であるという考えにもとづいている。ド・ランクルは言う。

私には、次のことは確実であると思われる。すなわち、何人もの優れた修道士たちの信心と素晴らしい教導によって、西インド諸島や日本、その他の場所から追い出された悪魔や堕天使どもが、大挙してキリスト教国に飛び込んできたということである。そして彼らは当地〔ラブール地方〕を発見し、住人と土地柄の具合が望ましかったため、そこを主要な住処としたのである。彼らは徐々にこの土地の絶対的な支配者となり、女と子供、それに大部分の主任司祭と霊的牧者を手に入れた。そして統治をより容易に確立するために、父親や夫を宗教〔キリスト教〕が全く知られていないニューファンドランドをはじめとする場所に遠ざけるという手段を発見したのである。[113]

十六世紀以降、新大陸アメリカや日本に向けてヨーロッパから派遣された宣教師によってキリスト教の布教活動が行われ、それらの地域から悪魔が追い出された。その結果、居場所を失った悪魔がヨーロッパに押し寄せ、最適な住処として選んだのがラブール地方であった。したがって新大陸アメリカの悪魔と、ラブール地方の悪魔は同じものである——ド・ランクルはこのように述べ、さらに次のように続ける。

事実、このボルドー市に葡萄酒を求めてやって来た何人ものイングランド人やスコットランド人など外国からの旅行者たちは、旅の途中でぞっとするような人間の姿をかりた悪魔どもの大群が、フ

> ランスに向かうのを目撃したと我々に断言した。それでこのラブール地方においては魔女どもの数が極めて多くなっており、道を誤った魂があまりに多く見かけられるため、彼らを司法の手段によって更生させたり甦らせたりするなどということは到底不可能に思われる。当地では、信心やよき教導には多大なる努力が必要なのだ。[114]

外国人旅行者たちが見かけた「人間の姿をかりた悪魔ども」がどのような存在を指すのかは分からない。しかしいずれにせよ、ド・ランクルにとって、ラブール地方に住む悪魔は新大陸からやって来たのであり、バスクの魔女も新大陸のインディオもその配下にあるという点で同類の存在であった。しかも、悪魔たちは新大陸を追い出されてラブール地方を本拠としたのだから、ド・ランクルにとってラブール地方はいまや新大陸以上に邪悪な地域であることになる。彼がインディオの食人ではなく、魔女の食人について繰り返し述べているのはその現れかもしれない。たとえば『無節操の図』には次のような一節がある。

> 魔女どもは、サバトにおいて幼児を殺し、その純真無垢な肉がほとんど体液になり、飲むことができるようになるまで煮て、それを食べることを仕事としている。彼女たちはまず幼児の血を飲み、それから右に述べたようにその肉を料理する。サバトに受洗前の、あるいはすでに洗礼を受けた幼児を連れてくることができない時は、彼女たちはサバトでの食用に墓場から死体を奪ってくるか、絞首台から受刑者を引きずり下ろしに行くのである。[115]

魔女のサバト（ド・ランクル『堕天使および悪魔の無節操の図』1613年の第２版で加えられた図像）

このようにド・ランクルは、食人を魔女の「仕事」と認識していた。彼にとって食人行為は、魔女の代表的属性なのだ。このような理解の仕方はボダンと似ている。当時、魔女はヨーロッパ本土にひしめく存在であり、ヨーロッパの人々にとってその脅威は極めて身近であった。したがって食人行為も、インディオ以上に魔女に強く結びつけられていたと思われる。

ド・ランクルにおける魔女・老女・メランコリーの関連性

ド・ランクルは『無節操の図』の中で、自らが裁いた魔女の具体例をいくつか挙げている。その年齢を見ると、たとえば十二歳、十三歳、十六歳、十九歳[116]というように若い魔女が挙げられている一方で、四十歳代、五十歳代や八十歳代もいる[117]。つまり、ド・ランクルが裁いたラブール地方の魔女は、老女に限らない。

こうした老女に限定されない魔女像は、〈魔女とメランコリー〉の関連性についてのド・ランクルの記述にも影響を与えていると思われる。魔女がサバトで行う諸行為は夢に過ぎないという見解に対して、ド・ランクルは次のように述べている。

> もしもそれが夢であるとすれば、彼女たちはどうやって同一の夢を見たのか、あるいは見ることができたのか。そうした夢が同じ方法で、同じ場所で、同じ頃、同じ日、同じ時間に彼女たちに起こるなどということがいかにして可能なのか。医者たちは食事の量と質が、年齢の違いや体液が引き

起こす様々な気質と同様に、夢を多様化させると言う。ところが妖術については、彼女たちは背の高低、老若、男女、あるいは黄胆汁質、粘液質、多血質、黒胆汁質を問わず、同一の夢を見るのである。[118]

これと似た説明は、パーキンズにも見られた（214頁、「第三の批判」参照）。性別、年齢そして体液病理説にもとづく気質を問わず、複数の魔女たちが、裁判において同一の内容の自白をしている。人間は他人と同じ夢を見ることなどできないのだから、この魔女たちも同じ夢を見ているのではないはずだ。したがって、魔女たちがサバトについて自白する内容は現実である——このようなド・ランクルの論理においては、〈魔女とメランコリー〉の関連性の問題は初めから排除されていると言えるだろう。

ところが、ド・ランクルは別の箇所では次のように述べている。「〔ある魔女がサバトへ参加できない場合〕適切な言い訳を持っていれば、彼女はさしあたり許される。ただし条件として、彼女はこのサバトに出られないための悲しみとメランコリーに沈み、ずっと家にいなければならない。また、もし言い訳が不適切であった場合には、彼女は徹底的に打たれる[119]」。

さらにド・ランクルは、自分の身にふりかかった不幸に「絶望」した女性が、悪魔につけ入られ、魔女の一味に引き込まれるという例も述べている[120]。悲しみや絶望とメランコリーが近しい関係にあったことを想起しよう。加えて、悪魔がサバトに「メランコリーに冒された人間の容貌」をもって現れるという描写もあり[121]、ド・ランクルが、「悪魔とメランコリー」を関連づけて理解していたことが推測される。あるいは人狼の変身に関して、メランコリーや黒胆汁の話題が論じられる箇所もある。[122]

ド・ランクルは、〈魔女とメランコリー〉の関連性を認めていたのかもしれない。ただし彼はボダン同様、「魔女とはメランコリーに冒された者である」とは断言していない。ド・ランクルの立場はパーキンズに近く、魔女を免罪するヴァイヤーの見解に異を唱え、サバトへの参加だけを証拠に魔女の処刑を主張するボダンの見解を支持している。[123]

以上、十六世紀末から十七世紀第1四半期のイングランドとフランスの諸地域を中心に、六人の著名な悪魔学者たちがどのような魔女像を抱いていたのかを検討してきた。彼らの魔女像はそれぞれ細部では異なりながらも、核心の部分についてはほぼ共通していたと言ってよいのではなかろうか。六つの悪魔学論文の検討を通じて、〈「貧民」と「インディオ」の要素を併せ持つ「メランコリーに冒された老女」としての魔女像〉が、当時の魔女をめぐる認識の底流として存在していたことが浮かび上がってきたように思われる。

ただ、ここまでの検討で明らかなように、この魔女像が各悪魔学論文の中で明確に記述されることはほとんどない。この魔女像は、それぞれの悪魔学論文の断片から再構成されたものと言ってよい。しかしながら、明白に意識化、言語化されない事象というものは、無意識下に常識とみなされているものを逆照射することが往々にしてある。この意味において、ここまでの検討で焙り出されてきた〈「貧民」と「インディオ」の要素を併せ持つ「メランコリーに冒された老女」としての魔女像〉とは、当時の西欧におけるかなり一般的な魔女像と考えてよいのではないだろうか。

この魔女像が無意識下に共有されていたということは、当時の西欧における「他者」のイメージの問題とも結びついてくる。当時の西欧人にとって、「老女」「貧民」「食人を行う者」「メランコリーに冒されている者」「悪魔と親近性を持つ者」は、社会の秩序と人間の理想像を脅かす他者であった。したがってこれらの諸要素を融合した存在である魔女とは、当時の西欧社会の他者イメージの権化のようなものであったということになろう。

さて、ヴァイヤーの著作『悪魔の幻惑について』の初版年を基点としてみれば、この魔女像は約半世紀の間存続したことになる。魔女裁判が苛烈を極めた十六世紀後半から十七世紀初めにかけては、この魔女像が主に知識人層の無意識化された魔女像のステレオタイプとして機能していたと考えられる。それでは、魔女裁判が衰退していく十七世紀中頃の前夜に当たる十七世紀第2四半期において、この魔女像はどのように変容したのか。次章では、この問題を検討することにしよう。

第5章

変容する魔女像

悪魔に生贄の子供を捧げる魔女（フランチェスコ・マリア・グアッツオ著『悪行要論』1626年より）

西欧において十六世紀後半から本格化した魔女裁判は、十七世紀中頃には下火になり、同世紀末にはほぼ終息した。したがって魔女裁判が盛んに見られたのは、右の約一世紀の間ということになる。十七世紀中頃から顕著になる魔女裁判の衰退の原因については、次の二つの原因がしばしば取り上げられる。そしてこの二つの原因は相互に関係している。

一つめの原因は、科学や合理主義の勃興に伴い、魔女信仰概念の信憑性が揺らいだことである。十七世紀を経る中で、魔女を裁判にかける根拠となっていたサバトをはじめとする魔女信仰の諸概念は、知識人たちの間で無知蒙昧な者のみが信じる「迷信」として認識されるようになった。その結果、魔女信仰そのものの信憑性が失われるようになり、魔女裁判が成立しなくなったのである。

この過程に影響を与えたのが、デカルト(一五九六〜一六五〇)の懐疑論的哲学・機械論的自然観であったと言われている。一六三七年に出版されたデカルトの『方法序説』には、たとえば「疑わしいところがあると思われそうなものはすべて絶対的に虚偽なものとしてこれを斥け」なければならず、「理性あるいは良識が私どもを人間たらしめる」のであり、「〔怪物のようなものを〕明瞭に考えられるとしても、そうだからとて世の中には怪物がいると結論することはできない」と記されている。デカルトのこうした見解を魔女について当てはめれば、「魔女やサバトについて明瞭に考えられるとしても、そうだからとて世の中には魔女やサバトが存在すると結論することはできない」ということになる。

デカルトの哲学が魔女信仰概念の衰退に影響を与えた証左としてよく知られているのが、オランダの牧師バルタザール・ベッカー(一六三四〜九八)が著した『魔法にかけられし世界』(一六九〇〜九一年、全四巻)の議論である。ベッカーは、「十七世紀において、悪魔学と魔女信仰概念に関する最も根源的で影響力ある批判を展開したデカルト学派の合理主義者」[2]であった。
ベッカーは、悪魔が現世で実際に活動できるという考え方に反対し、魔術・悪魔憑き信仰に異議を唱えた。ベッカーによれば、宇宙は不変の法則に従って機能する整然とした機械である。神は全能ではあるが、その神でさえ、人間の事柄に対して責任を負ったり宇宙を管理したりすることはない。このように神すらも相対化するベッカーにとって、悪魔や魔女およびその魔術を信仰することは、打破すべき「迷信」以外のなにものでもなかったのである。[3]
ベッカーの著作は反響を呼び、広く受容されたという。一六九〇年にオランダ語で出版された第一巻と第二巻はすぐにフランス語・ドイツ語・英語に訳された。また、この二巻のオランダ語初版は、出版後二か月間にオランダだけで四千部が普及したという。[4]
魔女裁判の衰退をもたらした二つめの原因は、魔女裁判の訴訟手続きに変化が起こったことである。[5]たとえばよく知られているのはフランスの事例である。一六四〇年、パリ高等法院は、フランス王国内において魔術の廉で有罪判決を受けた者の上訴を、被告が望まない場合でも自動的に受けつけるようになった。この改正は、管轄外の地域においても公正な裁判の水準を向上させたいというパリ高等法院の考えによるものであった。[6]フランスでは、このような魔女裁判に関する上訴制度の確立によって次第に魔女裁判が衰退していくことになる。
魔女裁判の訴訟手続きに対しては、知識人たちからも批判がなされていた。なかでも魔女裁判史上よく知られているのが、ドイツのイエズス会士であり詩人でもあったフリードリヒ・シュペー（一五九一〜一六三五）である。シュペーはヴェストファーレン地方で被告魔女の聴罪司祭を務めた経験をもとに、一六三一年に『犯罪への警告』を著した。魔女裁判の訴訟手続きの非合理性を批判したこの著作は大きな反響を呼び、のちの魔女裁判衰退に影響を与えた（シュペーが行った議論についてはのちほど検討する）。

以上、巷間知られている魔女裁判衰退の二つの原因について見てきた。しかし、ほかにも原因はあったのではないか。その原因とは、本書でこれまで追究してきた、魔女の表象、つまり魔女像の問題に関係していると思われる。

改めて確認しておくと、本書は次のような立場をとっている。魔女裁判が本格化するには、その下地として魔女裁判の強力な推進を可能にする魔女像が形成・完成されていなくてはならない。十六世紀末以降の魔女裁判の高揚期においては、魔女像は、この時期の西欧社会における負性すなわち「他者性」を凝縮させたものであった。この時期に「魔女」とみなされた人々が大規模に迫害された背景には、この魔女像の強固な確立があったのではないか。

本書のこのような立場から、十七世紀中頃における魔女裁判衰退の原因を考えてみると、次のように述べることができよう。すなわち、少なくとも十七世紀中頃には、魔女裁判を基礎づけていた魔女像が通用しなくなりつつあった、換言すれば魔女像の解体現象が起こり始めていたのではないか、ということである。

魔女像の解体、あるいは魔女表象の変容。本章ではこれについて詳しく検証するために、十七世紀第2四半期に書かれた二つの史料を検討する。

一つは、先に挙げたシュペーの『犯罪への警告』である。シュペーはヴァイヤーと並び、研究史において魔女裁判批判者の筆頭に挙げられる人物であり、一六三〇年代初頭というこの書の初版年も考えあわせれば、十七世紀第2四半期における魔女像の解体を検討する上で欠かせない史料である。

もう一つは、イングランドの聖職者ロバート・バートン（一五七七頃〜一六四〇）が著した『メランコリーの解剖』である。これは近世までの西欧文化のなかで蓄積されたメランコリー論の集大成と言えるもので、初版は一六二一年だが、バートンは死の直前まで加筆を続け、版を改めた。本章で使用するのは、まさしく十七世紀中頃にあたる一六五一〜五二年にかけて出版された第六版であり、バートン自身による最後の加筆を含んでいる。

ところで、前章まで使用してきた史料はその多くが悪魔学のジャンルに属し、加えて〈「メランコリーに冒された老女」としての魔女像〉を明確に主張しようとしない魔女裁判支持派の人々による論文であった。したがって、そこから「魔女像」の形成や確立、あるいは変容を十分に把握することは難しかった。一方、メランコリーをまさしく「解剖」するまで徹底的に論じているバートンの書は、当時の魔女像や〈魔女とメランコリー〉の関連性を詳しく知る上で格好の史料となるはずだ。

二つの史料はいずれも広くヨーロッパで受容され、後世に影響を与えた。したがって、以下では一定程度、西欧全域を対象とした検討が可能となるだろう。

1　魔女裁判批判とメランコリーの「脱落」

シュペーの来歴

シュペーは一五九一年、デュッセルドルフ近郊のカイザースヴェルト城で、ケルン大司教選帝侯に仕

CAVTIO
CRIMINALIS;
Seu
DE PROCESSIBVS
CONTRA SAGAS
Liber.
AD MAGISTRATVS
Germaniæ hoc tempore necessarius,
Tum autem
CONSILIARIIS, ET CONFESSARIIS
Principum, Inquisitoribus, Iudicibus, Advocatis,
Confessariis Reorum, Concionatoribus,
cæterisq́; lectu utilissimus.
AVCTORE
INCERTO THEOLOGO ROMANO
EDITIO SECVNDA.
FRANCOFVRTI,
Sumptibus IOANNIS GRONALI Austrij.
ANNO MDCXXXII.

（左）シュペー肖像／（右）『犯罪への警告』表紙

える貴族ペーター・シュペー・フォン・ランゲンフェルトの長男として生まれた。少年期をケルンのモンタヌム学寮で学び、一六〇八年に学士号を得たあと、翌年にイエズス会の修練士となった。

この後のシュペーの生活は、イエズス会と切り離すことができない。イエズス会の指示のもとヴュルツブルク大学で哲学を学び、文学修士号を得て、マインツの大学では神学を学んだ。このような勉学生活のかたわら、イエズス会付属のギムナジウムでラテン語を教授し、二二年に司祭に叙階された後、パーダーボルンのイエズス会付属の大学で哲学を教授した。シュペーはトリーアで亡くなる三五年までに、すでに挙げた諸都市のほかシュパイヤー、ヒルデスハイム近郊のパイナなど様々な都市を転々としている。彼がこのように一箇所に居を定めなかったのは、著書『犯罪への警告』に示されているような、当時からすれば過激と受け取られかねない思想傾向が、周囲の人々との軋轢を生んだためであったと言われている。

シュペーは右のような教職に加えて、聴罪司祭も務めた[7]。シュペーの魔女裁判に対する批判意識は、この時に魔女として告発された人々と直接関わり、無実の人々が魔女として火刑に処されていくのを目の当たりにした経験から芽生えたと言われている。たとえば一六二九年から三一年にかけてパーダーボルンで行われた苛烈な魔女裁判も、この期間に同地に滞在していたシュペーは見聞した可能性がある[8]。『犯罪への警告』は、実体験にもとづいた、魔女裁判の愚昧さに対する告発の書なのである。

この書の初版が匿名で出版されたことからも、当時魔女裁判に反対を表明することが危険な行為であったことがうかがえる。しかし出版後、著者がシュペーであることは周囲の人々にすぐにわかったらしく、イエズス会の内部と外部とを問わず、この書と著者シュペーに対する批判が湧き起こった。同書を禁書目録に載せようという動きすら出てきたほどであった[9]。しかし巷間での反響は止めようがなく、初版の翌三二年には早くも第二版が刊行された。さらに、四七年と四九年にはドイツ語訳、五七年にはオランダ語訳、六〇年にはフランス語訳が出版された[10]（初版はラテン語）。

もちろん、この『犯罪への警告』の出版後、魔女裁判がただちに下火となったわけではないし、その影響力を過大評価してはならないだろう。しかし、この書が、当時芽生え始めていた魔女裁判に対する懐疑主義的傾向を代表するものであり、現実の魔女裁判に対して相応の影響力をもったことは確かである。たとえば、一六六〇年のフランス語版は、五〇年代末のフランシュ＝コンテにおける魔女裁判を終わらせようとする運動の一環として出版されたものだったのである[11]。

シュペーによる魔女の実在をめぐる考察と裁判手続への批判

シュペーは魔女の実在について、どのように考えていたのであろうか。

『犯罪への警告』は、魔女裁判に関する五二の問いをめぐる問答形式をとっている。第一の問いは、「魔女、女魔法使い、あるいは魔術師は本当に存在するのか」である。これに対するシュペーの答えは「存在する」である。シュペーは、聴罪司祭としての実体験にもとづいて次のように続ける。「私は牢獄の中で、この罪をなした様々な罪人と頻繁に、かつ注意深く話した」が、その話の内容には「一度ならず魂を混乱させられた」。しかし「錯綜した思考の要点を総括してみれば、世界にある種の邪悪な者どもが実際に存在することは確実であると思われる」[12]。つまり、たとえ魔女裁判を批判していても、シュペーは魔女および悪魔の実在を信じていたのであり、その批判の論理は当時の世界観にもとづいているのである。

シュペーは第三の問い（「魔女あるいは魔術師の罪とは、どのようなものか」）に対する答えのなかで次のように述べている。魔女の罪は「最も異常で、最も重く、最も忌まわしい」。その理由は、この罪において「最も異常な犯罪の出来事、つまり背教、異端、瀆聖、冒瀆、殺人、のみならず親殺し、そしてしばしば霊的な生き物との自然に反する同衾《どうきん》、神への憎悪が、同時に起こっているからである。これらの罪よりも恐ろしいものなど他にあろうか」[13]。

このようにシュペーは、魔女の罪以上の忌まわしい罪は存在しないと考えていた。そして、第四の問い「この罪は例外的なものか」に対して、シュペーは「然《しか》り」と答えている[14]。つまりシュペーは魔女の罪を「例外的な罪《クリメン・エクセプトゥム》（crimen exceptum）」とみなしていた。「例外的な罪」とはローマ法の用語で、極めて重い罪でありながら立証が困難な場合、通常の司法手続きを無視して裁判を行うことができるという規定である。

魔女裁判に賛成する悪魔学者たちは、魔女の罪はこの「例外的な罪」にあたると主張し、魔女裁判の非合法性を正当化していた。このような処遇がまかり通っていたのは、魔女の罪の立証が極めて困難だったからである[15]。たとえば魔女として告発された者が現実にサバトに出席したのかどうか、あるいは魔術を行使して実際に人畜に被害をもたらしたかどうかを、明白な証拠をもって立証することは不可能と言ってよかった。したがって、このような罪を裁く場合に、単なる噂を証拠としたり、拷問による自白を根拠とすることが許されたのである。

シュペーは再三にわたって、こうした噂の過信や拷問の頻繁な適用など、魔女裁判において通常用いられていた手続を批判している。つまりシュペーは、魔女の罪が「例外的な罪」であることを認めつつも、ボダンをはじめとする悪魔学者とは異なり、それにもとづく魔女裁判の手続きは批判していたことになる。

シュペーは第五の問い「例外〔的な罪〕に対しては、自由裁量により訴訟を導くことができるのか」に対し、否と答える。なぜなら、「例外であろうと例外ではなかろうと、すべての罪について、正しい理性が認める以外の方法では訴訟を導くことはできない」からだ[16]。

以下、シュペーの魔女裁判手続に対する批判の概要を、具体的に見ていくことにしよう。たとえば、拷問の適用について論じた第二十問（「拷問あるいは審問について気づかれるべきこととは何か。それらのことが、道徳的かつ多大な危険を無実の人々に及ぼしてしまっているのではないか」）のなかで次のように述べている。「拷問に関して私がこれまでに見たり、読んだり、聞いたりした事柄を記憶の中で様々な観点から吟味してみると、疑いもなく拷問こそが、道徳的かつ多大な危険を無実の人々に及ぼし、我々のゲルマニア〔現在のドイツと重なる地域〕を――のみならず、同様に〔拷問を〕試み始めるいかなる国をも――女魔法使いたちと、我々がこれまで耳にしたこともない犯罪で満たしているのである」[17]。

シュペーによれば、拷問こそが、多くの無実の人々に自白を強要し、冤罪を生み、魔女の数を増やしているのだ。シュペーは続ける。「拷問は至る所で並外れて苛酷に行われ、限界を著しく超えた苦痛を生じさせる」。そのため、「少なからぬ女たちが、拷問台の苦痛から逃れるために、犯してもいない罪を自白する。審問官たちが示唆した罪状であれ、自分であらかじめ自白しようと心に決めていた罪状であれ、罪を自ら作り出して偽証するのである[18]」。

魔女の数が増加しているのは、このように魔女として告発された女たちが、拷問の苦痛から逃れるために嘘の自白をしたり、審問官の誘導尋問に従って共犯者の名前を次々と挙げるからにほかならない。たとえば拷問の最中、審問官たちは、サバトで誰それの姿を見かけなかったか、と名指しで被告に尋ねる。被告の女たちは当然、痛みや苦しみに耐えかねてそれを肯定してしまう。こうして魔女の数は増え続けていく[19]。

またシュペーは、裁判自体が単なる噂にもとづいて行われていることに対しても批判を向けている。第三四問「何らかの明瞭で堅固な証明によって支持されない単なる噂は、拷問を行うことの根拠となるか」に対して、シュペーは「ならない」と答える[20]。そして続けて次のように述べる。「一般に今日のあらゆる噂は、諍い・口論・侮辱・中傷・濡れ衣・軽率な判断・予言者のお告げ・嫉妬・子供たちの嘲笑などといったものから発生している。そして〔噂は〕おしゃべりに込められた、他人に害を与えんとする信じがたい欲望によって——この欲望は刑罰によって矯正されることは決してないのだが——きわめて広範囲に広まるのだ」。

こうして、噂にもとづく判断がいかに根拠のないものかを説いた上で、シュペーは当時の状況を憂え、さらに次のように続ける。「それゆえ正しき理性は言明する。〔噂は〕その基礎が不確かなのだから、そのなかに確固たる意義があることなど決してない。我々がこのように最も邪悪な時代に落ち込んでいる

処刑場と拷問・死刑道具（木版画，『ブランデンブルク重罪刑事裁判規則』1517年より）

ことを考えると、私はそのたびに驚愕を禁じえない。至る所に中傷と侮辱が満ち溢れている。我々の身に不吉なことが起こるや否や、それは常に、どこそこの女が我々に魔法をかけたせいだと、大まじめに取り沙汰される」。そしてシュペーは魔女裁判を最終的に次のように断じる。「無分別な裁判の毒液が、秘密裡に撒き散らされているのだ[21]」。

シュペーはこのように、そもそもある人物を魔女と断じる告発の根拠が、悪意や中傷から発した単なる噂であることを指摘し、そのような噂にもとづいた拷問も裁判も不当であると主張する。

ここで、魔女裁判に対するシュペーのこのような批判が、ヴァイヤーたちの魔女裁判批判とは質を異にするものであることに注意したい。シュペーもまた、ヴァイヤーと同様に魔女や悪魔の実在を信じていた。その限りで、二人は時代的・文化的環境を共有していたと言える。しかし、体液病理説と「想像の病」を柱としたヴァイヤーの魔女裁判批判に比べ、シュペーのそれは、あえて言えば、現代にも通用する普遍的内容を持っていると言えるかもしれない。人間の悪意や中傷があらぬ噂や疑惑を作り出してしまうという指摘、そしてそのような噂や疑惑にもとづいた裁判は不当であるという認識は、ある意味近世の魔女裁判の闇を抜け出した、近代的あるいは現代的な法概念とも言えるのではないか。

脱落するメランコリー

ヴァイヤーとシュペーの魔女裁判批判の質的な違いは、両者のメランコリー認識にも関係していると思われる。そこで次に、シュペーがメランコリーについてどのように考えていたのかを見てみよう。これは魔女像の問題に直接関わってくるはずだ。

たとえば第八問「君主たち及びその役人たちは、この罪〔魔術の罪〕を扱う際にどれほど注意深く行動しなければならないか」に対して、シュペーは他の罪以上に注意深く取り組まなければならないと答える。なぜなら、魔術という罪は秘密裡に行われるため、立証が極めて困難だからだ。加えて、シュペーは魔女の具体像を挙げながら次のように述べる。彼女たちは往々にして「妄想を抱き、狂気に満ち、卑しく、おしゃべりで無節操で、狡猾で嘘つきで偽証を弄する女たちである。彼女たちが確かに真に被告であるとすれば、彼女たちはあらゆる種類の犯罪について主人〔悪魔〕から教育された者だということである」[22]。

「妄想」「狂気」という表現は、「メランコリーに冒された女性」を想起させる。しかしシュペーの主張は、ヴァイヤーやスコットの所論とはやや性格が異なっている。まず、シュペーは「妄想 delirae」と「狂気 insanae」以外にも、卑しさ、饒舌、無節操、虚言なども魔女像の要素として挙げており、こうした要素によって魔女の自白内容の信憑性が失われるという点に主眼を置いている。さらに、シュペーは「メランコリー」ではなく、「妄想」「狂気」という言葉を使用している。つまりヴァイヤーやスコットと異なり、彼の主張の重点は「魔女のメランコリー」にはない。

次に第四六問「被告が真に回心したこと、また真実を述べると決心したことが絶対に確かであるならば、少なくともその告発〔共犯の魔女についての供述〕は信じられるか」[23]を見てみよう。シュペーはこの問いに対して、ひとまずは肯定的に答える。しかしすぐに、「しかしながら、物事を注意深く考えたい私も、多少なりと賢明な人々も、これを鵜呑みにはできない」と付け加える[24]。過去の過ちを悔い改め、真実を供述すると誓っているならば、その供述内容は信じるに値するかもしれない。だが、慎重な人士はそこでいったん立ち止まるべきだ。シュペーはそう述べるのである。

シュペーはその理由として三つを挙げる。第一に、魔女の供述には必ず拷問が関係していること。第二に、魔女として告発された者の精神状態に問題があること。そして第三に、供述内容そのものに信憑性がないことである。これら三つの理由は相互に関連させて理解されるべきものであり、シュペーの〈魔女とメランコリー〉をめぐる認識にも関わるものなので、以下詳しく見ていくことにしよう。

シュペーはまず第一の理由について次のように述べる。「裁判官は通常、被告たちが以前に行った告発を撤回した場合、彼女たちに再び拷問を加える。次のことがしっかりと認識されねばならない。刑の執行官たちは、彼女たちを脅迫するのを習慣としているのみならず、根絶されるべき毒麦〔魔女〕に夢中になってしまうその異常な性向によって、熱心に、告発を撤回すれば再び拷問にかけるという警告をあらかじめ発するものなのである」[25]。

供述を撤回すれば再度拷問にかけると仄《ほの》めかされた被告が、仮に「真に回心し、心から悔い改めた」としても、真実を語る保証はどこにもない。それどころか、拷問を恐れる余り、嘘の供述を繰り返す可能性の方が高い[26]。

このように魔女裁判における拷問を批判する点が、シュペーの魔女裁判批判の特徴である。拷問の問題が第一の理由として取り上げられているのも、シュペーの関心の強さを示している。拷問批判を中核とするこのような論法は、〈「メランコリーに冒された老女」としての魔女像〉を重視するヴァイヤーやスコットとは大きく異なっている。

そして、続く第二の理由においては、シュペー自身の魔女像が示されつつ魔女裁判批判が展開される。

拷問の準備（木版画，『バンベルク重罪刑事裁判規則』1508年より）

シュペーは次のように述べている。「〔共犯者を〕告発する魔女がどれほど心から悔悟しているとしても〔…〕、そして彼女がどれほど告発したいと切実に思っているとしても、魔女たち自身が欺瞞の危険性を孕むがゆえに、その告発は偽りである。なぜなら彼女らは、必ずしも現実に空中を運ばれて集会やそこでの踊りに加わってはおらず、しばしばそれらはただの想像によるものであることが知られており、またこれは私の敵対者すら認めている見解だからである」[27]。

魔女の供述内容は到底信用できない、なぜなら、たとえばサバトへの参加ひとつとってみても、魔女の「想像」の産物に過ぎないからだ——このくだりもまた「メランコリーに冒された魔女」を想起させる。しかもこの直後に、「想像」と悪魔の関係についての説明が続くのである。しかし次に述べるように、このことをもってシュペーが〈魔女とメランコリー〉の関連性を重視していたと言うことは難しい。

確かに、シュペーは上記引用箇所に続けて、「悪魔が自身の力によって、あるいは自然の薬剤を使用することで様々な幻想をかき立てると、〔魔女たちは〕実際には全く現れても行われてもいないことを、実在するとか、見たとか、行ったとかと思ってしまうのである」[28]と述べており、ヴァイヤーやスコットの説明に似通っているように見える。シュペーもある程度は当時の一般的な魔女像を念頭に置いていたのかもしれないし、彼が同時代の高名な悪魔学者であるヴァイヤーやスコットの主張を知らなかったとは考えにくい。

だが、ここで注意すべきは、シュペーがメランコリーあるいは黒胆汁を魔女と関連づけていないことである。それは体液病理説そのものに対する無関心と言い換えてもよいだろう。シュペーの魔女像は、ヴァイヤーやスコットの魔女像と似てはいるが、重要な一点において決定的に異なっているのだ。その一点とは言うまでもなく、シュペーの魔女像からメランコリーという要素がほとんど抜け落ちているということである。ここまで見てきたように、シュペーは魔女とみなされた者たちの「妄想」「想像」「狂気」についても言及するが、そのさい「メランコリー」や「黒胆汁」はもとより、その基盤である「体液」という言葉も一切使っていない。

たとえばシュペーは、魔女として告発された者が「幻想 phantasmata」と「現実の事柄 res veras」の違いすら十分に区別することができないことについて、次のように説明する。「我々は実際には眠っているときに夢を見て、その間は全く眠っていないように感じているが、目を覚ませばただ夢を見ていたのだということをきわめて的確に識別できる。我々は普通、目覚めているときには夢見と覚醒をはっきりと区別できるのだ。しかし、別の状況ではそれ〔夢見と覚醒の混濁〕は確かに起こりうるのである」[29]。「別の状況」とは魔女が関わる場合であり、シュペーはさらに次のように説明を加える。「無数の技を持つ詐欺師である悪魔は、現実の事柄と偽りの事柄〔幻想〕の区別がついていない彼の奴隷たちを混乱させる」。そして「彼の奴隷たち」とは、「第一に妄想を抱いた女たち、あるいはその自然の性別に由来する精神錯乱の傾向がある女たちである」。かくして「かの詐欺師は、その悪質なる行為を、〔妄想と狂気に囚われた女たちという〕適した材料を得て、より容易に行うことができる」[30]のである。

　魔女とみなされた女は、悪魔によって自分が見ても行ってもいないことを、実際に見たり行ったりしたと信じ込まされている。さらにそうした女たちは、自身が元々抱いている妄想や精神錯乱のために、悪魔に利用されやすくなっている。この説明はヴァイヤーと似通っている。しかしシュペーの言説の中に、「メランコリー」という言葉は現れない。シュペーは「精神錯乱」を説明する際にも、「その自然の性別に由来する精神錯乱の傾向」という表現を使用し、体液病理説とそれにもとづくメランコリーの概念は持ち出さない。シュペーの魔女像からは、明らかに「メランコリー」の要素が脱落しているように思われる。

　最後に、第三の理由について見てみよう。シュペーはティティアとガイアという名の魔女を例に引きながら、サバトへの出席が立証されうるかどうかをめぐり、次のように述べる。サバトに出席したことを立証するためには、裁判官はまず何よりも「たとえばティティアが、集会〔サバト〕でガイアを見たと告げたときに嘘をついていないこと」を確定しなくてはならない。さらに、「ティティアが集会でガイアを見たのなら、ガイアも実際に集会に出席していたということ」をも、立証する必要がある。これは言葉を換えれば、悪魔がガイアの姿に身をやつしてティティアを欺いたのではないことを立証しなければならない、ということである。[31]

魔女の供述の内容が正しいと判定するためには、その魔女が嘘をついていないことが立証されなければならないが、これは不可能に近い。なぜなら、その魔女がサバトで目撃したという人物が悪魔の変身した姿でないとは決して言い切れず、もしそうであった場合は、当該の魔女はそれを見抜くことができず、結果的に嘘をつくことになるからだ。シュペーはこのように述べて、魔女の供述にはそもそも信憑性がないと断じるのである。

このように、シュペーにとって、魔女裁判批判の根拠として重要なのは（ヴァイヤーやスコットが拠っていたような）魔女像ではない。シュペーにとって最も重要な根拠は、拷問とそれによる偽りの自白をもとにした裁判手続の不合理性であった。確かに、精神的問題を抱えた魔女のイメージをめぐるシュペーの記述は「メランコリーに冒された魔女」を想起させないわけではない。しかし、シュペーの手法はヴァイヤーらと異なり、魔女像ではなく現実の司法を批判の対象とした点が特徴的であると言えよう。

切断される「魔女と貧民」

ところで、「魔女と貧民」の関連性については、シュペーはどのように考えていたのだろうか。以下に見るように、シュペーは確かに魔女と貧困を関連づけて述べている。しかしその内容は、魔女＝貧民という図式にもとづいたものではない。

第十五問「君主に対して魔女裁判の実施を唆すのはどのような人々か」に対し、シュペーはその筆頭として「神学者と高位聖職者」を挙げ、こう語る。「外界〔俗世〕で何が起きているのか、牢獄の悲惨さがどのようなものなのか、鎖の重さがどれほどか、拷問道具にはどのようなものがあるのか、貧しい者たちがどんなことで悲嘆に暮れているのか等々について、〔神学者と高位聖職者の〕経験は決して教えることがない。こうした人々にとって、囚人を訪問したり、乞食と話したり、貧しい者たちの嘆きに耳を貸したりすることは、価値や、志すべき任務に反することなのである」[32]。

ここでは、魔女の具体像は、「乞食」「貧しい者たち」として描写されている。

別の例を見てみよう。第三五問「現代の君主は、誰かから厳しく迫られることなしに、自発的に中傷者や讒訴《ざんそ》者に対して備える義務があるか」に対し、シュペーは次のように答える。ある者が中傷や讒訴によって魔女として裁かれる可能性がある場合、君主はそのような中傷や讒訴を毅然とした態度で斥けなければならない。その理由はたとえば、「多くの貧しく、卑しい、愚かな魂の女たちが、〔訴訟〕費用の不足から、あるいは噂への無関心や無知から、讒訴されてもそれを告訴しようとしない。そして、訴訟に巻き込まれるよりも、むしろ侮辱を受ける方を選び取ってしまうからである」[33]。

シュペーが魔女を貧困と関連づけて描写している箇所はほかにも見られる[34]。ただし、ここで改めて注意しておきたいのは、シュペーの論を追う限り、彼の魔女裁判批判においては、「貧民」の要素を持った魔女像が構築されているのではなく、単に「魔女とみなされている者の多くは貧しい」という叙述がなされているだけだということである。つまり、シュペーの魔女像では、「魔女＝貧民」と言えるほど貧民の存在は重きをなしていない。

また、シュペーの魔女像においては「老女」の影も薄い。これは彼が聴罪司祭として実際に対面した被告魔女の実態と関係しているのかもしれない。また、インディオとの関連性については言及がなく、シュペーがどう考えていたかはわからない。

『犯罪への警告』はこのように、前章までに見てきた悪魔学論文とは明らかに趣を異にしている。ここからは、魔女像の変容、およびそれと不即不離の関係にある魔女裁判批判の方法の変化が、この十七世紀第2四半期という時期に起こっていたことが推測される。次節ではこの点を、もう一つの史料を材料に探ってみよう。

2 メランコリーの爛熟

バートンの来歴と『メランコリーの解剖』

ロバート・バートンは一五七七年頃、イングランド・レスター州のリンドリに郷士《エスクワイア》の子供として生まれた。ウォーリック州サトン・コールドフィールドの自由学校とナニートンの古典文法学校で学んだあと、一五九三年からはオックスフォードのブレイスノーズ学寮で、九九年からはクライスト・チャーチ学寮で学んだ。一六一四年には神学士の学位を得、一六年にはオックスフォード西郊の聖トマス教会の教区司祭に任命された。一六二六年以降はクライスト・チャーチ学寮の司書を務め、一六三〇年頃にはレスター州セグレイヴの教区司祭に就任した。[35]『メランコリーの解剖』の初版は、聖トマス教会の教区司祭を務めていた時期に出版された（一六二一年）。

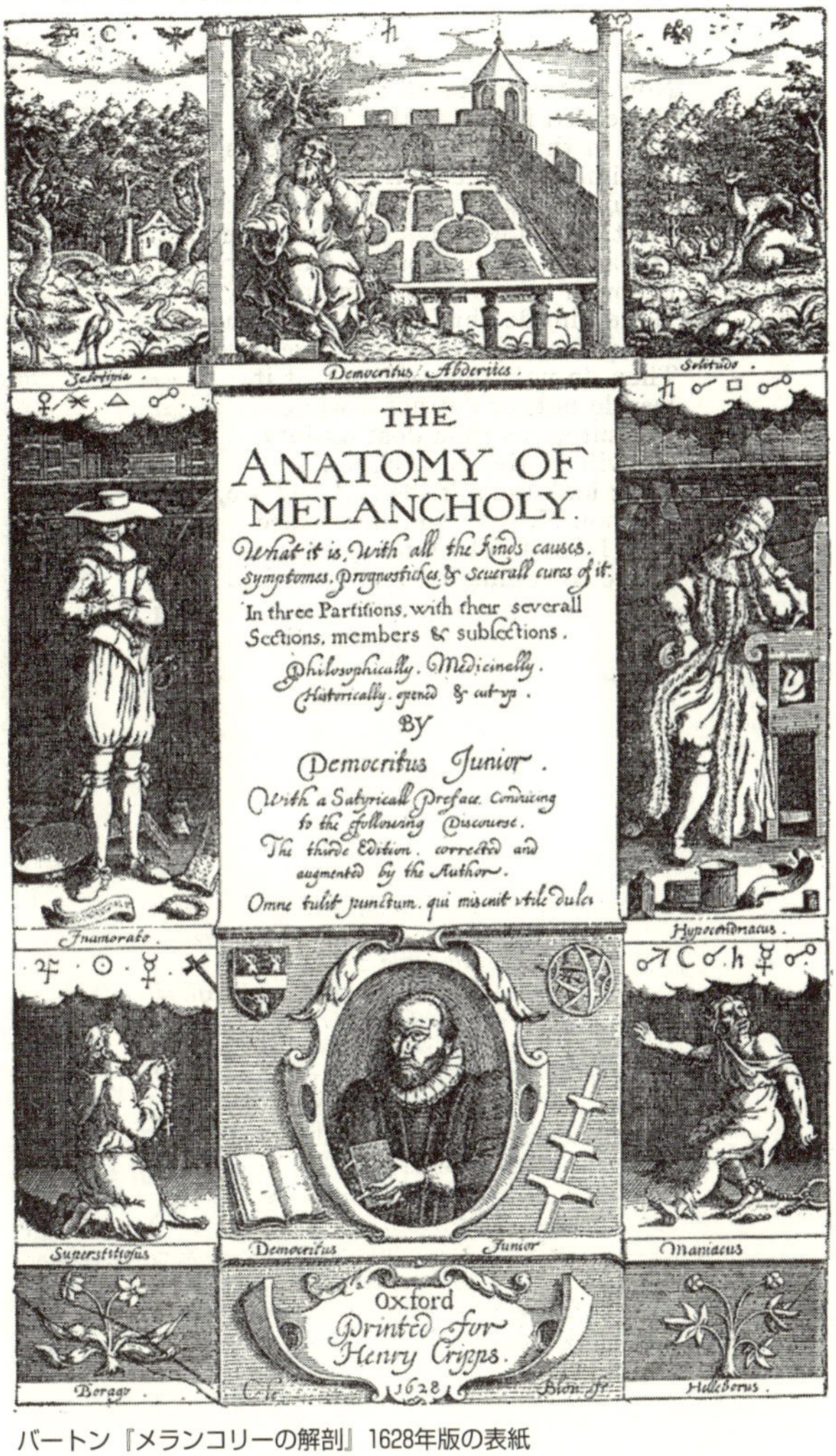

バートン『メランコリーの解剖』1628年版の表紙

『メランコリーの解剖』はその書名が示す通り、古今のメランコリー論を集めて詳細な解説を加えた大著である。この書物については、W・レペニースのように「千もの著述家が、たいていは典拠の疑わしい、ほとんど信頼しがたいかたちで引用されているし、八つ折り版で一〇三六頁もあり、『ルネサンス学の百科全書』と名づけられた（＝通称がつけられた）のも過言ではない」（ここでの「ルネサンス学」には否定的ニュアンスが含まれ、一種の揶揄と思われる）というやや批判的な評価がある一方で、B・G・リヨンのように「メランコリーを扱った十七世紀の書物のうちで、もっとも野心的な作品である」という肯定的な評価もある。[36] 確かに、バートンの博引旁証の様は常軌を逸している感があり、レペニースの批判にも一理あることは否めない。しかしながら後ほど述べるように、十七世紀の第2四半期にこのような「メランコリー大全」とも呼べる書物が著されたこと自体が、この時期における西欧社会のメランコリー観について多くのことを教えてくれる。

ところで近世西欧において、メランコリーを論じている書物はほかにも数多く出版されていた。すでに本書の第1章で述べたように、ルネサンス期以降の西欧ではメランコリーというテーマの流行が見られた。

十六〜十七世紀の西欧では、メランコリーは体液や気質、習慣や振る舞いといった相互に重なり合う問題を扱った多様な書物の中に登場する。[37] 十六世紀を通して多数出版されていた医学書（体液病理説を論じたもの）としては、サー・トマス・エリオットの『健康の城』（一五三九年）やアンドルー・ブアードの『健康の日課書』（一五五二年）、フィリップ・バローの『医術の方法』（一五八三年）などに、様々な病気のうちの一つとしてメランコリーが言及されていたようだ。[38]

人間の性質や振る舞いについて論じた書物は、十六世紀末から十七世紀初頭に増え始める。たとえばピエール・ド・ラ・プリモディの『フランス・アカデミー』（一五九四年）、トマス・ライトの『心の情念概論』（一六〇一年）、ピエール・シャロンの『知恵について』（一六〇六年）、F・N・コッフトーの『人間の情念の図』（一六二一年）などに見られるメランコリー観は、医学的なものというよりは道徳的なものであった。これらの書物においては専ら、悲しみや怠惰と結びついたメランコリー、すなわち否定的価値をもつメランコリーが俎上に上げられていた。メランコリーは理性によって統御されなくてはならない情念の一つであり、人間のよき性質や振る舞いに反するものと認識されていたのである。[39]

さらにメランコリーは、心の働きと病に関する書物においても論じられた。たとえばレウィニウス・レムニウスの『体質の試金石』（一五六五年）、ティモシー・ブライトの『メランコリー論』（一五八六年）、ジョン・ウアルテの『人間の精神についての検査』（一五九〇年）、アンドレ・デュ・ロランスの『視力の予防、すなわちメランコリーの病・リュウマチ・老年の予防に関する論述』（一五九四年）、ジャック・フェランの『愛の本質と治癒についての論述、あるいは性愛のメランコリーについて』（一六一〇年）などが挙げられる。[40]

以上のようなメランコリーに関する書物の刊行状況をふまえた上で考えると、一六二一年初版のバートンの『メランコリーの解剖』は、内容および分量、また引用されている先行文献から判断して、近世西欧におけるメランコリー論のまさしく到達点とみなすことが可能である。

『メランコリーの解剖』は初版後、一六二四年、二八年、三二年、三八年、五一年、六六年、七六年と十七世紀中に計七回改訂版が出版されている。そして、先に述べたようにバートンは死去する四〇年まで版ごとに加筆修正を行っており、初版と五一年版を比較すると六〇％の頁数の増加がみられるという[41]。これは、当時のイングランドでいかにメランコリーへの関心が高かったか、またメランコリーがいかに論争的なテーマであったかを示していよう。

本書で使用する一六五一年の第六版は、三部立て構成（総頁数一三〇〇頁）で、第一部ではメランコリーの原因と兆候、第二部ではその治療法が主に論じられ、第三部では「愛のメランコリー」が考察されている。以下でその内容を、魔女の問題に即しつつ見ていくことにしよう。

相対化される魔女像

まず、『メランコリーの解剖』において、魔女像がどのように描かれているのかを見てみよう。たとえばバートンは次のように述べている。「この自然の病気〔メランコリー〕は、老女において最も著しい。そうした老女たちは、貧しく孤独で、最も卑しい評価のうちに暮らす者、つまり乞食か、もしくは魔女である[42]」。

ここでは、メランコリーは老女にもっとも親近性があり、さらに貧民と魔女とも関係していることが述べられている。魔女・貧民・メランコリーの相互関連性は、悪魔学に限られた主題ではなかったのだ。

しかしここでは、メランコリー・老女・魔女・貧民の要素すべてが、一体のものとしては捉えられていないことに注意しておきたい。バートンの議論においては、メランコリーは老女に著しいが、その老女とは具体的には貧しい者、もしくは魔女なのだ。ここでは貧民と魔女は別々に捉えられている。

さらに、メランコリーが「自然の病気」と表現されていること、魔女は登場するものの、メランコリーと悪魔との親近性については記されていないことにも注意したい。

バートンは別の箇所で、メランコリーの原因を細かく分けて論じている。まず「一般的な」原因、「特別な」原因、「必然的な」原因に大別した上で、さらにそれぞれを細分化していく。「一般的原因」は「超自然的原因」と「自然的原因」、「特別な原因」は「心気症的原因」をはじめとする種々の原因、「必然的な原因」は食事、排泄、運動、睡眠などに分けられる。そしてこれらの細かい原因がさらに分化していくのである。[43] バートンは、メランコリーを引き起こす原因は多種多様で、そのメカニズムは極めて複雑だと考えていたようだ。

この中でバートンは、悪魔を「超自然的原因」に分類している。ここから考えると、右の「自然の病気」という表現は、明らかに「メランコリー」と「悪魔」の間に隔たりが生じたことを表している。実際、バートンはメランコリーと悪魔が親近性を持つという見解に関して、次のように反駁してもいるのだ。「メランコリーに冒された人々は、悪魔の誘惑と幻惑に最も惑わされやすく、〔…〕彼らは悪魔の最も与しやすい相手である。しかしながら、それが妄想なのか憑依なのか、あるいはそうしたものではないのか、私は決定しないでおく。それは難しい問題なのだ」。[44] バートンは、メランコリーが悪魔と必ず結びつくものかどうかについて判断を保留しているのである。

さらに、バートンの「自然」という言葉は、スコットが述べたような、メランコリーの問題に特化したある種の自然のプロセス、すなわち老女の閉経に伴う黒胆汁増加という現象だけを意味しているのではない。バートンが挙げている「自然的原因」の下位区分には、遺伝、貧困、近親者の死など様々な原因が詳説されており、老化と閉経に伴う黒胆汁の増加は、多数ある「自然的原因」の一つにすぎない。

「私は決定しないでおく。それは難しい問題なのだ」という言葉に端的に表現されているように、バートンはメランコリーの様々な解釈の中から一つを選ばず、また特定の解釈のみを軽信しなかった。そして一つの解釈を論じるときには、必ずその解釈と対立する見解をも併せて紹介した。そのことが、当時存在していた多様なメランコリー観を並列的に論じることにつながり、結果的にこの本が種々雑多なメランコリー論の寄せ集めという誹りを受けることにもなった。しかし、バートンの手法には懐疑の態度が貫かれており[45]、『メランコリーの解剖』においては、「あらゆる情報・見解の並置とその相対化[46]」が行われていると言えるのである。

こうしたある種の相対主義は、〈魔女とメランコリー〉の関係についての記述にも見られる。バートンは、この関係をめぐって対立するヴァイヤーとボダンそれぞれの見解を、次のように並置的に紹介している。

「彼女たちは全く罪を犯していないし、何か不可思議なことをなしてもいない。したがって、彼女たちは単に傷つけられた幻想を抱いているにすぎないと考えられる」（とヴァイヤーは『魔女について』第三巻第三六章において述べている）。つまり彼女たちは、不可思議なことを何ら行ってはおらず、彼女たちの脳が狂っているだけなのだ。「彼女たちは、自分が魔女であり損害を与えることができると思っているが、そうではない」〔同じくヴァイヤーからの引用〕。しかるにこの見解に対してボダン、〔トマス・〕エラストゥス、〔ランベール・〕ダノー〔いずれも当時の悪魔学者〕〔…〕は詳細な論駁を加えている。〔だが実は、〕魔女たちがメランコリーであることを彼ら〔ボダンら〕は否定してはおらず、〔魔女の所業は〕腐敗した幻想だけからくるものではない〔と考えている〕[47]。

このように、バートンは魔女裁判批判派のヴァイヤーの見解を紹介したあと、これに反対するボダンら魔女裁判賛成派の主張にも言及しているが、どちらの立場が正しいという価値判断をバートン自身は行っていない。まさしく両論を並置し、相対化していると言える。

右の引用文中、バートンが、「ボダンたちは魔女がメランコリーであることを否定していない」とみなしている点に注意したい。すでに第2章において、ボダンが〈「メランコリーに冒された老女」としての魔女像〉を認めていたということを明らかにしたが、同時代のバートンもそのように考えていたわけである。

次に、サバトに関する記述を見てみよう。前述の例と同じようにサバトをめぐり想像説と現実説が併記されており、相対化はここにも看て取ることができる。「当代における魔女たちと悪魔たちの、よく知られている件《くだん》の集会ないし集まり[48]」すなわちサバトに関して、バートンは次のように述べる。「ヴァイヤー〔…〕をはじめとするある人々が、悪魔が女性と肉の交わりを行うことを頑強に否定していることを私は知っている。また悪魔はそのような事柄に満足をおぼえないし、それらは単なる幻想であり、インクブス〔男の夢魔〕やスクブス〔女の夢魔〕に関するあらゆる話は嘘で作り話であることを知っている。しかしアウグスティヌスは『神の国』第十五巻でそれを認めている。またエラストゥスや〔…〕ヤーコプ・シュプレンゲル〔…〕、ボダンはそれを証明している[49]」。

バートンは当然、悪魔との性交をはじめとする魔女の諸行為が想像であると唱えるヴァイヤーの見解と、その現実性を説くエラストゥスや『魔女の槌』の著者ヤーコプ・シュプレンゲル、そしてボダンの見解の双方を知っていた。そして、いずれかの立場に与することなく、想像説と現実説を併記するのだ。このようなバートンの姿勢からは、彼の時代にはすでに、サバトをめぐってある程度客観的な（宗教的な固定観念や価値判断からある程度自由な）認識が可能となっていたことがうかがわれる。そしてこのことは、十七世紀第2四半期において、魔女像および魔女信仰概念が着実に解体しつつあったことをも意味しているのではないだろうか。

貧困への関心

バートンにおいて魔女像が解体しつつあったことは、魔女像を構成する諸要素が、魔女と結びつけられることなく個別に詳しく記述されていることからも確認できる。

「貧民」については、すでにふれたように、魔女と老女に関連づけた記述はあるが、魔女・貧民・老女の特に緊密な関連を示唆するような記述は見られない。一方で、「貧民とメランコリー」が関連づけて論じられている箇所は散見される。

第一部の「貧困、貧窮、メランコリーの原因」[50]の項では、メランコリーの原因としての貧困が論じられている。バートンは貧困について次のように述べる。「貧困および貧窮は、あまりに暴力的な攻撃者であり、歓迎されざる客人であり、すべての人々から忌み嫌われている。したがって、貧困ないし貧窮を個々に説明しないわけにはいかない」。これは、当時のイングランド社会において、貧困と貧民の増加が問題化していたことをうかがわせる言葉である。

続いてバートンは、当時の貧困観について次のように述べる。「貧困は、（賢明で理解力があり、真に改心し満ち足りた人にとっては、正しく考えるならば）《神の贈物《ドヌム・デイ》》、祝福されし状況、クリュソストモス〔名説教で知られた四世紀の神学者・説教者。クリュソストモスは「黄金の口」の意〕に倣えば天国への道、神の贈物《ゴッズ・ギフト》、あるいは謙遜の母であり、富裕よりも望ましい、素晴らしきことであるが、（本書後段で示されるところでは）世の非難を浴びているごとく、それは最も不快な職業であり、卑しく下劣で厳しい拷問であり、《最大の犯罪》にして、最も耐えがたい重荷である」[51]。

《神の贈物》としての貧困という考え方は、第3章で見たような中世における肯定的貧民観と関係している（111頁参照）。バートンはここでも、否定的な貧困観・貧民観も併せて紹介することを忘れない。しかしここからは、バートンが否定的貧困観の方により関心を傾けており、貧困問題を憂慮していたことが読み取れる。たとえば文中の「本書後段」[52]はこの後の第二部の「貧困と貧窮およびそれに類するその他の不幸に関して」という項を指しており、その冒頭にはこう記されている。「世評によれば、人に降りかかりうる最大の不幸の一つは貧困と貧窮であり、それは人をして盗みをさせ、嘘の証言をさせ、罰当たりなことを口走らせ、偽証させ、論争させ、人殺しをさせ、反逆させる。また眠りを妨げ、死すらも引き起こす」[53]。実はこの項では肯定的貧困観が詳細に紹介されているのだが、その冒頭でも、バートンはこのようにまず否定的貧困観について述べずにはいられなかったようである。

第3章で詳しく見たような貧困の問題は、バートンが生きていた当時のイングランド社会でも依然として深刻であり、こうした否定的貧困観が支持されざるをえない社会状況だった。バートンも、貧困や貧民の問題をイングランド社会の深刻な危機として憂えていたのだろう。

近世に進展しつつあった資本主義のもとでは、「貧しい人々はメランコリーの格好の餌食にならざるをえない」とバートンは考えていた。[54] 彼は貧民人口の増大について次のように述べている。「我々の〔イングランドの〕諸都市の中で、都市としての面子《めんつ》を保っているのはひとり『ロンドン』だけである。それは『ブリテン島の縮図』であり、有名な『商業中心地《エムポリウム》』であり、海外のどこにもひけをとらない高貴な市場である。だがこの都市は、『他の諸都市を犠牲にして成長しているに過ぎない』。しかも、私の貧しい知見にもとづくかぎりではあるが、ロンドンにはいまだ多くの点で欠陥がある。残りの諸都市は、（〔ヨーク、ブリストル、ノリッジ、ウォルチェスターなどの〕若干の都市を除いて）みすぼらしい土地であり、ほとんどの地域が荒廃しており、貧しく、乞食であふれている」[55]。

バートンは、貧民人口増大の問題がイングランドのみに限定されるものではないことも理解していた。右の引用の少し後のところで、彼は次のように述べている。「実を言うと、他の国々においても同じ苦痛の種がある。しかしだからといって我が国の状況が是認されるわけではないが。〔いずこにも〕貧困、欠乏、凶行、怠惰なのらくら者、騒動、不和、論争、訴訟があり、そうした事柄に対して多くの法律が作られ、その結果数え切れない口論や訴訟、また服装や食事における不節制、耕作の衰退、人口の減少が抑制されている。とりわけドイツ、フランス、イタリア、ポーランドの至る所にうようよしているごろつきや乞食、またエジプトの放浪者（少なくともそう呼ばれている）〔ロマ人のこと。かつては「エジプト人」＝ジプシーと呼ばれていた〕を対象とする法律である」[56]。

ここまでの引用から明らかなように、バートンが「貧困とメランコリー」について論じる場合、貧民人口の増大という、当時イングランドだけでなく西欧全土で深刻化していた社会問題に対する関心が、議論の基盤にあったと言えるだろう。思うに、このような議論の流れの中に、「魔女」の問題は入り込む余地がなかったのかもしれない。だがいずれにせよ、十七世紀第2四半期の時点において、「魔女と貧民とメランコリー」の結びつきが、それ以前に比べて相対的に弱くなっていたことは確かだろう。

インディオの要素の相対化

では、インディオについてはどうだろうか。『メランコリーの解剖』の中に、魔女・インディオ・メランコリーの関連性を明言している箇所は見出せないが、「インディオとメランコリー」の関連性については何度かふれられている。ただ、以下で見るように、この二者の関連性についても、バートンはそれほど関心を払ってはいなかったようである。

「宗教的メランコリー」について論じた第三部後半の部分を見てみよう。宗教的メランコリーの「一般的症候」に関する箇所では、特定の宗教や宗派を狂信的に愛することが、良くも悪くもメランコリーの症候にほかならないと述べられている。バートンは言う。宗教的メランコリーに冒されるのは、異端を含むキリスト教徒だけではない。ムスリム、ユダヤ教徒などの異教徒も冒される。インディオも例外ではない。

さらにバートンは次のように述べる。メキシコでは、インディオたちは「毎日『生きている体から裂き取られた新鮮な人間の心臓を』――〔…〕まだ生きている人間の心臓であり、年間二万人――小麦粉と人間の血で作られた偶像に捧げていた」[57]。ここでは、インディオの残虐極まりない生贄の行為、それを偶像に捧げる狂信性が、メランコリーと関係するものとして述べられている。

次に、ボダンも論じていた気候風土論についてふれた箇所を見てみよう。第一部「メランコリーの原因となる悪い大気」の項では、呼吸によって人体に取り込まれる大気がメランコリーに影響を及ぼすことが述べられている。

> 大気が暑すぎたり、乾きすぎていたり、濁っていたり煤けていたり、曇りがちであったり荒れ狂っていたり、あるいは大嵐だったりすれば、通常、不快感が生じる。ボダンは『国家論』第五巻第一章と、歴史の方法を論じた書〔『歴史方法論』〕の第五章において、暑い国々はメランコリーに最も悩まされること、それゆえスペイン、アフリカ、小アジアには膨大な数の狂人が存在し、著名なあらゆる都市では狂人のための特殊な慈善施設の建設を余儀なくされていることについて証明を行っている。[58]

バートンは、ボダンの気候風土論を引証しながら、ボダンが『国家論』で詳しくふれたブラジルのインディオ（163頁参照）については言及していない。たまたま見落としただけとは考えにくい。というのもバートンは、他の箇所でも次のように記述しているからだ。

> ボダンは、『歴史方法論』第五章において、〔嫉妬の〕大きな原因は土地あるいは気候であるとしており、この主題についてこの書の中で十分に論じている。曰く、南部の人々は北部の人々よりも熱があり、好色で嫉妬深い。彼らは故郷の暑い気候の中ではほとんど自制することができず、驚異的

な肉欲に最も陥りやすい。レオ・アフリカヌス〔一四九四～一五五〇頃。グラナダ生まれのアラブ人の旅行家・地理学者〕は、アフリカの彼の同郷人、とりわけカルタゴ周辺に住む人々の肉欲と嫉妬について、ほとんど信じられない事例を挙げて語っている。そしてその記述はアジア、トルコやスペイン、イタリアの人々について、あらゆる地理学者が語っているのと同じ内容である。[59]

ここでも、南の地方に関する記述であるにもかかわらず、ブラジルのインディオは登場していない。これは意識的にふれるのを避けたというよりは、バートンが「インディオとメランコリー」の関連性にさほど関心を払っていなかった証左かもしれない。このことは、次に見るようにインディオの食人についての記述からもさらに確かめられるだろう。

バートンはメランコリーの原因として、食べ物の質や量について説明したあと、「ある種の例外を認めないような規則は、あまり一般的ではない」と述べ、各国や地域に古くから伝わる食習慣について論じる。バートンは、「〔食に関わる〕習慣が〔メランコリーを〕ある程度紛らせ、和らげる」と言い、食習慣が国や地域で様々に異なること、ある食べ物がある民族にとっては美味で健康によいものであっても、別の民族の舌には合わず、病気を引き起こすこともあるといったことを、多くの例を挙げて説明する。たとえば「スペイン、イタリア、アフリカでは、人々は多くは根菜類や生のハーブ、ラクダの乳を摂取する。それらが彼らの体に合っているのである。しかしよそ者にとっては、こうした食物は大きな不満の種となるだろう」[60]。

「インディオの食人行為」は、こうした国・地域ごとに異なる食習慣の一つとして並列的に言及されている。

アメリカ大陸の多くの場所では、根菜類が我々にとってのパンであり、パルメットヤシ、パイナップル、ジャガイモのほか果物が肉にあたる。そしてこの土地の人々のなかにも、生涯を通して、すすんで海水を飲用に常用し、生肉や草を食べる者がいる。またある種の魚や蛇、蜘蛛を食べる者もいる。そしていくつかの場所では、彼らは人間の肉を生で、また炙って食べる。皇帝のモクテスマ〔二世。一四六六〜一五二〇。アステカ帝国第九代皇帝〕すらそうしていた。[61]

バートンの中では、インディオの食人は、生肉や蛇を食べることと並置される彼らの食習慣の一つに過ぎなかったようである。

このようにバートンにおいては、インディオの生贄や食人の行為およびそれとのメランコリーの関連性が相対化されていると言える。バートンから約七〇年遡るボダンの場合、インディオの食人とメランコリーは密接な関係にあった。しかしバートンの『メランコリーの解剖』では明らかに、両者の結びつきは弱まっている。ちなみにサトゥルヌスに関しても、バートンにおいてはやはり魔女像と関わる形では言及されておらず、描写も数度にとどまっている。

メランコリーの「解体」

以上、バートンの『メランコリーの解剖』の検討によって、「魔女・貧民・インディオ・メランコリー」の相互関連性が希薄化していることが確認できた。

この十七世紀中葉という時代には、メランコリーという主題が、それをめぐって一三〇〇頁にも及ぶ大著を著すことが可能なほどに豊穣化しており、人々の関心も高かった。しかし先にも述べたように、『メランコリーの解剖』は、およそ体系的な記述がなされているとは言い難く、魔女や貧民、インディオについても、メランコリーという概念を軸にまとまりのある形で説明されているわけではない。この書物は、メランコリーを「解剖」したというよりは、「解体」したものと言えるかもしれない。メランコリーに関係する様々な事象が手当たり次第に網羅的に集められ、陳列されることで、「メランコリー」という概念自体は無限に拡散し、正体を失っていく――そのように評しても言い過ぎではない。

このような著述の手法は、何を意味しているのだろうか。これを単に著者バートンの個性ないし特質に還元させることなく、この書物を可能ならしめた当時の社会・文化的背景に注意を払いつつ考えてみよう。

『メランコリーの解剖』の内容と手法、それはメランコリーという概念が、十七世紀中頃にその意味の増殖と多岐化の一つの極点に達し、「メランコリーの爛熟期」を迎えたことを意味しているのではないだろうか。

爛熟のあとに来るのは腐敗である。腐敗とは衰退であり拡散でもある。『メランコリーの解剖』の中で、「魔女・貧民・インディオ」がメランコリーを軸に体系的・一体的に記述されていないのも、あらゆる事象がランダムに集められているように見えるのも、この爛熟から衰退・拡散への過程を表していると言えるかもしれない。それはこの時代、ことほどさようにメランコリー概念が多様化し、飽和状態になっていたことの現れでもあろう。

この仮説について、『メランコリーの解剖』から例を挙げて補足しておこう。この書では、メランコリーが「病気」からある種の「気分」に次第に変化していることがみてとれる。たとえばバートンは、「この世のすべての人々がメランコリーに冒されている」と何度か述べているのである。さらに、「想像するか、あるいは山に登って眺めてみればよい。ただちに全世界が狂っている、すなわちメランコリーに冒されており、耄碌していることに気づくであろう[62]」という記述もある。あるいは次のようにも言う。「諸王国、諸地方がメランコリーに覆われていることに気づかれるだろう。都市、家族、植物性のもの、分別をそなえたもの、理性的なもの、およそ種類を問わずすべての生き物が、またあらゆる種類、派閥、年齢、身分の者が狂っているのだ[63]」。

このようにバートンは、メランコリーを体液病理説の側面からのみ捉えていたのではなかった。メランコリーはバートンにとって、「人間および人間社会のあらゆる不合理、矛盾、愚行のメタファーとして」用いうるものだった。そしてこの世に見出される貧困の悲惨や、当時のカトリック信仰や非国教化も、バートンにとってはメランコリーとして認識すべき現象だった[64]。彼にとってメランコリーとは、黒胆汁が増加した者だけに特有の「病気」ではなく、すべての人間、そして社会をも襲う「気分」だったのである。このようなメランコリーについての認識の変化には当然、医学的には体液病理説の地位の低下（これについては次章で詳説する）が関係していると考えられる。そして、本書の関心に即して言えば、こうした言わば「社会のメランコリー化」が、先に見た概念の爛熟・衰退・拡散と表裏の関係にあると思われるのである。

本章では、シュペーとバートンの著作を分析・検討することによって、十七世紀第2四半期における魔女像の変容を辿った。二つの著作から共通して読み取ることができるのは、魔女の表象つまり魔女像の解体であった。これはやや射程を広げれば他者像の解体とも言える。

それでは、なぜこの時期に魔女像＝他者像が解体していったのであろうか。次の最終章ではこの問題を、同時期の西欧における医学および、貧民とインディオの表象をめぐる状況変化との関わりから検討していくことにしたい。

第6章

近代へ——「他者としての魔女」像の解体

上：処刑された者の墓を暴き，魔術に使うための遺体を盗み出す魔女たち／下：子供を炙ったり煮たりして，サバトの食事を用意する魔女たち。子供の肉はまた，魔女が空を飛ぶ時に箒や股間に塗る軟膏の材料としても使用された（グアッツォ著『悪行要論』1626年より）。

本書で問題にしてきた魔女像とは、「メランコリーに冒された老女」であり、さらにそこに貧民の「貧困」とインディオの「食人」の要素が融合したものであった。

この最終章では、前章で見た十七世紀第2四半期におけるこうした魔女像の解体のプロセスを、当時の社会的条件の下でこの魔女像を構成する各要素に起きた変化から改めて解釈してみることにしよう。これによって、〈魔女像の解体〉とともに訪れる魔女裁判時代の終焉、さらには近世西欧における〈他者像の解体〉と〈新たな他者像の創出〉という問題にまで辿りつければと思う。

以下、まず我々の魔女像を構成する三大要素である「メランコリー」「貧民」「インディオ」のイメージが、十七世紀第2四半期にいかなる変化を遂げつつあったのかを検討する。次に、それらの変化が意味するものを〈想像と現実の分離〉と〈他者像の分解〉として捉え、この分離と分解の内実を検討していくことにしたい。

1 医学の変容

科学革命と医学

メランコリーは近世の魔女像の中核をなし、魔女像を基底で支えるものであった。しかし十七世紀第2四半期に入ると、極めて緩慢な動きではあるが、メランコリーの解釈のしかたに変化が現れてくる。そしてこの変化は言うまでもなく、体液病理説そのものの変化と密接に関係している。

それまで約二〇〇〇年にわたって西欧医学を支配してきた体液病理説は、十七世紀に入っても存続し続けており、同世紀初めに大学で医学を学んだ医者は、依然としてヒポクラテス、ガレノスの説いた体液病理説にもとづく教育を受けていた。彼らは大学で、病気とは四体液（血液、黄胆汁、黒胆汁、粘液）のバランスが崩れた場合に起こり、その診療のためにはまずどの体液が調和を乱しているのかを確定しなければならず、その乱れを正すことが治療であると教えられていた。具体的な治療法としては、静脈の切開、蛭を用いた瀉血、下剤・吐剤の処方などが行われた。[1] このような大学の医学教育における「ガレノス主義」は、十九世紀に至るまで完全には衰退しなかったと言われている。[2]

だが、十七世紀中頃になると、体液病理説の確固たる地位は揺らぎ始め、[3] それは当然メランコリーについての考え方にも影響を与えることになった。この時期の西欧医学界で何が起こったのだろうか。

周知のように、十七世紀の西欧で「科学革命」が起こったとは、イギリスの歴史家H・バターフィールドが一九四九年の著作で提示した説であるが、その後半世紀を経る中でそれを「革命」と評価するには問題があることが指摘されるようになった。後ほどふれるように、彼の言う「科学革命」を担った人々には、近代科学の範疇から外れるような前近代的・神秘主義的な傾向が見て取れたのである。そのため現在では、「いわゆる科学革命」といった呼称によって、ある種の留保を付けることが通例となっている。[4]

しかし、十七世紀になされた科学上の様々な発見がある種の「革命」であったことは疑いないであろう。バターフィールドによれば、それらの発見は「科学における中世の権威のみならず古代のそれをも覆し」、「物理的宇宙の図式と人間生活そのものの構成を一新するとともに、形而上学の領域においても、思考習慣の性格を一変させた[5]」。この時期の科学革命の中心人物として外すことができないのが、コペルニクス（一四七三〜一五四三）の地動説を独自の天体観測によって裏づけたガリレイ（一五六四〜一六四二)、「惑星の三法則」で知られるケプラー(一五七一～一六三〇)、そして「万有引力の法則」の発見によって近代科学の祖となったニュートン(一六四二～一七二七)などであろう。そして、医学における変革も、この科学革命の流れの中に位置づけられる。

医学における変革とそれに続く近代医学の芽生えは、つまるところガレノス主義＝体液病理説の衰退を意味した。十六世紀以降の解剖学の発達と十七世紀初めの血液循環の発見は、体液病理説をはじめとする古代・中世の医学の「誤り」を修正し、「経験にもとづいた知識と観察と実験が、文献にもとづく医学にとって代わった」[6]。ただし先述の通り、体液病理説が完全に衰退するまでにはその後二〇〇年もの時間がかかったし、また近代医学の誕生は解剖学の発達と血液循環の発見のみに還元されるわけではない。以下、M・リンダマンの『近世ヨーロッパの医学と社会』(一九九九年)を参考にしつつ、体液病理説衰退のプロセスを詳しく見ていくことにしたい。

体液病理説の衰退

リンダマンは体液病理説の衰退を促した要因として、まず解剖学の発展と血液循環の発見を挙げる。周知のように、紀元前三〇〇年頃から中世にかけての時代には、医学上の人体解剖は瀆聖罪とみなされたことに加え、ガレノスの医学が金科玉条とされていたため、あまり行われなかった[7]。中世の大学の医学カリキュラムにおいても、解剖学は重要な位置を占めていなかった。

ルネサンス期に入ると、このような状況に変化が現れる。十五世紀から十六世紀にかけて、人文主義者たちは古典の復興に関心を注いでいたが、これは古代ギリシアの文献の再発見と出版、またそのラテン語への翻訳という作業を含んでいた。そうして再発見された古典の中には古代ギリシア・ローマの医学文献も含まれており、十六世紀初めには解剖学に関するガレノスの著作が西欧世界に広まった。[8] また、ダ・ヴィンチ、ミケランジェロ、デューラーなどルネサンスの芸術家たちが、人体の形態をより正確に描くために解剖学を学んだことはよく知られている。こうした解剖学への関心の高まりの中、近代解剖学の礎を築いたのが、ブリュッセル生まれの解剖学者・外科医アンドレアス・ヴェサリウス（一五一四〜六四）であった。ヴェサリウスは一五三〇年代後半からパドヴァ大学で解剖学と外科学を教授し、自身で行った解剖で得た知見をもとに一五四三年、七巻から成る大著『人体の構造について』（通称『ファブリカ』）を出版した。以後、解剖学は次第に医学の中心を占めるようになる。

　自ら解剖を行うことによって人体の構造を正確に解明しようとしたヴェサリウスの解剖学は、動物の解剖結果から人体の構造を類推したと考えられるガレノスの解剖学的知見の誤りを明らかにすることになった。たとえば、人間の脳の基底には「迷網」と呼ばれる血管網が存在する、人間の肝臓が五つの裂片に分かれている、人間の胸骨が七つの部分から成るといったガレノスの説は、ヴェサリウスによってことごとく覆されたのである。ヴェサリウスのガレノス主義批判は論争を巻き起こし、当時の正統医学の側からは激しく攻撃されたが、その業績の重要性は否定しえないものだった。『人体の構造について』は、実際の解剖にもとづいて書かれた最初の著作というわけではなかった。しかし、解剖を医学的知見の根本に置くという学問的態度の明確な主張と、複雑な人体構造を精緻に描いた多数の図版がその作品価値を高め、解剖学における最大の名著となったのである。

　ところでヴェサリウスは本書でたびたび言及してきたヴァイヤーと同時代人であり、同じく医者であ

アンドレアス・ヴェサリウス

る。ヴァイヤーにとってと同様、ヴェサリウスにとってもガレノスの医学は権威であった。しかし、ヴェサリウスはヴァイヤーと異なり、解剖学を自身の医学の基軸に据えることによって、ガレノス主義を克服しえたと言えるだろう。そしてヴェサリウスのガレノス主義批判は、時を経るごとに強化されていく。

一五五五年に出版された『人体の構造について』第二版では、初版では容認されていたガレノスの心臓に関する知見に対し、疑念が呈されている。ガレノスが心臓の左右心室間の隔壁に小さな孔《あな》が空いているとしたことについて、ヴェサリウスは次のように述べている。「つい最近まで、わたしはガレノスの意見との間に、毛ほどの隙間もあってはならないと考えていた。しかし心室中隔は心臓の他の部分と同じように厚く、緻密である。だからどんな細かい粒子でさえも、右心室から左心室へ中隔を通りぬける様子をみることはできない。あれこれ考えてみると、血管に関しては多くの疑わしい事実が生じてくる」[9]。

そして、心臓の構造に関するこのような疑念こそが、「血液の流れについて根本的な再考を促す結果となった」のだった[10]。ヴェサリウス以後、解剖学は十六・十七世紀の「医学の女王」の地位を占めるようになり、彼の後継者たちによって解剖学的知見がさらに蓄積されていく[11]。パドヴァ大学ではヴェサリウスの後に、血液の肺循環を指摘したレアルド・コロンボ（一五一〇頃～五九）、輸卵管の研究で知られるガブリエレ・ファロッピオ（一五二三～六二）、そしてヒエロニムス・ファブリキウス（一五三七

～一六一九）らを輩出したが、このファブリキウスこそ、血液循環説を提唱したウィリアム・ハーヴィ（一五七八～一六五七）の解剖学の師であり、その静脈弁の研究によってハーヴィの発見に影響を与えた人物であった。[12]

一六二八年、「血液は心臓から動脈により全身に行き渡り、静脈により心臓に戻る」と唱えるハーヴィの著書『心臓の運動について』が出版されるや、医学界に激しい論争が起こった。十七世紀初頭の段階でもアリストテレス＝ガレノス由来の学説はいまだ命脈を保っており、血液の流れに関しても、肝臓でつくられた血液が静脈を通って全身に運ばれる（循環はしない）と考えられていたのである。しかし、やがて一六五九年、マルチェロ・マルピーギ（一六二八～九四）によって動脈と静脈の吻合が発見され、さらに一六七三年、この吻合が高倍率顕微鏡を使用したアントーン・ファン・レーウェンフック（一六三二～一七二三）の観察により確証されるに至り、ハーヴィへの反論は力を失っていった。[13]

以上述べてきたような解剖学の発達と血液循環の発見によって、医学におけるアリストテレス＝ガレノス主義と、その中核をなす体液病理説は次第に衰退していくこととなった。そしてその結果、「血液」に対する関心が高まり、それに伴い医療にも変化が現れた。すなわち血液の化学的成分への関心が高まり、「化学薬品の注入による疾病の治療に関し、十七世紀後半には多数の実験が行われることになった」のである。[14]

パラケルススの医学から医化学的・機械論的医学へ

リンダマンは体液病理説の衰退をもたらした第二の要因として、パラケルススによる正統医学への攻

パラケルスス

撃を挙げる。スイス出身の医者であり錬金術師でもあったパラケルスス（一四九三〜一五四一）は、ガレノス主義に則る正統医学を徹底的に批判し、薬学的・化学的知識にもとづく医学を提唱した「医化学の祖」として知られる。パラケルススのガレノス主義的正統医学に対する対抗意識は極めて激しいもので、彼は一五二七年、ヒポクラテス＝ガレノス由来の正統医学が主流を占めるバーゼル大学医学部に職を得たにもかかわらず、翌年にはさっそく対立して辞職している。パラケルススはその後、各地を遍歴しながら医学、神学、錬金術などの本を著し続けた。

パラケルススの医学とガレノス主義的正統医学の違いは、その疾病観に端的に現れている。ガレノス主義的正統医学においては、病は四体液のバランスが崩れることによって起こる。これに対してパラケルススは、病とは独立的な現実の実体であるということであった。つまり、あらゆる疾病の原因を体液バランスに帰するという一元的な見方を排し、個々の病に固有の原因があると捉えようとしたのである。この意味でパラケルススは、「病を存在論的に理解するための基礎を提示した」[15]と言えよう。彼は「自然の光〔占星術とキリスト教信仰にもとづくパラケルススの思想の重要概念で、人間の認識の源泉を指す〕」は、メランコリーの何たるかすら知らない」と述べ、ガレノス的なメランコリー解釈をナンセンスなものと考えていた。[16]

しかし、錬金術師でもあったパラケルススの疾病観には、神秘主義的要素が混在していた。パラケルススは、体液病理説は斥けたが、身体内の局部的な機能障害は水銀・硫黄・塩の三原質のうち一つが原因で起こるとし、呼吸や食事によって体内に摂取される「種子」を病の主因ともみなした。[17]

パラケルススの医学のもう一つの特徴は、「化学的治療」を主張した点である。[18] 当時の医学界で彼のガレノス主義批判は容易に受け入れられなかったが、無機物を薬剤に使用する「化学的治療」は、十六世紀末から十七世紀初めにかけて次第に受容されるようになった。[19] たとえば十六世紀末以降に出版されたほとんどの調剤書には、ミネラル・塩・金属といった化学的化合物に関する記載がある。一六一八年に出版された『ロンドン人の調剤書』第二版には、水銀硫酸塩や塩化第一水銀、アンチモンなど一二二の化学的調合剤が載っている。[20] こうしてパラケルススの医学は、まずその「医術」の部分から徐々に普及していき、「十七世紀中頃までには、パラケルススの所説を部分的に受け入れる者や、彼と自分をほとんど同一視しようとする者が、ヨーロッパ中で見出される」事態となった。[21] それは同時に、体液病理説の衰退が西欧規模で徐々に進行していったことを意味しよう。

そしてリンダマンは体液病理説衰退の最後の要因として、「医化学的・機械論的医学（iatrochemical and iatromechanical medicine）」の興隆を挙げる。医化学的医学の源流はパラケルススに求めることができる。医化学派の医者たちは、生理学の基礎として沸騰・発酵・腐敗のプロセスを重視すべきと主張した。たとえば、ブリュッセル生まれの初期医化学派の医者ヤン・バプティスタ・ファン・ヘルモント（一五七九～一六四四）は、消化や呼吸といった生理現象が化学的プロセスであり、特別な酵素あるいはガスによって引き起こされると主張した。またキリスト教徒であったファン・ヘルモントは、神とその創造になる自然を理解するためには化学的分析を研鑽する以外にないと信じ、ガレノスを含む古代ギリシアの自然観を斥けた。[22]

しかし十七世紀初めには、ファン・ヘルモントに見られたような哲学的・神学的要素を払拭した医化学的医学も発達しつつあった。たとえばオランダの医者フランシスクス・シルウィウス（フランツ・ド・ル・ボエ　一六一四〜七二）は、消化を胃中で起こる酸とアルカリの発酵の結果とみなし、消化作用における唾液と膵液の重要性を指摘した。[23] ただ、身体内の諸現象をこのように化学的に把握しようとする考え方は、ガレノス主義的正統医学と相容れないものではなく、正統医学の側はこうした医化学的医学の成果を少しずつ吸収していったようである。とは言えその「延命効果」は一時的なものであり、医学におけるガレノス主義はやがて決定的な凋落を迎えることになる。[24]

一方、機械論的医学の源は、デカルト（一五九六〜一六五〇）の機械論的自然観に遡ることができる。オランダの医者ヘルマン・ブールハーフェ（一六六八〜一七三八）は、デカルトの影響を強く受け、膜状の脈管から成る人体の水圧モデルを提示した。[25] またドイツの医者フリードリヒ・ホフマン（一六六〇〜一七四二）はその著『医学原理』（一六九五年）において、完全に機械論的な生理学を提唱した。ホフマンは次のように述べている。「医学とは、人間の健康を維持し、それが失われた場合には回復するために、物理学的・機械的原則を適切に使用する技である」。[26] このようにルネサンスの自然観、ましてガレノス主義的自然観／医学と決定的に異質な機械論的医学は、一七〇〇年頃までに支配的となっていった。

医学の変容によるメランコリー観の変化

以上、主にリンダマンの所説にもとづいて十七世紀における医学の変容を見てきた。解剖学の発達、血液循環の発見、パラケルスス派医学の興隆、医化学的・機械論的医学の優勢といった変化と変革が、十七世紀第2四半期以降に集中して生起していることが見て取れよう。この変化と変革はやがてガレノス主義的正統医学と体液病理説の衰退につながり、それはおそらく必然的にメランコリー観の変容をもたらしたであろう。

ただ、体液病理説の衰退のプロセスと同様に、メランコリー観の変容のプロセスもまた緩慢なものであったと思われる。メランコリーの歴史に関する大著を著したS・W・ジャクソンは、一六二八年のハーヴィによる血液循環説の発表を医学上の重要な出来事としながらも、「それがメランコリーの概念に何らかの重要な影響を与えるのは、十七世紀も末に近づいた頃のことである」と述べている。[27] しかし変容の兆しは、すでにこの十七世紀第2四半期に始まっていたと考えてよいだろう。

ではメランコリーの概念はどのように変容したのか。体液病理説の衰退によって現れる新しいメランコリーとは、一方では前章のバートンに見られたような「気分としてのメランコリー」であり、他方では後世の精神医学によって「心の病」として治療の対象とされることになる「鬱病としてのメランコリー」である。[28]

2　貧民像の変容

イングランドにおける貧民の脱想像領域化

すでに第3章で確認したように、十六世紀の西欧では貧民人口の増大が大きな社会問題となっていた。特に一五二〇年代以降は西欧各地において様々な対策が講じられたが、それらは主として「悪しき貧民」を施療院ないし矯正院に強制収容し、労働に従事させるというものであった。このような施策は十六世紀後半から十七世紀にかけて継続されるが、その間、貧民を取り巻く環境には一定の変化があった。

前述のようにイングランドでは一五五三年、ロンドンにブライドウェル矯正院が設立されて以来、各地に矯正院が設立されていった。一五六〇年代にはグロスター、イプスウィッチ、ノリッジに設立され、七六年の法令では全州・諸都市に矯正院を設立することが定められた（一五九七年、一六一〇年の法令でも再要請されている）。このような動きの中で、一五九八年にはデヴォンシャとノーフォークに各四箇所、一六二〇年代初頭までにハートフォードシャに七箇所、一六三五年までにウォリックシャに三箇所、四二年までにサセックスに五箇所の矯正院が設立された。[29] こうした動向から、当時のイングランド社会において貧民人口の増大がますます深刻化していたこと、そしてそれに対応すべく矯正院という「新しい制度」が整備され発展したということがわかる。また一五九〇年代以降には、こうした「新しい制度」の一環として幅広い権力を有する憲兵隊長の職が設けられ、放浪者や浮浪者の取締にその権限を行使した。[30]

第3章で述べたように、一五六〇〜一六二五年にかけてのイングランドでは、人口増大・土地喪失・貧困・賃労働の不安定さ・飢饉・疫病といった社会経済的要因を背景に、放浪者・浮浪者の数が加速度的に増大した。「長期の人口学的・経済的変化」のために慢性的貧困状態が出来し、一六二〇〜五〇年にかけてイングランドにおける貧困は「重大な局面」を迎える。特に一六二〇年代と三〇年代は、教区によっては放浪者・浮浪者の二倍から一〇倍もの急増が見られた。[31] 三〇年代には、「増加する放浪貧民の波を是が非でも食い止めようと」、当局が本格的に対策に乗り出すこととなった。[32]

エリザベス女王治世時（一五五八〜一六〇三年）に一万五〇〇〇余だった放浪者・浮浪者の数は、十七世紀第2四半期のチャールズ一世治世時（一六二五〜四九年）には二万五〇〇〇人にまで増え、この期間に約六五％増加したことになる。一五七一年から一六三六年までの人口増加率が約六〇％弱であったことからすれば、当局の思惑と努力に反して、放浪・浮浪する人々の数は人口とほぼ同比率で増加していたことになる。[33] イングランドの貧困は、まさしくこの十七世紀第2四半期に、一つの極点に達していたと言える。

エリザベス朝・初期ステュアート朝の時代、イングランドでは共同体の人口の二〇〜三〇％を貧民が占めていたと言われる。[34] 日常生活において周囲の三人に一人あるいは五人に一人が貧しいという状況である。そして、このような絶対数の著しい増加によって、貧民の存在は可視化され、彼らは具体的な身体性をもって人々の前に現前するようになった。貧民はもはや悪魔や魔女といった、実在を証明しえない存在（つまり多分に想像領域に関わる存在）と結びつくことはない。

かつて貧しい放浪者・浮浪者は、悪魔や魔女の一味とみなされる存在であった。彼らは魔女と同様、悪魔的な策略を用いて人々を傷つけると考えられ、たとえばイングランドの伝承に登場するいたずら好きの小悪魔ロビン・グッドフェローにたとえられたという。浮浪の罪は「魔術を使うのとほとんど同様に、社会的・政治的脅威として定義され」、当時の人々にとって魔女信仰は「悪とは何か」を説明するための「宗教的題材」、一方浮浪者はそのための「ごくありふれた題材」だった。[35] しかし、十七世紀第2四半期、右に述べたような可視化と脱想像領域化によって、貧民のイメージは魔女像から剝落し始める。

貧民のイメージの変化は、たとえば施療院や矯正院の収容状況にも見て取ることができる。これらの施設は当初、「働く意志を持つ貧民は施設内で雇用し、働く意志のない貧民は矯正する」という目的で設立・運営されていたが、十七世紀初頭の頃には犯罪者を多く収容するようになっていた。[36] 彼ら彼女らは売春、私生児の出産、重婚などの「性的不品行」や窃盗などの犯罪で「施療院・矯正院送り」とされた者たちであり、そのイメージが貧民のイメージと融合することとなった。

さらに時を経て十七世紀後半になると、放浪者・浮浪者の数そのものが減少していく。[37] 生存を賭けて長距離を移動する貧民の数は一五〇〇年頃から増加し始め、とりわけ西部・北部の貧しい高地牧畜地帯から南部諸都市への移動人口は、十六世紀後半から十七世紀初頭にかけて著しく増大し、一六四〇年頃にはピークを迎えた。しかしその後、移動の「距離」が短くなっていく。移動距離の全国平均は一六六〇～一七三〇年にはピーク時の約半分に減少した。同時に長距離移動する人々の出自も一変し、むしろ「富裕な人々」による長距離移動が増えていった。[38]

こうした変化の背景には、第一に十七世紀中頃からイングランドが人口的・経済的に安定し繁栄期に入ったことがある。それによって一六五〇年以前にはほとんど見られなかった労働需要が生じたのである。また第二に、一六六二年に制定された定住法も変化の一因である。この法律は、放浪する貧困者を処罰するのではなく、出身地に帰し、そこで法による救済措置が受けられるよう定めたものであった。[39] これらの変化によって、「各地をさまよう貧民」のイメージは次第に薄れ、魔女像との結びつきも弱まっていったものと思われる。

フランスにおける「逸脱者の閉じ込め」

フランスにおいても十六世紀後半以降、貧民の数が増大した。まず一五八〇年代以降、西欧は十九世紀まで続く「小氷河期」に苦しめられる。気候は寒冷化し、小麦や葡萄の生育不良と不作が続き、飢饉が頻繁に起こった。黒死病も復活し、一六二五～三〇年にかけての流行には飢饉も重なった。その後も黒死病は広がり、ブルゴーニュ、リヨン、ピカルディー、イル・ド・フランスを惨禍が襲った。[40]

また十六世紀後半以降の宗教戦争、ハプスブルグ家との抗争、十七世紀中頃のフロンドの乱などによって農地は荒廃し、王国の財政は逼迫した。十六世紀後半から十七世紀中頃までの時期に、農民のタイユ〔アンシャン・レジーム期フランス王国の主要財源となった直接税。王国北部では人頭別、南部では財産に対して課された〕は年を追うごとに釣り上げられ、徴収された税の総額は一五五九年の六七〇万リーブルから八八年には一八〇〇万リーブルへと急増し、一六一〇年に一七〇〇万リーブルと一時減少するものの、三五年に三九〇〇万リーブル、四二年には四四〇〇万リーブルへと再び急増している。[41]このような状況のもとで、貧民の数も増大の一途を辿った。

たとえばパリでは一五九五年五月、乞食・放浪者の数が一万四〇〇〇人を超え、三日間のうちに一万人増加したとの記録が残っている。[42]また翌一五九六年夏に疫病がはやった時には、放浪者が病気を媒介したものとみなされ、八月二九日と一〇月二四日のパリ高等法院の裁決によって、市内の全乞食・放浪者は二四時間以内に市から退去すること、期限を過ぎれば絞首刑に処すことが布告された。しかし、このような施策もはかばかしい効果を上げなかったようで、アンリ四世（在位一五八九～一六一〇年）の治世末に出版された『キマイラ』という著者不詳の書物には、「パリは乞食と放浪者の群れで圧倒されている」と記されていたという。[43]

このような状況に対して、フランスでもイングランドと同様、貧民たちの「施療院・矯正院送り」が実施されていく。一六一一年、パリ高等法院が受領した開封勅書〔国王の勅命や決定を記した文書〕には、乞食や放浪者を八日以内に市外へ退去させること、期限を過ぎた場合は施療院送りにすべきことが記されていた。そして施療院内では、男性は粉挽き・ビール醸造・セメント攪拌など、女性と八歳以上の子供は長靴下やボタンの製造などの労働に従事することが定められた。この開封勅書は身体強健な乞食や放浪者を怯えさせるに十分であり、これによって一万人がパリを退去したと言われている。[44]

続く一六一二年にも、貧民を施療院に収容する新たな施策が講じられた。八月二七日には、摂政マリ・ド・メディシスが前年に採択された勅書にもとづき三つの施療院の設立を命じている。新たな施療院が建つまでの間（一六二二年まで）は、市内の四つの大きな建物を王国政府が賃借りし、増え続ける貧民を受け入れた。同年九月一五日にはパリ高等法院の裁決によって、放浪者を受け入れること、物乞い・施しを行うことが禁止されるとともに、貧民のみならず身体障害者も施療院に収容することが布告された。[45]その後二二年、二七年、二九年、三二年、三五年、三九年にも、こうした貧民の強制収容を命じる勅令が出されている。[46]このような動きはリヨンでも同時期に見られ、一六一四年に「貧民の強制収容」が決定され、十七年に収容施設が建設されている。[47]

イングランド同様、フランスにおいても、こうした貧困人口の増大とそれに対する施策が、貧民の存在の可視化と脱想像領域化をもたらし、魔女像からの貧民イメージの剝落が始まる。その動きは十七世紀第1四半期から始まっていたと考えられるが、フランスにおいて貧民のイメージが決定的に変容し、新たな貧民像が完成するのは、西欧全域で大規模な収容政策——M・フーコーの言葉を借りれば「大いなる閉じ込め」――が行われた十七世紀中頃以降のことであろう。

フランスでは一六五六年四月の勅令により、それまでパリに複数散在していた施療院を統合した「一般施療院《オピタル・ジェネラル》」の設立が定められた。[48] そしてこの「パリ・モデル」は、一六六二年と七六年の勅令によって王国の全ての都市に広がっていくことになる。[49] 一般施療院設立の背景には、増え続ける貧民（物乞い、浮浪者、放浪者）を隔離することで都市の秩序を保とうとする当局の切実な危機感があったと言える。

フーコーによれば、十七世紀半ば、フランスのみならず西欧全体に「急激な変化」が起こり、全土で大規模な収容施設が作られた。それらの施設は「狂者を収容するだけでなく、少なくともわれわれからみて非常に多様な人々を収容するためのものであった。――貧しい身体障害者、困窮した老人、乞食、頑固な怠け者、性病患者、すべての種類のリベルタン（自由思想家）、家族や王権の意向によって公式の処罰を加えるのを避けたい人々、浪費家の父親、禁令に従わない聖職者など。要するに理性、道徳、社会の秩序に対して、『壊乱』の兆候を示す人々が閉じ込められたのである」[50]。実際、たとえば一六六六年時点のパリの施療院《メゾン・ド・ロピタル》では、老人、身体障害者、麻痺患者などが労働に従事させられていたという。[51]

この時期に貧民のイメージは、当時の社会が許容しようとしなかった多種多様な逸脱者の実像と融合したのである。こうして十七世紀後半以降、貧民の像は、当時の西欧社会が「否《ノン》」をつきつけた現実世界の逸脱者たち――「理性、道徳、社会の秩序に対して、『壊乱』の兆候を示す人々」――の像と融合しつつ、脱想像領域化していくことになる。それはひいては、想像的世界の住人である悪魔や魔女との関連性が薄れていったことをも意味する。

この時期にはまた、右のフーコーの言葉にあるように「狂者」も「閉じ込め」の対象となったのであったが[52]、この「狂者」の中には「メランコリーに冒された者」も含まれていただろう。しかしその存在はもはや、十七世紀第2四半期までは常識であった体液病理説にもとづいて解釈される病ではなかった。病としてのメランコリーは、依然として瀉血治療を施されたり、子宮の状態に起因するヒステリーとみなされたりしてはいたが[53]、そこにはすでに後の精神医学の対象となる運命の予兆が見え始めていたのである。

3 インディオ像の変容

アメリカ大陸における西欧人口の増加

旧大陸に魔女裁判の嵐が吹き荒れていた十六世紀後半から十七世紀中頃にかけて、「新大陸」アメリカではスペイン、ポルトガル、イングランド、フランスなどの西欧諸国による植民地政策が進展し、定着していった。それは西欧人による先住民インディオの土地収奪と労働力の搾取の進行をも意味した。そこでは同時に西欧人とインディオの直接の（書物経由でない）接触の機会が増え、それによって西欧人が抱くインディオ像も変容していった。こうしてインディオのイメージもまた、貧民のそれと同様、可視化と脱想像領域化を経て魔女像から切り離されていったものと思われる。

インディオ像の変容を考えるにあたっては、まず十六世紀から十七世紀にかけてインディオの人口が著しく減少したことを確認しておく必要がある。この時期、西欧人によって新大陸に初めて麻疹・天然痘・チフスなどの伝染病が持ち込まれ、膨大な数のインディオがその犠牲となったことはよく知られている。さらに、植民地支配のもとでの苛酷な奴隷労働や虐待もインディオの死期を早めた。この時期のインディオ人口の減少に関する正確な数値は不明だが、たとえば次のような統計がある。中部メキシコでは一五一九年に二五〇〇万人だった人口が、二三年には一七〇〇万人、四八年には六〇〇万人、六八年には三〇〇万人に減少し、十七世紀初頭には七五万人程度にまで落ち込んだ。約一世紀の間に人口が九七%も減少したのである。[54] また、コロンブスが植民したカリブ海のエスパニョーラ島では、ヨーロッパ人が到着してから二五年の間にインディオ人口が五〇万人から二〇〇〇〜三〇〇〇人にまで激減した。[55] ペルーでは、十五世紀末には九〇〇万人いた人口が一五七〇年には一三〇万人に減ったという。[56] そして、一五〇〇年時点における世界人口約四億人のうち、南北アメリカ大陸に住んでいたインディオ人口八〇〇〇万人が、一五五〇年頃には一〇〇〇万人にまで減少していたとされる。[57]

一方、西欧人の移住人口は逆に、絶対数はインディオに比して少ないものの、増加の一途を辿った。たとえば一五〇八〜一六〇〇年にかけて、スペイン、ポルトガルから南アメリカへ移住した者の数は二五万人を数えたという。[58] また北アメリカでは一七〇〇年までに、ヌエバ・エスパーニャに四五〇〇人、ヌーヴェル・フランスに一万五〇〇〇人、イギリス領植民地に二五万人の西欧人が居住するようになっていた。[59]

このようなインディオと西欧人の人口変動をふまえた上で、以下ではイングランドとフランスの植民地におけるインディオの状況と、西欧人にとってのインディオのイメージの変容を見てみることにしよう。

イングランドによるインディオの制圧

イングランドがアメリカ大陸に本格的な植民地を建設し始めたのは、十七世紀になってからである[60]。最初の植民地は女王エリザベス一世（在位一五五八～一六〇三年）の通称「処女王（The Virgin Queen）」にちなんでヴァージニアと名付けられたが、女王自身は植民地にあまり関心を寄せていなかった[61]。その後を継いだ、『悪魔学』の著者でもあるジェイムズ一世（4章3節参照）は、北アメリカ大西洋岸沿いにおける貴金属・毛皮・魚・木材などの天然資源の開発を目的として、一六〇六年、ロンドン植民会社とプリマス植民会社に特許状を与えた。

翌一六〇七年、ロンドン植民会社がヴァージニアに派遣した探検隊が踏査に成功し（プリマスによるメイン探検は失敗に終わった）、ヴァージニアにジェイムズタウンが建設されたことにより、アメリカ大陸に最初のイングランドの定住地が誕生することとなった。しかし、マラリアや食糧不足などによる過酷な状況のもと、イングランド人口はすぐには増加しなかった。たとえば一六〇九～一〇年にかけての時期は「飢餓の時代」と呼ばれ、ジェイムズタウンの人口は五〇〇人から六〇人へと激減した。だがその後は本国からの移住者が増え続け、一六二〇年にはピューリタンのピルグリム・ファーザーズが上陸し、プリマス植民地〔現在のマサチューセッツ州プリマス〕を建設する。

十七世紀第2四半期に入ると、イングランドの植民地政策は一層進展していった。一六二五年にはセント・キッツ島〔セント・クリストファー島〕およびバルバドス島の領有が宣言され、カリブ海域におけるイングランド植民地の経営が本格化する。二九年には四〇〇人のピューリタンの人々が国王から定住の特許を得て北アメリカ東海岸に移住し、やがてその中の商人たちがマサチューセッツ湾植民会社を設立、翌年にはさらに七〇〇人がマサチューセッツへ移住してきた。一六三〇年には「大移動」と称される大規模な人口移動が起こる。二万二〇〇〇人の人々がアメリカ大陸へ移住し、マサチューセッツ湾周辺にボストンをはじめ六つの定住地が建設された。続いて三四年にはメリーランド、三八年にはニュー・ハンプシャー、三九年にはコネティカット、四四年にはロードアイランドに植民地が建設されていく。このような植民地拡大の動きは十七世紀後半も続き、六三年にはカロライナ、六四年にはニューヨーク、八一年にはペンシルヴェニアに植民地が建設され、すでに述べたように十七世紀末には新大陸におけるイングランド人口は二五万人に達することになるのである。

以上のような植民地の拡大と移民の増加は、イングランド人とインディオが接触する機会を広げ、両者の間にはより現実的な相互関係が生じた。植民地時代における西欧人とインディオの関係は、次のような三段階を経たと考えられている。まず第一段階では旧世界と新世界が初めて出会い、互いに未知の動植物を紹介しあう段階である。次の第二段階は、両者が隣り合わせに暮らし始め、「商取引と文化的交換」が始まる時期である。そして最後の第三段階が、「頻発するようになった軋轢と戦闘によって特色づけられる」時期である。[62]

こうした三つの段階を経るごとに、インディオは西欧人にとって「現実の存在」となっていった。第一段階では、西欧人は初めて実際に出会ったインディオを犬頭人などの怪物と同類の生き物とみなしたり、専ら食人種のイメージで捉えたりした。これが第二段階では、財や文化を交換し合う相手と認識され、西欧人にとってインディオの存在は脱想像領域化していく。そこでは西欧人はビーズ、衣類や布、銃器、酒といった自分たちの財と引き換えに、インディオから食料や毛皮、土地などの必需品を得ることができた（ただし、たとえば土地を売買の対象ではなく共有財とみなしていたインディオにとって、これらは「交換」ではなく、言わば贈り物の互酬を意味したはずである）。新大陸の地理に疎く、生活の準備もいまだ不十分だった西欧人は、必需品に関してインディオの援助に頼らざるをえなかったのである。こうした互酬的関係の時期が過ぎ、やがて第三段階に入ると、両者の敵対関係が露わとなる。西欧人が移住人口の増大に伴い、より多くの土地を必要とした時、もはやインディオは援助者ないし交換の相手ではなく、収奪の対象となったからである。

この第三段階はちょうど、イングランド植民地が相次いで建設されていく十七世紀第2四半期頃に当たる。たとえば一六二二年には、ヴァージニアで「大虐殺」と称される抗争が起きている。[63] ヴァージニアに元々居住していたインディオの部族連合ポーハタン族が植民地を襲撃し、三四七人のイングランド人が殺害されたのである。イングランド側はこの事件以来、いかなる手段を使ったとしてもインディオ殺害は正当化されると考えるようになったという。[64] また三六～三七年には、イングランド植民者とナラガン族が手を組んでピーコット族を殲滅するという事件が起きた。七五～七六年のフィリップ王戦争〔イングランド人との調停に当たっていたワンパノアグ族の首長メタカムを入植者たちがフィリップ王と呼んでいたことから〕と呼ばれるインディオ征服戦争では、イングランド人とインディオ諸部族が戦い、インディオ側が敗北、結果としてニュー・イングランド南部のインディオ人口が六〇％減少した。

このような植民地をめぐる一連の闘争のなかで、イングランド人にとってインディオは、自らの、ひいては西欧人の抱く拡大への欲望と敵対する存在、制圧されるべき存在として認識されるようになった。ただ、インディオの存在の現実化・脱想像領域化は、「食人種」のイメージを消すことはなかった。

イングランド人にとって、インディオを制圧し、その土地を収奪するためには、彼らを野蛮な蛮族とみなすことが絶対的に必要だったからである。「食人種」のレッテルは、インディオの野蛮さを表現する最適な表象であった。こうして「食人種としてのインディオ」像は存続し、十七世紀後半から十八世紀にかけて、北アメリカのイングランド植民地では、周辺に住むインディオの食人行為に関する情報が蓄積されていった。

一七七八年、保守主義の始祖と言われるエドマンド・バーク（一七二九〜九七）が、英国下院の席上で、インディオを戦争〔一七七五〜八一年のアメリカ独立戦争〕に巻き込もうとするトーリー党政府の政策を批判した時の言葉はよく知られている。「彼らが受け取る唯一の報酬は人間の頭皮と肉と、捕虜を拷問し、時にはそれを食べる楽しみなのであります」[65]。バークのこの言葉は、十八世紀後半のイングランドでも依然として「食人種としてのインディオ」像が生きていたことを示している。またP・ジャカンによれば、北アメリカに住むほとんどのインディオが戦勝記念に敵の頭皮を剝ぐ習慣を持っていたとされ[66]、それらの行為を見聞した人々によって「食人種」のイメージが補強されていたものと思われる。

フランスによるインディオ政策

イングランド同様、フランスのアメリカ大陸における植民地政策が本格化するのも十七世紀に入ってからであった。フランスの植民地開発は、主に北アメリカのカナダとカリブ海のアンティル諸島方面で行われた[67]。

北アメリカでは一六〇八年、探検家サミュエル・ド・シャンプランがセント・ローレンス川流域を探検、ケベック植民地を建設した。しかし、その後フランスの植民活動は停滞し、軌道に乗り始めるのは十七世紀第2四半期以降のことである。飛躍への「新しい出発点」となったのは、その二年前にルイ十三世の宰相となったリシュリュー枢機卿（一五八五〜一六四二）が航海・商業長官に就任した一六二六年のことであった。以後リシュリューは、「スペイン・イングランド・オランダの弱体化を期し、植民地政策を産業・通商などのフランスの総合的な政策の中に組み込んでいく」ことになる。[68]

一六二七年、リシュリューはシャンプランに対して貿易会社「ヌーヴェル・フランス百人会社」の設立を認め、自ら最初の株主になった。この百人会社にはカナダの領有権と毛皮取引の独占権が与えられた。ただ、二九〜三二年にかけてはケベックをイングランドに占領され、また毛皮取引や漁業権の一社による特権的独占に対して本国北部・北西部の海港諸都市から反発を受けるなど、初期のカナダ植民事業は必ずしも順調に進んだわけではなかった。しかし四二年にはモントリオール植民地が建設され、セント・ローレンス川流域におけるフランスの支配は確実なものとなった。

一方カリブ海域においては、一六二五年にサン・クリストフ〔英語ではセント・キッツ〕島が「発見」され、翌二六年リシュリューによってサン・クリストフ会社の設立が認可された。ただ、この島への植民は、スペインおよびイングランドとの領有権争いや、本国からの生活必需品の供給体制の不十分さのため放棄された。三五年にはリシュリューは新たにアメリカ諸島会社を設立し、グアドループ島とマルティニク島の植民を開始、四〇年にはサン・ドマング島もフランス領となった。これ以後、フランスの植民地事業はこの三島を中心にして展開され、各植民地では最初はタバコと綿花、続いて砂糖のプランテーションが行われた。

こうした植民地事業を通じて、十七世紀第2四半期以降、アメリカ大陸におけるフランス人口は増加していった。一六五〇年代のカリブ海域の植民地には、七〇〇〇人のフランス人が定住していた。[69] そしてイングランドの場合と同様、インディオとの接触の機会が増えることで、フランス人の抱くインディオのイメージも変容していく。

ヌーヴェル・フランスの場合、フランス人にとってインディオは、第一に本国で高く売れる北アメリカ産のビーバーなどの毛皮の重要な供給者であり、交易相手であった。フランス人と毛皮の取引をしたインディオはミクマク族やマレシート族であった。[70] この取引は一種の協力関係にもとづいており、[71] フランス人にとってミクマクやマレシートの人々は想像の領域に住む「インディオ」ではなく、現実の交易パートナーであった。しかし両者の友好的な関係はここでもまた長くは続かなかった。イングランド人と同様にフランス人もまた、時にインディオ諸部族間の勢力争いを利用しながら、敵対する部族や他の西欧諸国を排除するようになる。

たとえば一六〇九～二七年にかけて、フランスはイロコイ連合〔北米の五つの部族から構成される連合体〕に反発する部族と同盟を結び、連合を南方へ押しやった。さらに四二～五三年、六五年、六六年には、オランダ＝イングランド＝イロコイ連合同盟と、フランス＝反イロコイ連合諸部族同盟が戦っている。[72] こうした紛争の中でフランス人もまた、インディオを「制圧すべき敵対者」とみなすようになっていく。

このようなインディオの脱想像領域化は、西欧人にとって「食人種としてのインディオ」の典型であったトゥピナンバ族にも及んだ。第3章で見たように、ボダンやド・レリーなどフランスの知識人はトゥピナンバ族を「食人種としてのインディオ」を代表する存在とみなしていた。十六世紀後半以降、トゥピナンバ族の主要な居住地であったブラジルはポルトガルの植民地となり、トゥピナンバ族の人々は砂糖プランテーションで労働力として酷使されるようになった。散発的に起きる反乱もポルトガル人によって制圧され、トゥピナンバ族の奴隷化が進行した。一六〇〇年頃にはブラジルはヨーロッパの砂糖のほぼ全てを供給するようになったが、その生産基盤こそ奴隷労働であった。[73] 西欧は、「食人種」として自ら恐れ、忌み嫌ってきたインディオをもこうして「労働力」へと馴化したのである。だが、イングランドの例で見たように、依然として「食人種」のレッテル自体は、収奪と征服を正当化する必要が生じた場合にはいつでも呼び出されることになるだろう。

以上見てきたように、イングランドとフランスにおいては十七世紀（とりわけその第2四半期）以降、インディオのイメージが明らかに変容していった。西欧人にとってインディオは、もはやボダンが述べたような「魔女の同類」ではない。インディオはこの時期以降、西欧にとって土地や毛皮の利権をめぐる敵、あるいはプランテーションで有用な奴隷労働力という、極めて現実的な存在となったのである。

4　想像と現実の分離

十七世紀第2四半期以降に集中的に起きたメランコリー・貧民・インディオのイメージの変容は、一五七〇〜八〇年代に完成していた魔女像の解体へとつながったものと思われる。前章で見たように、十七世紀第2四半期にシュペーとバートンが描写していた魔女像は、それ以前の悪魔学者たちの魔女像と明らかに異なっていた。その背景には右のような魔女像の三つの構成要素に関する認識と解釈の変容があるのではないだろうか。

魔女像の解体をもたらしたこのような変容の根底には、西欧近世の人々の世界観において、「想像界」と「現実界」の分離が始まったことがあると考えられる。十七世紀第2四半期以降、貧民やインディオの存在が現実化・脱想像領域化を遂げていったように、体液病理説の衰退とそれに伴うメランコリー観の変容もまた、想像と現実の分離をもたらした。メランコリーの概念は体液病理説という頚木《くびき》から解き放たれ、「気分としてのメランコリー」と、やがて精神医学の対象となる「病としてのメランコリー」に分化し、想像の世界を脱してより現実的な様相を帯びていく。こうした想像と現実の、未分化状態から分離状態への移行は、世界観の転換にほかならない。したがって十七世紀第2四半期こそが、「近代西欧」ないし「西欧近代の思考」の誕生を画する時期ということになるのではないか。以下ではこのことを、「西欧近代の思考」の先駆とも言える同時代の二人の哲学者の言説から確認しておくことにしよう。一人はイングランドのトマス・ホッブズ（一五八八～一六七九）、もう一人はフランスのニコラ・ド・マルブランシュ（一六三八～一七一五）である。なお、言うまでもなく両者については哲学・社会思想の分野で膨大な研究が蓄積されており、その人物や思想体系の全体を紹介するのは本書の任に堪えない。ここでは両者のテクストから、魔女像に関わる言及のみを取り上げて検討することをお断りしておく。

ホッブズと魔女

一六五一年に出版されたホッブズの『リヴァイアサン』は、機械論的思考にもとづいて国家のあり方を構想し、社会契約説に依拠しながら「自然権と独裁政治の合理的結合」を目指したもので、「十七世紀の政治哲学の最大の文献」と言われる。[74] 四部構成の第一部は「人間について」と題され、「国家の素材と製作者である人間」について、感覚や言葉を含め広範囲にわたる探究がなされている。[75] 魔女や悪魔学、人間の想像に関する問題は、この第一部と第四部「暗黒の王国について」などでふれられている。以下では、魔女、想像、メランコリーについての言及がある第一部を中心に見ていくことにしよう。

ホッブズは魔女について次のように述べている。「昔は、夢やその他の強烈な空想《ファンシィズ》を幻覚《ヴィジョン》や感覚《センス》〔ホッブズは「感覚」を、外物の運動が器官に圧力を加えた結果できた像が脳に生理的に伝えられたものと考えた〕から区別するすべを知らなかったことから、サテュロス〔ギリシア神話で山野を司る半人半獣の精霊〕、ファウヌス〔ローマ神話の森の神。サテュロスと混同された〕、ニンフ〔ギリシア神話で森・樹木・花・泉などを司る美しい乙女の姿の精霊〕などを崇拝した異教徒たちの宗教の大部分が誕生したのである。今日、野蛮な者たちが妖精や幽霊やゴブリン〔イギリスの民間伝承に登場するいたずら好きの妖精〕、さらに魔女の力について抱いている見解も同様である。魔女に関して、彼女たちの魔術に何らかの本当の力があると私は思わない」[76]。

ホッブズは、過去（古代・中世）の異教神崇拝や現在の魔女信仰が、人々の無知（空想を幻覚や感覚から区別できないこと）に由来すると言う。こうして魔女の力を否定するホッブズは、さらに次のように続ける。「しかし、できるならばやってやろうという意図を持ち、そのような悪事を行うことができるという誤った信念について、彼女たちが処罰されるのは正当である」[77]。これは魔女を処罰することの正当性を認めているように読めるが、[78] ここでホッブズが最も重視しているのは、魔女と呼ばれている人間の「信念」や「意図」である。

ホッブズのこのような魔女に関する見解は、当時の西欧人の世界観と密接に関係している。それは「想像」の領域と「現実」の領域を截然と分割しようとする認識の一つの姿勢と言える。ホッブズ自身、「想像」の概念が混乱していることに気づき、夢、空想、幻覚、感覚などに腑分けすることで概念を整理しようとしていたのではないか。

たとえばホッブズは次のように述べている。「ある者は、想像《イマジネイションズ》はそれ自体で起こるのであり、原因はないと言う。またある者は、想像は最も一般的には意志から生じ、善良な思想は神が、邪悪な思想は悪魔が人間に吹きつける《ブロウ》（吹き込む《インスパイア》）と言う。またある者は善良な思想は神が、邪悪な思想は悪魔が人間に与える《パウワ》（注ぎ込む《インフューズ》）と言う。別の者は感覚が物の種を受け取り、それを意識一般に引き渡し、さらに意識一般はそれらを空想《ファンシィ》に引き渡し、空想は記憶に、記憶は判断にと、まるで次々に物を手渡しで渡すように引き渡すのだと言葉を尽くして述べたてる。しかしこうした言葉は〔想像について〕何も理解させてくれない[79]」。

十七世紀中葉、人間の「想像」をめぐっては、それが自然の現象なのか、人間の意志による行為なのか、あるいは神や悪魔といった超自然的存在が与えるものなのか、明確に定義されてはいなかった。また想像（イマジネイション）と空想（ファンシィ）の相違も不分明である。

このような概念の混乱あるいは未分化に対して、ホッブズは次のようにある意味シンプルな解釈を提示する。「想像とは、かつて感覚によって、全ていちどきにか、あるいは部分的に数回にわたって知覚された事柄のみを指す。前者（つまり感覚に現れた通りに全対象を想像すること《イメイジニング》）は『単純な想像《シンプル・イマジネイション》』であり、かつて見た人や馬を想像するような場合である。後者は『複合的《コンパウンディッド》〔な想像〕』であり、ある時に見た人と別の時に見た馬の外観からケンタウロス〔ギリシア神話の半人半獣の怪物〕を心の中で作り上げる《コンパウンド》ような場合である。したがってある人が自分自身の像と他人の行動の像を合成する《コンパウンド》とき、たとえば自分自身がヘラクレス〔武勇で知られるギリシア神話最大の英雄〕やアレクサンドロス〔前三五六～三二三。マケドニア王。ギリシア、エジプト、アジアにまたがる大帝国を築いた。ヘレニズム時代の創始者〕であると想像するとき（こうしたことは伝奇的物語に魅了されている人々にはよく起こることである）、それは複合的な想像であり、厳密に言えば心の虚構に過ぎない」[80]。「想像」を「単純な想像」と「複合的な想像」に分け、感覚－知覚の連動にもとづいて理解する。これがホッブズの解釈である。ホッブズのこうした思索からは、当時のイングランドあるいは西欧において「想像」の概念が分節化されつつあったこと、またそれは「現実」との峻別によって導き出された認識であったことがうかがわれる。

ホッブズによれば、「想像」は悪魔の関与によって生じるものではなく、スコットが考えたようにメランコリーと密接に関わる作用でもない。「想像」とは、「単純な想像」の場合には「記憶と同一」[81]であり、「複合的な想像」の場合には「虚構《フィクション》に過ぎない」。とりわけ後者の場合、「想像」とは一種の思い込みに等しいものと言える。ホッブズの時代から数十年遡れば、自分をヘラクレスやアレクサンドロスのような英雄と同一視することは、メランコリーの症状とみなされたかもしれない。しかしホッブズはそのようには考えず、人間が自らの心の内に育む虚構と解釈するのである。

よく知られているように、ホッブズは一六一〇年、キャヴェンディッシュ公ウィリアム二世の家庭教師としてグランド・ツアー（貴族の子弟の国外旅行）に同行して以来、ヨーロッパ各地を経巡り、哲学や歴史学などの人文諸学から自然科学まで幅広い学識を吸収した。またデカルトやガリレオ・ガリレイ、フランシス・ベーコンなど、同時代の多くの知識人とも交流があった。一方当時の英国は立憲政治への歴史的過渡期にあり、議会派と国王派が鋭く対立していた。ホッブズは勢いを増す議会派によって絶対王政の支持者として弾劾され、ピューリタン革命前年の一六四〇年、フランスに亡命する。『リヴァイアサン』はこの亡命期間中、市民革命＝内乱による母国の混乱に問題意識を触発されて書かれたものであった。「初期西欧近代の思考」の最先端をふまえつつ、新たな人間像・国家像を提示したホッブズの思想は、当時の西欧思想の一つの集約体とも言え、したがって『リヴァイアサン』に見て取れる「想像」の概念の分節化と変容も、ある程度当時の西欧の思潮を代表していると考えてもよいであろう。そして、やや話を先取りして言えば、やはり深い学殖によって哲学の「総合」を目指したマルブランシュもまた、ホッブズと類似の解釈を示している。

ホッブズにとってのメランコリー

それではホッブズは、かつては「想像」と深い関わりを持っていたメランコリーについてどのように考えていたのだろうか。『リヴァイアサン』第一部の中の「メランコリー」の項目では次のように述べられている。「意気消沈は人をいわれのない恐怖に陥れる。それは一般的にメランコリーと呼ばれる狂気《マッドネス》であり、その現れ方は様々である。たとえば人里離れた寂しい場所や墓場をさまよったり、迷信的な振る舞いをしたり、あれこれの特定の事物に恐怖をおぼえるなどである。要するに、奇妙で異常な振る舞いを生み出す全ての情念が狂気という一般的な名前で呼ばれる。しかし、狂気の様々な種類については、労を厭わない者なら、無数の名前を挙げられるだろう。そして、もしも過度の情念が狂気であるならば、情念が悪の傾向を帯びる場合、それは程度の差にしか過ぎないことは疑いない」[82]。

トマス・ホッブズ

ホッブズは、メランコリーを狂気と同一視する。ここからは、もはやメランコリーがかつて色濃く持っていた悪魔との関わりを失い、概念の細分化を経て精神疾患のニュアンスを帯びつつあることが見て取れる。

そこではメランコリーとはすなわち「狂気」もしくは「過度の情念」であり、その具体的な現れ方は「情念の程度の差」によって決まる。精神疾患としてのメランコリー＝狂気について、ホッブズは次のように述べる。「もしも誰かがベドラム〔一五四七年、ロンドン南東部に設立された精神病院〕であなたを真面目な会話でもてなしたとしよう。あなたは暇乞いをする際、彼の親切に後日報いるため、彼が誰なのかを知りたいと思う。すると彼があなたに自分は父なる神だと言ったとしよう。私が思うに、彼が狂気である証拠として、これ以外の突飛な行為は必要ない」[83]。

先のヘラクレスやアレクサンドロスの話と同様、自分を神と思い込むこうしたいわゆる誇大妄想は、古来、医学的にメランコリーの症状とされてきたものである。しかしホッブズは、この事例を旧来のメランコリー解釈ではなく、狂気＝精神疾患の枠組みで捉えようとするのだ。

さらにホッブズは、メランコリー＝狂気の原因を二分し、次のように述べる。「狂気の原因に関しては、昔も今も世の人々の意見は二つに分かれている。ある人々は情念からそれを引き出した。また他の人々は悪魔、あるいは善霊もしくは悪霊から引き出した。〔後者の場合〕それらが人に入り込んで取り憑き、狂人がするように奇妙で見苦しい仕方で身体の器官を動かすと考えたのである。したがって、前者の場合、そのような人は狂人と呼ばれた」[84]。メランコリー＝狂気を〈情念－狂人〉系で理解するか、〈悪魔－悪魔憑き／魔女〉系で理解するか。ホッブズは後者を否定する文脈の中で、聖書を引用しながら次のように言う。

私たちの救世主が人に対するかのように病気に語りかけることは、キリストのように言葉だけで病を治す全ての者たちの常套表現である。（まじない師たちも、語りかける相手が悪魔かどうかは別として、同様のことができると言っている。）キリストもまた風を叱ったと言われていないだろうか（『マタイによる福音書』八：二六）。彼はまた熱病を叱ったと言われていないだろうか（『ルカによる福音書』四：三九）。しかし、これは熱病が悪魔であるということではない。悪魔の多くがキリストに自白したと言われるが、〔聖書の〕これらの箇所を、狂人による自白という以外に解釈する必要はない。[85]

聖書の中でイエスに叱責される病気、それは悪魔ではなく、狂人なのだ。このようなホッブズの言葉が示すのは、「現実」と「想像」を切り分ける、ある種の合理主義にほかならない。ホッブズにとってメランコリー＝狂気とは、悪魔などとは何の関わりもない、人間の病的状態なのである。こうして「メランコリー」の項は、次の言葉で締めくくられる。「したがって、悪魔憑きが狂人以外の何かであるという信仰を要求するどのような記述も、聖書の中に見出すことはできない」[86]。

悪魔憑きを狂人と断じるこのような視点は、メランコリーを「想像」の領域から切り離し、現実の精神の一疾患として解釈する精神医学的な姿勢であり、近代合理主義的思考の先駆と言えるように思われる。

マルブランシュの魔女解釈

マルブランシュは、オラトリオ会修道士としてキリスト教護教論を展開する一方で、デカルトの思想に深く傾倒した哲学者でもあった。[87] その代表的著作である『真理探究』(一六七四〜七五年)は、「デカルト的方法そのもの」で著され、かつそれを「よりいっそう宗教的で道徳的な配慮によって内面的にためる」ることで、「魂は理性によって思惟することによって自分の身体を離れ、よりいっそう密接に神に結合するようになる」という立場をとっていた。[88] 以下ではこの『真理探究』の中から、魔女や想像についての考察を見てみよう。

「私は、魔術の大部分は、想像《イマジナシオン》の力に原因があると思う」[89]とマルブランシュは言う。彼によれば想像力は、霊や人狼など「一般に悪魔の力に依存していると想像されているすべてのこと」に関して、「調子の狂った恐怖」を生み出す。[90] そしてこうした想像力がもたらす異常な恐怖心ゆえに、いくつかの地方では大勢の魔女が存在すると信じられており、サバトが現実のものとみなされ、魔女が火あぶりになっている、とする。

ここでマルブランシュは一人の羊飼いの例を挙げる。この羊飼いはある日の夕食後、妻と子供にサバトでの「体験」を語る。「彼の想像力は、酒気で適度に温められ、彼はその想像上の集まりに幾度も出席したと信じているので」、その語り口は熱を帯び、真に迫っている。あまりに本当らしく話すため、彼の体験談は家族の想像力にまで奇妙な痕跡を残すことになる。「〔そこで〕目撃したこと、行ったことについて話しているのは、夫であり、父親である。彼は愛され、尊敬されている。〔妻や子供が〕どうして彼を信じないわけがあろうか」[91]。やがて妻と子供は夫＝父親が繰り返し語るサバトの情景に慣れていく。とともに、彼の話に恐怖を抱くようにもなる。そしてついに、彼の話を信じ込んだ家族は、好奇心も手伝って、彼と同じ体験をするべく、身体にある種の薬をなすりつけた上で眠りに落ちる。「このような心の傾向が、さらに彼らの想像力に熱を帯びさせる」[92]。眠りのなかで、妻と子供は羊飼いの話を反芻《はんすう》し、目覚めるや今度は眠っている最中に見た（と信じている）ことを熱心に話し合い、体験の信憑性を補強し合う――マルブランシュは、本来想像の産物に過ぎないものが、このようにして恐怖を引き起こし、現実の体験として信じられてしまうのだと述べる。

またマルブランシュは次のようにも言う。「人間は恐怖を与えられることが好きなのだ。だから自分を正気づかせようとする者に腹を立てる。こうした人々は想像力による病に罹った病人に似ている。〔…〕迷信は、容易には破壊されないものなのである」[93]。マルブランシュにとって、「魔術」はその大部分が想像の産物であり、「迷信」であった。そして魔女信仰概念の中核をなすサバトについても、単なる夢に過ぎないとみなしていた。

> 一部の人々にとっては、夜間に極めて鮮明な夢を見ることはごくありふれたことである。そのような人々は、目覚めているときにその夢を正確に思い起こすことができる。〔…〕サバトに出席したという確信を持つのも、これと同じように説明できる。そう確信するには、彼らの脳が眠っているあいだに作り出された痕跡〔＝夢〕を保存することで十分なのだから[94]。

さらにマルブランシュは次のようにも述べる。人間は通常、夢と現実を混同したりはしないし、夢を夢として認識することができる。逆に言えば、覚醒しているときに行った行為を夢と結びつけることなどありえない。つまり普通の人間は、昼間の現実的な活動を認識の立脚点にして考えるので、夜間の夢と現実とを切り分けることができるのである。

ところが魔女たちは違う。マルブランシュによれば、「魔女たちは想像力のせいで、サバトが夢であるかどうかを判別することができない。なぜなら、サバトには夜に赴くため、そこで起こることを日中のほかの活動と結びつけることなどできないからだ[95]」。人が夢を見る夜間に開催されるサバトで行われる様々な活動――十字架の冒瀆、食人、乱交など――が、昼間の現実的な活動と結びつくはずがない。夜間の想像（すなわち夢）を認識の立脚点にしている魔女には、夢と現実を分別することなど到底できない。「したがって、彼女たちに誤りを気づかせることは、精神的《モラルマン》に不可能なのだ[96]」。

マルブランシュの「魔女＝狂人」観

マルブランシュが、魔女は「想像力のせいで」夢を夢として認識できないと述べていることに注意しよう。本書で縷々検討してきたように、「想像力」という言葉はほとんど常にメランコリーと関係していた。マルブランシュは右に引いた箇所の少し後で、次のように言う。「人間が自分自身のことを雄鶏、山羊、狼、牛であると想像するには、それが普通のことではないが故に、想像力の甚大なる変調が必要である。もっともそうした精神の反転は、聖書がネブカドネツァル王〔73頁参照〕について述べているような神の罰によって、あるいは医学の著作に出てくる例に見られるような、脳内における黒胆汁の超過によって、まま起こるものである[97]」。

マルブランシュは、想像力と黒胆汁の関連性を認めていたのである。しかしその認識は、十七世紀前半以前の思潮とはやや趣を異にしている。マルブランシュにおいては、「メランコリー」よりもむしろ「狂気」とそれを引き起こす「想像力の変調」の方に関心の比重があるのだ。

次に「人狼」についての記述を見てみよう。

人狼ないし狼に変身する人間についての懸念は、さらに滑稽なものである。ある人が毎夜、自分が狼に変身すると信じているとしよう。だが彼は想像力の変調によってこうした狂気に陥っているのである。かかる精神の変調によって、彼は狼が行うあらゆる行為、あるいは狼が行うらしい行為を必ず実行する傾向にある。彼は真夜中に外出し、街路を走り回り、子供に出会ったらこれに襲いかかり、殺害あるいは虐待する。愚かで迷信深い民衆は、つまるところこの狂信家は狼になったのだと想像する。この不幸な人間が、自ら狼であると信じていることに加えて、口を噤《つぐ》んでいることのできない人々にこっそりとそのこと〔自分の秘密〕を打ち明けるからである。[98]

ニコラ・ド・マルブランシュ

マルブランシュの口調には、彼が人狼信仰を非現実的で荒唐無稽なものと考えており、人狼を自称する者を「狂信家」と捉えていることが如実に見て取れる。そして彼にとってこの種の「狂信」は「想像力の変調」による「狂気《フォリ》」であり、そこにメランコリーは何ら関わりがない。マルブランシュは人狼や想像力をメランコリーと関連づけようとは一切していない。

以上見てきたようなマルブランシュの想像力、メランコリー、狂気についての捉え方は、十七世紀前半以前の通説と明らかに異なっていると言える。マルブランシュにおいては、想像力はメランコリーと切り離され、人狼などの動物変身譚はある種の精神疾患、つまり「狂気」とみなされている。このことはひいては、マルブランシュにおいても「想像と現実の分離」が意識化されつつあったことを示しているのではないだろうか。

しかし、マルブランシュは最終的には魔女の実在を否定するまでには至らなかった。彼が魔女の実在性について述べている箇所を見てみよう。

「真正の魔術師〔魔女〕どもが死に値すること、また想像力の上でのみ魔術師である者たちでさえ、完全に無実とみなされてはならないということは疑う余地がない[99]」。「真正の魔術師〔魔女〕など極めて稀にしかおらず、サバトは夢に過ぎない。魔術の告発を棄却する高等法院は最も公正であろう。しかしながら、魔術師、呪文、呪いは存在しうる。また悪魔は、至高の力〔神〕から特別の許しを得て、人間に対して邪な意思を向けることがある。これらのことは全く疑いえない[100]」。

「真正の魔女」のみならず、想像で自ら魔女と思い込んでいる者もまた処罰されるべきと断じながら、サバトの非現実性と「真正の魔女」の稀少さを指摘する。あるいは魔女の告発を棄却する高等法院の公正性を認めながら、「それでも悪魔と魔女は存在する」と言い切る。つまり、数は少ないかもしれないが「真正の魔女」は確かに存在し、その存在が判明すれば必ず罰するべきである――マルブランシュのこうした両義的な態度は、彼の思想的立場をはしなくも表しているものと言えるかもしれない。マルブランシュは、司祭としては帰属するオラトリオ会が信奉するアウグスティヌスの神秘思想を支持し、それにもとづく護教論を展開する使命を負っていた。一方で熱烈なデカルト派《カルテジアン》の哲学者としては、理性にもとづいたデカルト哲学に深く共鳴していた。その両者の総合をめざした末に、こうしたやや曖昧な魔女像が示されることになったのではないか。

いずれにせよ、次のような言葉を見るとき、マルブランシュがやはり十七世紀以前の悪魔学者たちとは異なる時代的・社会的環境に踏み込んでいたことがうかがわれる。「魔術師〔魔女〕は、その存在が信じられているところでは火刑に処される。〔…〕しかし狂人《フー》として扱われるところでは処刑を免れる。やがて時が経つにつれ、人々は彼らがもはや魔術師〔魔女〕ではないことに気づくだろう」[101]。

他者像の解体

ホッブズとマルブランシュにはいずれも、細部の違いこそあれ、「想像と現実の分離」の傾向が見られた。彼らに共通して見出されるこの思考の傾向は、十七世紀第2四半期以降、より強まっていったと考えられる。

ではこうした「想像と現実の分離」は、何を意味しているのだろうか。筆者の考えでは、それは魔女の表象に凝縮された近世西欧の他者像の「解体」にほかならないと思われる。

一五七〇～八〇年代に完成した魔女像とは、近世西欧における医学的人間観を支えていた体液病理説にもとづき、最も忌むべき体液である黒胆汁の支配を受けて「メランコリーに冒された老女」というものであった。この魔女像はしたがって、いわば医学に由来する他者性を有していた。またこの魔女像は、近世西欧社会における負の表象の極致としての「貧民」と「食人するインディオ」という他者性をも融合していた。つまりこの時代の魔女像は、当時の社会の主たる他者性を一身に集め、具現化したイメージであった。

それが十七世紀第2四半期以降、緩慢な動きではあるが、魔女像に融合していた個々の他者性が、魔女像から剝がれ落ち、それぞれ「現実」へ戻り、別の「担い手」を見つけることになる。メランコリーは、一方では健常な者がときおり抱く「気分」として、他方では精神疾患として精神医学の対象となっていく。「貧困」は再び貧民の元へ戻り、「食人」は植民地政策の中で制圧されるべき「敵」としてのインディオの属性となる。このような魔女像の解体は、近世西欧における「最悪の人間類型」すなわち他者のイメージの解体を意味する。忌むべき最悪の存在だったはずの魔女のイメージがぼやけ、敵意の焦点が分散化し、やがて人々は魔女断罪の意気を失ってゆく。魔女裁判の時代を終焉させたもの、それはこの魔女像＝他者像の解体であったと言ってよい。

魔女像の完成から解体に至る過程は、近世西欧における他者像の融合から分解に至る過程でもあった。この過程は、西欧人が他者像を持つことによって、それと自らとの差異化をはかってきたこと、またその他者像を鏡としてどのような自己像を模範ないし理想としていたのかを教えてくれる。それは、精神的な病に冒されておらず、貧しさに喘ぐことなく、食人などというおぞましい行為をなさず、老いていない人間／男性という像である。近世西欧ではまさしくこの人間像が、「想像と現実の分離」を通じて——魔女像の解体とひきかえに——完成したのであり、それがやがて「近代的人間観」の土台となっていったのではないか。

つまりこの時期に起きた魔女像の解体と他者像の分解は、西欧に新たな人間像をもたらしつつ、再び個別の他者像を与える（返す）ことになった。魔女裁判のみならず、古今東西を問わず引き起こされてきた差別と迫害の歴史に明らかなように、ある社会が存続するためには絶えず「他者」が創造される必要があり、それとの差異によって「われわれ」が規定し直されなければならなかった。近世西欧における魔女像の完成から解体へと至るプロセスは、西欧社会の他者像の刷新のプロセスであり、それがひいては西欧「近代」の誕生を意味していたと言えるのかもしれない。

おわりに

18世紀初頭の地図集の挿絵。正義をつかさどるギリシア神話の女神アストライアーを中心に，向かって左側に「文明社会」としてアジアとヨーロッパ，右側に「野蛮な社会」としてアフリカとアメリカが擬人化されて描かれている。背景はそれぞれ大聖堂とジャングルであり対比が鮮やかである。女神が鎮座するのがイギリスであることは，その右脇にライオンが描かれていることからわかる。近代西欧の他者イメージの一つである（ヘルマン・モル著『アトラス・ゲオグラフス』ロンドン，1711年より）。

近世の魔女、近代の他者

本書では西欧の悪魔学や魔女裁判を素材に、他者イメージの凝縮体としての魔女像の形成・完成・衰退のプロセスを様々な史料から解読してきた。その作業はある意味で、「近代西欧」とは何かという問いを考えることと重なっていたと思われる。

西欧社会にとって〈内部の他者〉である「老女」と「貧民」、および〈外部の他者〉であるインディオのイメージを収斂させた近世の魔女とは、「現実領域」と「想像領域」（言葉を換えれば「驚異の世界」）のあわいに蠢く存在であった。さらにこの魔女像は、西欧で長らく信奉されてきた体液病理説にもとづき、「メランコリーに冒された者」という医学的人間観に支えられていた。こうした眼差しは、「最悪の人間類型」を魔女像に付託することによって、「真正の人間」を中心にして成立する社会の階層性や秩序、あるいはアイデンティティを保持することに役立った。つまり魔女とは、当時の西欧社会のヴァルネラビリティ（攻撃誘発性）を一身に引き受けた表象であったと言えよう。

しかし近代への歩みのなかで、「想像の世界」と「現実の世界」はゆっくりと、しかし明確に分離していく。これに伴って、とりわけ十七世紀第2四半期以降、魔女像＝他者像もまた解体されていった。

魔女は次第に「非現実的な存在」とみなされるようになり、「想像世界の住人」として――いわばお伽噺やファンタジーの登場人物として――、つまり虚構の存在として位置づけ直されていく。もはや魔女の実在を信じているような者は「迷信家」として片づけられてしまうだろう。そしてその一方で、魔女像に融合していた他者たちは、再び元の住処に戻り、ある種の「現実化」ないし「実体化」を伴いながら、西欧社会が自己同一性を保つ上で欠かせない他者の表象として別々の場所で生き続けていくことになる。

こうしてその後も貧民、インディオ、精神疾患患者、老人、女性は、それぞれ常に、あるいはしばしば、西欧社会にとっての「壊乱者」として警戒、監視、規律＝訓練、統治、管理の対象であり続けた。あるいは、魔女の夜宴を指す「サバト」や「シナゴーグ」という言葉に端的に表れているようなユダヤ人への差別意識、また西欧の植民地政策正当化のなかで苛烈さを増していく黒人への差別意識なども、この時代に改めて要請された「古くて新しい」他者表象として、魔女に代わって西欧社会のなかにそれぞれの場所を占めていく。

近代の他者像は、もはや曖昧模糊とした想像性に彩られることなく、極めて個別的・現実的・実体的に把握されるものとなった。翻って考えれば、近世の大規模な魔女裁判を成立せしめたものとは、近代とは明らかに異なる他者像、つまり「現実」と「想像」がいまだ濃密に渾融した時代の他者像だったと言えよう。

神話、占星術、医学のその後

本書の考察は、十六世紀末に描かれた「土星《サトゥルヌス》の子供たち」と題する一枚の版画に導かれて始まった。最後に、〈占星術＝神話〉と〈医学にもとづく人間の類型化〉のいずれもが盛り込まれたこの図像の与えるインスピレーションにいまいちど立ち返り、魔女像＝他者像の解体後の西欧社会における神話、医学、他者認識の様相を概観しておきたい。

「惑星の子供たち」のテーマが好例だが、ルネサンス期、神話は人々の生活のなかに重要な位置を占めていた。J・セズネックの言葉を借りれば、十六世紀中頃には「神話は遍在しているように見える」。たとえばイタリアでは、「神話は公的な宮殿にも私的な宮殿にも、時には教会堂にさえも侵入し」、「泉水、庭園、家具、行列、仮面舞踏会」など生活の各場面に登場していた。そして十六世紀末に始まるバロック時代には、「無尽蔵の豊かな図像を提供」しもしたのだった。[1]

しかし十六世紀後半から、そうした神話の受容の様態に変化が現れ始める。まず十六世紀中頃、神話に関する提要《ハンドブック》とも言うべき書物が現れる。リリオ・グレゴリオ・ジラルディの『異教徒たちの神々についての多種多様な歴史』（一五四八年）、ナターレ・コンティの『神話、別名寓話の解釈をめぐる十巻の書』（一五五一年）、ヴィンチェンツォ・カルターリの『古代神像』（一五五六年）である。これらの書物は約一世紀にわたって大きな成功を収め、当時は西欧各地の「どの芸術家や文人たちの書斎にも見られたと推測されうる」[2]ほどであった。たとえばコンティとカルターリの書（両者ともジラルディの書を重要な典拠としている）はいずれも、十六世紀後半から十七世紀前半にかけて、イタリア、ドイツ、フランス各地で数版から十数版を数えたという。またカルターリの『古代神像』の挿絵入りの一五七一年版は、古代ギリシア・ローマの神々だけでなく、オリエント、ケルト、ゲルマンの神々をも扱ったもので、後期プレイヤード派やエリザベス朝の詩人たちは、こうしたいわば雑多な神話の集大成を詩想の大いなる源泉とした。

これらの書物は、宗教改革と反宗教改革を経て、異教がより厳しい眼差しを注がれるようになった「危機と反動の時期」に現れたものであった。そこでは異教の神々はもはや日常生活のなかで敬愛すべき対象ではなく、「冷たい考古学的興味と学者的好奇心」によって扱われるようになった。「神々は愛の対象ではなくなって、研究の一主題[3]となったのである。そこからやがて、神々の表象から道徳的意味を読み取る寓意的方法（いわば図像学的アプローチの先駆）が大いにもてはやされていく。

セズネックに言わせれば、十六世紀末、神話は学問となり、「ますます博識を要するものになり、生気を失い、感覚的でなくなる一方で、ますます紋切型にな」ったのであり、それはすなわち「神々の堕落」の始まりを意味した[4]。

十七世紀に入ると、西欧における神話の受容はさらに変容していく。もはや神話は「合理主義的視点」によって、非合理的な虚構として受け止められるようになるだろう。もちろん、神話が完全に忘却されることはなかったが、それはいまや教化的な効果をもたない「擬英雄詩や、バーレスク〔十七～十八世紀にイギリスを中心に流行した風刺的喜劇〕、政治風刺詩、あるいは他のもじり詩といったもの」、ないし絵画の領域などで専ら扱われることになる。以後、「異教の神々は、〔十八世紀後半～十九世紀初頭の〕ロマン主義〔による〕復興において復活するまで、ほぼ完全に無視されたのである」[5]。本書で取り上げた十六世紀後半から十七世紀中頃にかけての文献のなかに、サトゥルヌスへの言及があまり見られないことも、このような「神話の非活性化」と関わりがあるのかもしれない。

一方、神話と密接な関係を持っていた占星術の受容にも、同じ時期に変化が現れ始めている。このことには、この時期における天文学の画期的な発展が関係している[6]。西欧世界では周知のように、古代から中世を通じて、プトレマイオスの天動説に由来する宇宙観が信じられていた。天動説によれば、宇宙の中心には不動の地球があり、諸惑星はすべての天体を包み込む「天球」に付着している。「天球」のはるか彼方、宇宙の最も外側にある「原動天」は、自転を行いつつ天球を東から西に回転させ、一日に一周、すべての星々に地球の周りを回らせている——そして、こうした宇宙観が占星術の基盤となっていたことは言うまでもない。

十六世紀に入ると、このプトレマイオスの宇宙体系では、観測されるすべてのデータが説明されえないことが強く認識されるようになり、新しい宇宙観が求められるようになった。こうした状況のなかで、すでに古代からあった太陽中心説を見直し、地動説を提唱したのがコペルニクスであった。彼の著作『天球の回転について』が出版されたのは一五四三年のことである。そして一五七二年と一六〇四年に発見された新星、また一五七七年に観察された彗星が、「月より遠い天上界では完全な不変が貫徹する」と説いてきた旧来の体系に決定的に疑問をつきつけることとなった。とりわけ、天文学者であり占星術師でもあったティコ・ブラーエが、緻密な観察データにもとづき、一五七七年の彗星が「月よりも遠くで起きている現象」であることを証明したことは大きな波紋を呼んだ。もはや「天球」という仕組みが絵空事であることは明らかだった。ティコ・ブラーエが残した膨大な観測データをもとに、惑星の楕円軌道説をはじめとする三つの法則を提示し、それまでの宇宙観を根本的に変えたのがケプラーである（第一・第二法則を示した『新天文学』が一六〇九年、第三法則を示した『宇宙の調和』が一六一九年）。そして一六〇九年、ガリレイが望遠鏡を自作し、月面に起伏があること、木星に衛星があること、太陽に黒点があることなど、天上界の新事実を次々と発見していくことになる。これらの観察結果は、従来の宇宙観を完全に覆すものであった。やがてガリレイは一六三二年に『天文対話』を、三九年に『新科学対話』を発表する。

こうして見ると、十六世紀半ばから十七世紀第2四半期にかけて、それまではほとんど渾然一体であった占星術と天文学が次第に分離していったことがわかる。「現実的」学問としての天文学が、「近代科学」として立ち現れてくる過程と言ってもよい。この過程が、本書で見てきた魔女像の変容と軌を一にしていることに注意しておきたい。「土星の子供たち」のテーマの重要な構成要素である神話と占星術は、ともにこの時期に変質し、それまで持っていた活力を失っていくのだ。

「人種」による人間の分類

次に、本書で繰り返し触れてきた〈医学にもとづく人間の類型化〉が、十七世紀以降にどのように変化したかについて、ごく簡単にふれておこう[7]。

本書で見てきたように、十七世紀中頃には、体液病理説の衰退に伴い、魔女像に黒胆汁の要素が結びつけられることは次第になくなっていった。そしてそれと同時に、ボダンに見られたような体液病理説と結びついた気候風土論——あらゆる民族の類型化を目論む理論——に対する疑問も提起されるようになった。しかし、「体液病理説にもとづく人間の類型化」という発想は、十九世紀に至るまで完全に廃れることはなかった。それは西欧／西洋が非西欧／非西洋を識別し、自己の優位性を主張する上でどうしても捨て去ることのできない思想だったのである。

たとえば十八世紀の多くの著名な博物学者は、黒色の肌は肝臓に蓄積された黒胆汁の過剰分泌によるものと考えていた。肌の色の違いで「人種」を分類したこの時代の最も著名な博物学者はリンネであろう（主著『自然の体系』一七三五年）。E・サイードによれば、十八〜十九世紀の西欧知識人の人種観は次のようなものであった。「生理学的・道徳的諸特徴は、多かれ少なかれ均等に配分されている。例えば、アメリカ人種は『赤色、胆汁質、硬直《エレクト》』、アジア人種は『黄色、黒胆汁質、剛直《リジッド》』、アフリカ人種は『黒色、粘液質、弛緩《ラックス》』なのである」。(8)

十八世紀に確立するこのような肌の色を基準とした人間の類型化も、実はその基盤は体液病理説なのであった。体液病理説は、近代以降の人種差別《レイシズム》の本質を考える上でも極めて重要な概念と言えるだろう。十六〜十七世紀には、西欧にとって「内部の他者」である魔女の存在を「理解」ないし「解釈」するために用いられてきた体液病理説が、十七世紀以降には、西欧／西洋による非西欧／非西洋の「理解・解釈」＝差別化に貢献することになる。時代的に連続するこの二つの事象からは、西欧／西洋が「真正の人間」とみなす自己と、「非人間的存在」とみなす他者とを切り分け差別化する営為に、古来、医学が密接に関わっていたことが明確に見て取れる。

このように考えると、本書における魔女をめぐる考察は、西欧にとって「人間」とは何であり、「非人間的存在」とは何であるのかをめぐる考察でもあったと言える。そして近世西欧における魔女像の問題は、より普遍的に捉えるなら、西欧の他者認識の変遷、さらには「西欧近代」とは何かを考えるための一つの重要な糸口になりうると思われる。

ただし、本書における検討と考察は、魔女裁判がなぜ十六世紀後半から十七世紀にかけての西欧で起こったか、またそこで裁かれた魔女とはどのような存在であったのかという問題をめぐるささやかな一試論に過ぎない。本書で抽出した魔女像は、いわば「魔女の理念型《イデアルテュプス》」とでも言うべきものであり、当然にして歴史上の実際の魔女裁判で裁かれた人々の実像とは必ずしも一致しないであろう。また、参照した史料も限定的であり、魔女の表象の普遍性という点ではいまだ多分に検討の余地があろう。魔女裁判と魔女像をめぐる問題の全体像を把握し、その歴史的意味をより深く解明するためには、すでに膨大に蓄積されてきた様々な角度からの個々の研究成果が、より有機的な形で総合されることが求められるはずである。本書の試みがその一端に加わり、「魔女という存在／表象」の歴史的考察の進展に寄与することができればと願う。

あとがき

魔女の表象の変遷を通して中世末から近世にかけての西欧社会の他者イメージを明らかにしたい。ひいては「西欧人とは何者か」「西欧キリスト教社会とは何か」「近代とは何か」という重要な問題に迫ってみたい。大仰な言い方だが、本書はこのような学問的な野望に突き動かされて書かれたものである。

西欧人の他者認識を解明するという研究の姿勢は、往々にして自己と他者、東洋と西洋といった区分けを暗黙の前提としてしまう。本書でもふれたが、これは西欧近世の二項対立的思考につらなるものであり、ややもすると「オリエンタリズム」（西洋による東洋の紋切り型イメージ）ならぬ「オクシデンタリズム」（東洋による西洋の紋切り型イメージ）の罠にはまってしまう恐れがある。本書ではその危険を可能な限り回避するべく努めたつもりだが、昨今の歴史研究や文化研究の認識論的問題を巡る論争が示唆するように、研究対象の完全な客観的理解や解釈は極めて困難と言わざるを得ないし、不可能ですらある。願わくば本書が、単純な二項対立的思考を多少なりと脱し、ありきたりの他者イメージでないものを提示することができていればと思う。

ただ、魔女という、日本の学界や社会ではいわば「キワモノ」扱いされがちな対象を研究する者として、絶えず心に留めおいていたのは、日本で魔女を研究することにどのような意味があるのかということであった。

遠藤周作の「爾《なんじ》も、また」（『留学』所収）という作品にはマルキ・ド・サドを研究するフランス文学者が主人公として出てくるが、彼の煩悶の種が、西欧人でない自分がサドを理解できるのか、それ以前に前提としてサドの思想の背景にあるキリスト教と西欧文化にどう対峙するのかという問題であった。それは一人の日本人がサドを研究することの意味は何なのかという問いにつながる。サド研究がキワモノと言いたいわけでも、またサドと魔女を同一視するわけでもないが、サド研究と魔女研究の位相が似ていると感じている私にとって、この作品のテーマは、ふりはらいたいのにいつまでもまとわりついてくる影法師のようなものである。魔女を通して近代前夜の西欧人の他者認識を解明しようとする本書が、西欧文化の多大な影響を受けて現在に至っている日本で魔女を研究する意味に関して、いくばくかの応答をなしえていることを願っている。

魔女裁判に関する膨大な研究が欧米で蓄積されているなか、「魔女とメランコリー」という一見風変わりなテーマを選んだ理由は三つあった。一つは啓蒙書、専門書を問わず魔女裁判に関する文献でほぼ必ず言及される十六世紀の医者ヴァイヤーが、メランコリーという医学的理由を盾に魔女裁判に反対したという、まさにそのことに関わる。魔女裁判が猛威を振るいつつあった時代にヴァイヤーがわざわざ論拠として持ち出したメランコリーとは、はたしてどのような意味を持つ概念だったのか。ヴァイヤーは多くの文献で「魔女を救おうとした医者」とされ、その行為は英雄的なエピソードとして数行で語られるにとどまるが、「魔女とメランコリー」の問題は深く研究すべきものに思われた。

二つめの理由は、魔女裁判が盛んに行われた時代が大航海時代とほぼ重なるという事実に関わる。西欧人たちがアメリカ大陸、アフリカ大陸、そして日本を含むアジアに金銀・香辛料を求めて荒海に乗り出し、やがて世界中に植民地をつくっていく時代は、まさしくヨーロッパ本土で魔女が次々と火あぶりにされていた時代でもあった。この二つの出来事が同時進行する状況下で、西欧人はどのような世界観や人間観をもって生きていたのかを明らかにしたいと思った。

当初明確な像を結んでいなかったこれら二つの動機を結びつけ、研究にインスピレーションを与えてくれたのが、本書冒頭でふれた十六世紀末の一枚の版画であった。この魅惑的な版画との出会いが三つめの理由である。この「土星とその子供たち」の図像について調べていくうち、インディオや貧民など当時の西欧社会の周縁者たちがメランコリーという糸で魔女と結ばれていることがわかり、さらには、「魔女とメランコリー」の問題が西欧人の他者イメージや西欧キリスト教社会の問題、また近代という時代の誕生の問題に深く関わっていることがわかってきたのである。

メランコリーは、時代の変遷とともに多様に解釈され、豊穣な意味を蓄えてきた概念であり、魔女の表象だけでなく、西欧文化を読み解くための重要なキーワードともいえる。それは現代欧米の著名な学者たちの動向からも窺える。フロイトを先達とする精神医学分野の人々は当然としても、たとえばヴァールブルク学派の学者たちや、W・ベンヤミン、J・クリステヴァ、G・アガンベンといった思想家など、多くの知識人がメランコリーに高い関心を寄せている。また「鬱」を訴える人が増えていると言われる現代日本社会においても、メランコリーを考えることには意義があると思われる。現代の鬱と過去の西欧社会のメランコリーには類似点もあるが、それ以上に相違点が多い。しかし長い歴史のスパンで見ると、両者は細い糸でつながっているのである。本書が、メランコリーを軸に西欧文化との関係や日本社会における鬱の問題を考える材料ともなればと思う。

本書の構想の種は筆者の東京での大学院時代にまかれたものだが、学生時代を終えて生活環境が変わるなか、多忙にまぎれ研究は遅々として進まなかった。恩師である池上俊一先生には、学会などでお会いするたび研究と出版について励ましの言葉をいただいた。心より感謝を申し上げたい。

最後に、厳しい出版事情のなか本書を出版してくださった新評論には衷心より感謝を申し上げる。編集長の山田洋氏、編集にたずさわっていただいた吉住亜矢氏には大変お世話になった。吉住氏の厳しくも心のこもった丁寧な編集がなければ本書が出版されることはなかった。記して謝意を表したい。

二〇一二年 一月

黒川 正剛

91 *Ibid.*, p. 371.
92 *Ibid.*, p. 372.
93 *Ibid.*, p. 371.
94 *Ibid.*, p. 374.
95 *Ibid.*, p. 375.
96 *Ibid.*
97 *Ibid.*, p. 375.
98 *Ibid.*, p. 374.
99 *Ibid.*, p. 373.
100 *Ibid.*, p. 375.
101 *Ibid.*, p. 373.

●おわりに

1 セズネック（1990），21-25頁。
2 セズネック（1977），295頁。
3 同上，342-343頁。
4 セズネック（1990），25頁。
5 ハード（1990），32頁；セズネック（1977），343-344頁。
6 16世紀から17世紀にかけての天文学の発展については，バターフィールド（1978）；テュゼ（1990）；ローゼン（1990）を参照。
7 17～18世紀における体液病理説にもとづく人間の類型化の問題については，Wheeler (2000), introduction を参照。
8 サイード（1993），上巻，279頁。

169, 172, 174-175, 177-179, 191; レペニース（1987），69, 81, 90, 98-99, 145, 224頁。
29　バイアー（1997），xix, 290頁。
30　同上，79頁。
31　同上，31-35, 193頁。
32　同上，216頁。1630年代に起きた貧困をめぐる状況の重要な変化については，Hindle (2001), p. 81 も参照。
33　バイアー（1997），34頁。
34　同上，35頁。
35　同上，23, 29頁。
36　同上，295-296頁。16世紀後半から17世紀にかけての具体的な貧民像については，乳原（1998）を参照のこと。
37　バイアー（1997），38-39頁。
38　同上，58-60頁；川北（1990），44頁も参照。
39　バイアー（1997），301-304頁。
40　Cubero (1998), p. 85.
41　*Ibid.*, pp. 85-86.
42　*Ibid.*, p. 97.
43　*Ibid.*
44　*Ibid.*, p. 99.
45　*Ibid.*, p. 100.
46　*Ibid.*, p. 101.
47　*Ibid.*, p. 100.
48　*Ibid.*, pp. 83-84；フーコー（1975），69頁。
49　Renaut (1998), p. 291, n. 7.
50　フーコー（1997），156頁。
51　Cubero (1998), p. 113.
52　現代で言うところの「精神病者」の17世紀イングランドおよびフランスにおける「閉じ込め」については，小俣（2000），148, 172頁を参照。
53　トマス（1993），上巻，18頁。
54　バージャー（1992），61-62頁。
55　デイヴィス他（2002），10頁。
56　バージャー（1992），62頁。
57　同上。
58　アーリ他（2001），48頁。
59　デイヴィス（2002），21頁。
60　今井（1990），126, 130-131, 147頁；有賀・大下編（1979），28-29頁；デイヴィス他（2002），13, 22-25頁。
61　Montrose (1993), p. 184.
62　デイヴィス他（2002），26頁。
63　同上，26-27頁；バージャー（1992），92頁。
64　ジャカン（1992），39頁。
65　正木（1995），39-40頁。
66　ジャカン（1992），46頁。
67　阿河（1996），170-171頁；デイヴィス他（2002），20-21頁。
68　ヤコノ（1998），16-17頁。
69　阿河（1996），171頁。
70　ジャカン（1992），22頁。
71　デイヴィス他（2002），20頁；バージャー（1992），106頁。
72　デイヴィス他（2002），27頁。
73　バージャー（1992），83-88頁。
74　シャトレ（1998），166, 168, 174-175, 177-178頁。
75　永井（1946），30頁。
76　Hobbes (1651), p. 92. 以下訳出に際しては必要に応じて邦訳（永井道雄・宗方邦義訳『世界の名著23　ホッブズ（リヴァイアサン）』）を参照した。
77　*Ibid.*
78　Briggs (1996), p. 93.
79　Hobbes, *op.cit.*, p. 93.
80　*Ibid.*, p. 89.
81　*Ibid.*
82　*Ibid.*, p. 140.
83　*Ibid.*, p. 141.
84　*Ibid.*, p. 142.
85　*Ibid.*, p. 145.
86　*Ibid.*, p. 146.
87　シャトレ（1998），189-190頁。
88　同上，193頁。
89　de Malebranche (1674-75), p. 371.
90　*Ibid.*, p. 370.

29 *Ibid.*, S. 164-165.
30 *Ibid.*
31 *Ibid.*, S. 165.
32 *Ibid.*, S. 48.
33 *Ibid.*, S. 124-125.
34 *Ibid.*, S. 33, 189.
35 Burton (1920), Vol.1, A. H. Bullen, "Introduction", pp. vii-viii, xxviii; レペニース（1987），17-18頁。
36 レペニース（1987），18頁；Lyons (1971), p. 113.
37 Lyons (1971), p. 6.
38 *Ibid.*, p. 7. またサルケルド（1996），29-30頁も参照。
39 Lyons (1971), pp. 7-8.
40 *Ibid.*, pp. 9-10; レペニース（1987），29-30頁；サルケルド（1996），30頁。
41 上坪（1989），355-356頁。
42 Burton (1920), Vol. 1, p. 240.
43 *Ibid.*, pp. 146-147.
44 *Ibid.*, p. 229.
45 Lyons (1971), p. 113.
46 上坪（1989），326頁。
47 Burton (1920), Vol. 1, p. 241.
48 *Ibid.*, Vol. 3, p. 50.
49 *Ibid.*, p. 50.
50 *Ibid.*, Vol. 1, p. 399.（第1部第2節，4項－6）
51 *Ibid.*
52 *Ibid.*, Vol. 2, pp. 167-199.（第2部第3節，3項）
53 *Ibid.*, p. 167.
54 上坪（1989），330頁。
55 Burton (1920), Vol. 1, p. 103.
56 *Ibid.*, pp. 103-104.
57 *Ibid.*, Vol. 3, pp. 412-413.（第3部第4節，1項－3）
58 *Ibid.*, Vol. 1, p. 273.（第1部第2節，2項－5）
59 *Ibid.*, Vol. 3, p. 303.
60 *Ibid.*, Vol. 1, p. 264.
61 *Ibid.*, p. 265.
62 *Ibid.*, p. 38.
63 *Ibid.*, p. 39.
64 上坪（1989），322-323, 326頁。

●第6章

1 トマス（1993），上巻，10-11頁。
2 Lindemann (1999), p. 68.
3 *Ibid.*; van de Walle (1997), p. 186.
4 Lindemann (1999), pp. 77-78.
5 バターフィールド（1978），14頁。
6 Lindemann (1999), p. 66.
7 *Ibid.*, pp. 70-71.
8 1525年にガレノスの，翌26年にヒポクラテスの医学文献が再発見され出版されている。Burnstein (1956), p. 16.
9 シンガー（1985），97頁。
10 同上，106頁。
11 同上，107頁；Lindemann (1999), p. 72.
12 ディーバス（1986），107, 110頁。
13 同上，120-121頁；梶原（1994），110-111頁；小川（1964），21-22頁。
14 ディーバス（1986），121頁。
15 Lindemann (1999), p. 75.
16 Midelfort (1999), pp. 110, 118, 121.
17 ディーバス（1986），47, 49頁。
18 Lindemann (1999), p. 76.
19 *Ibid.*, pp. 76-77; Chastel & Cénac (1998), p. 85.
20 Lindemann (1999), p. 77.
21 *Ibid.*
22 *Ibid.*, p. 79.
23 *Ibid.*, p. 80.
24 *Ibid.*, pp. 79-80.
25 *Ibid.*, pp. 82-83.
26 *Ibid.*, p. 83.
27 Jackson (1986), p. 79.
28 17世紀以降，近代へと向かう時期のメランコリー観の変容の詳細については，以下を参照のこと。Lindemann (1999), p. 33; Spierenburg (1991), pp. 168-

85 *Ibid.*, pp. 168-169.
86 *Ibid.*, p. 169.
87 *Ibid.*, p. 186.
88 *Ibid.*, pp. 9-11.
89 *Ibid.*, p. 11.
90 *Ibid.*, pp. 1-2.
91 *Ibid.*, p. 191.
92 *Ibid.*
93 *Ibid.*
94 *Ibid.*, pp. 191-192.
95 *Ibid.*, p. 192.
96 *Ibid.*, pp. 192-193.
97 *Ibid.*, pp. 193-194.
98 *Ibid.*, p. 170. ちなみに，魔女であることから除外される第二の人々とは，呪文を使うような「迷信的な人々」とされている。
99 *Ibid.*, p. 22.
100 *Ibid.*, pp. 22-23.
101 *Ibid.*, p. 24.
102 *Ibid.*, p. 30.
103 ロビンズ（1997），605-607頁。
104 de Lancre (1613), p. 71.
105 *Ibid.*, pp. 74, 86, 189-190, 259.
106 *Ibid.*, pp. 78-79.
107 *Ibid.*, pp. 72-74, 83-88, 91, 188-190, 284-285.
108 黒川（2002），13-24頁。
109 de Lancre, *op.cit.*, p. 349.
110 *Ibid.*, pp. 61, 71-74.
111 *Ibid.*, p. 78.
112 *Ibid.*, p. 79.
113 *Ibid.*, p. 80.
114 *Ibid.*
115 *Ibid.*, p. 349.
116 *Ibid.*, pp. 100-101.
117 *Ibid.*, pp. 119, 121, 127, 266.
118 *Ibid.*, p. 344.
119 *Ibid.*, p. 115.
120 *Ibid.*, pp. 172, 174.
121 *Ibid.*, p. 267.
122 *Ibid.*, pp. 217-220.
123 *Ibid.*, p. 358.

●第5章

1 デカルト（1953），53頁。文脈を考慮し，若干表記を改めた。
2 Kors & Peters (2001), p. 429.
3 Maxwell-Stuart (2001), p. 104.
4 Kors & Peters (2001), pp. 429-430.
5 Maxwell-Stuart (2001), pp. 107-108.
6 *Ibid.*, p. 107.
7 Spee (1982) 所収の訳者 Ritter による序文，S. VII-X；Spee (2003) 所収の訳者 Hellyer による序章，pp. viii-xv. またゼレルト（1992），61-86頁；武田（1995），23-45頁も参照。
8 Spee (2003), Hellyer, Translator's Introduction, p. xvi.
9 Spee (1982), Ritter, Einleitung, S. X.
10 Spee (2003), Hellyer, Translator's Introduction, p. xxxii.
11 *Ibid.*
12 Spee (1992), S. 19.
13 *Ibid.*, S. 21-22.
14 *Ibid.*, S. 22.
15 Larner (1980), pp. 56-57.
16 Spee (1992), S. 22.
17 *Ibid.*, S. 68.
18 *Ibid.*
19 *Ibid.*, S. 73.
20 *Ibid.*, S. 119.
21 *Ibid.*
22 *Ibid.*, S. 25-27.
23 *Ibid.*, S. 163. 引用文中の「被告」はラテン語原典では「告発者（denunciantes）」だが，文脈を考慮し訳語を変えた。
24 *Ibid.*
25 *Ibid.*
26 *Ibid.*
27 *Ibid.*, S. 164.
28 *Ibid.*

21 Briggs (1989), pp. 68-69.

22 Remy (1930), p. 105. 残念ながら原典を参照できなかったため，訳出にあたっては1930年刊の現代英語訳を使用した。

23 *Ibid.*, pp. 118-119.

24 *Ibid.*, p. 130.

25 *Ibid.*, pp. 130-131.

26 Briggs (1989), p. 69.

27 Remy (1930), p. 159.

28 Briggs (1989), p. 72. 16世紀末から17世紀初頭にかけてのロレーヌ地方の社会的・経済的状況に関してR.ブリッグズが典拠としているのは，G. Cabourdin, *Terre et hommes en Lorraine*, 2 vols., Nancy, *Annales de l'Est*, mémoire no.55, 1977 である。

29 Remy (1930), p. 183.

30 *Ibid.*, p. 184.

31 *Ibid.*

32 *Ibid.*

33 *Ibid.*, p. v.

34 *Ibid.*, p. 188.

35 *Ibid.*, p. 27.

36 *Ibid.*, pp. 57, 58.

37 *Ibid.*, p. 47.

38 *Ibid.*

39 *Ibid.*, p. 51.

40 *Ibid.*

41 *Ibid.*, pp. 39, 100, 129.

42 Maxwell-Stuart (1997), p. 209.

43 *Ibid.*, p. 210.

44 *Ibid.*, pp. 220-222.

45 ロビンズ（1997），251頁。

46 Sharpe (2001) 所収の図版3の解説を参照せよ。

47 King James the First (1597), p. xi.

48 *Ibid.*, pp. xi-xii.

49 *Ibid.*, p. 77.

50 *Ibid.*, pp. 43-44.

51 *Ibid.*, pp. 7-8.

52 *Ibid.*, p. 8.

53 Kieckhefer (1989), pp. 151-175.

54 King James the First (1597), p. 43.

55 *Ibid.*, p. 28.

56 *Ibid.*, pp. 29-30.

57 *Ibid.*, p. 30.

58 *Ibid.*, p. 45.

59 *Ibid.*, p. 61.

60 *Ibid.*, p. 32.

61 Rochelandet (1997), p. 18; "Editor's Preface", in Boguet (1971), pp. xii-xiv.

62 ロビンズ（1997），534頁。

63 Rochelandet (1997), pp. 18-19; "Editor's Preface", in Boguet (1971), pp. vii-xii，xv-xx; ロビンズ（1997），534頁。

64 Boguet (1603), p. 59. 訳出にあたってAshwin による現代英語訳も参照したが，1603年版オリジナルとの間でかなり違いが見られる。

65 *Ibid.*

66 *Ibid.*, p. 67.

67 *Ibid.*, p. 82.

68 *Ibid.*, p. 21.

69 *Ibid.*, p. 85.

70 *Ibid.*, p. 121.

71 *Ibid.*, 巻頭の献辞 "A Monseigneur".

72 *Ibid.*, "Preface".

73 *Ibid.*

74 *Ibid.*, p. 122.

75 *Ibid.*, p. 158.

76 *Ibid.*, p. 118.

77 ロビンズ（1997），444-445頁；Sharpe (2003), pp. 91-92; Guiley (1989), pp. 266-267. また黒川（2005），13-25頁も参照せよ。

78 Sharpe (2003), p. 91.

79 *Ibid.*, pp. 91-92.

80 Perkins (1608), pp. 255-256.

81 *Ibid.*, p. 1.

82 *Ibid.*, p. 41.

83 *Ibid.*, p. 183.

84 *Ibid.*, pp. 167-168.

(1972), pp. 86-90, 125 を参照。
122 *Ibid.*, pp. 56-60.
123 Zika (1993), (2003).
124 Henningsen (1980), p. 16.
125 Weyer (1580), Vol. I, pp. 29-31.
126 グリュジンスキ（1992），53，57，162-165頁。
127 Weyer (1885), Vol. I, p. 29.
128 *Ibid.*, p. 290.
129 Scot (1584), p. 26.
130 *Ibid.*, pp. 170-173.
131 Bodin (1580), folio. 198v-199r.
132 *Ibid.*, folio. 197r.
133 *Ibid.*, folio. 197v.
134 *Ibid.*, folio. 120r.
135 *Ibid.*, folio. 68v.
136 *Ibid.*, folio. 93v.
137 Bodin (1593), pp. 11-12.
138 *Ibid.*, p. 12.
139 『歴史を平易に知るための方法 *Methodus ad facilem historiarum cognitionem*』と『国家論』における「気候風土論」については，清末（1990），118-121頁。
140 同上，117頁。
141 Tooley (1953), pp. 65, 70, 81-82; 清末（1990），117-118頁。
142 Tooley (1953), pp. 64, 83.
143 エリオット（1975），78頁。
144 Bodin (1593), p. 13.
145 *Ibid.*, p. 19.
146 *Ibid.*, pp. 29-30.
147 *Ibid.*, p. 44.
148 *Ibid.*, p. 26.
149 *Ibid.*, pp. 30-31.
150 Lestringant (1994), p. 143.
151 Bodin (1593), p. 29.
152 Lestringant (1994), p. 137. レリーは，トゥピナンバ族の食人と復讐を明確に結びつけて論じている。レリー（1987），209頁。
153 レリー（1987），227-228頁。また，16世紀のインディオの図像表現において，垂れた乳房を持つ女性像が増加するという研究がある。このイメージは老女を思わせる。Bucher (1981) を参照。
154 Lestringant (1994), pp. 134-135, 137-140.
155 *Ibid.*, pp. 127-128.

●第4章

1 Haining (1974), p. 76; ロビンズ（1997），165-166頁。
2 Macfarlane (1977), p. 144.
3 Haining (1974), pp. 76-77; ロビンズ（1997），65頁。
4 Haining, *op.cit.*, p. 77.
5 Gifford, in Haining, *op.cit.*, p. 78.
6 Macfarlane (1977), p. 145.
7 Gifford, in Haining, *op.cit.*, p. 80.
8 *Ibid.*, p. 81.
9 *Ibid.*, p. 84.
10 たとえば，サミュエルの妻については *ibid.*, p. 90，教師M・Bについては pp. 89-90，主婦Rについては p. 136 などを参照。
11 *Ibid.*, p. 90.
12 *Ibid.*, p. 89.
13 *Ibid.*, pp. 108-109.
14 *Ibid.*, p. 125.
15 *Ibid.*
16 イングランドの魔女裁判と「使い魔」の関連については，Sharpe, "The Devil in East Anglia" (1996), pp. 237-254を参照。
17 Kamen (2000), pp. 254-255; ロビンズ（1997），636頁。さらに，Schulte (2000), S. 141 も参照。
18 Kamen (2000), p. 254; Schulte (2000), S. 143.
19 ロビンズ（1997），636頁。ただし，文脈上一部表記を変えた。
20 Kamen (2000), p. 255; Briggs (1989), pp. 66-67.

62 清水（1995），184頁。
63 Lestringant (1995), pp. 286, 290.
64 寺田（1967），69-70頁。
65 小谷・岡田（1984），76-77頁。
66 清水（1995），192頁。
67 エリオット（1975），18-20頁。
68 Bucher (1981), p. 4.
69 ニッペル（1995），43, 54頁。
70 Hanke (1937), pp. 66-102.
71 ニッペル（1995），54-55頁。
72 Hanke (1937), pp. 70-71.
73 Orgel (1987), p. 41.
74 コロンブスの遠征を支援したカスティーリャ王国女王イサベル1世（1451-1504）は，インディオの奴隷化に反対し，インディオの「自由」を主張したことで知られる。しかし，奴隷化してもよい唯一の例外を食人種とした。このことは，インディオの食人行為が，当時の西欧世界にいかに重大なインパクトを与えたかを示している。Mahn-Lot (1990), p. 80.
75 アレンズ（1982），193頁。
76 正木（1995），40-41頁。
77 栗本（1999），290頁。
78 Clark (1997), pp. 35, 48-49.
79 Briggs (1996), p. 99.
80 Brauner (1994), S. 1.
81 正木（1995），46-51頁；ニッペル（1995），40-41頁。
82 Brauner (1994), S. 1.
83 ローリ（1985），527頁。
84 Brauner (1994), S. 1, 21.
85 フェーブル（1996），201頁。
86 正木（1995），46頁。
87 Lestringant (1994), p. 84.
88 本橋（1993），275頁。
89 石原（1992），41頁。
90 正木恒夫は「16世紀20年代になると，『カニバル』の普通名詞化は完了していたとみてよい」としている。正木（1995），46頁。
91 服部（1987），17-18頁。
92 Fuller (1995), p. 16.
93 Palliser (1983), p. 378.
94 服部（1996），34-36頁。
95 服部，同上；林田（2001），212頁。
96 ヤコノ（1998），14-15頁。
97 服部（1996），34-36頁。
98 Palliser (1983), p. 378.
99 Fitzmaurice (1999), p. 30; 今井（1990），124-126頁。
100 Palliser (1983), pp. 290-291.
101 ハクルート（1985），98，102頁。表記の統一のために訳文を若干改変した箇所がある。
102 ローリ（1985），526，535，540，543，551，560，604，606頁。表記の統一のために訳文を若干改変した箇所がある。
103 スミス（1985），429頁。
104 服部（1987），18頁。
105 Lestringant (1995), p. 285.
106 ヤコノ（1998），14-15頁。
107 Lestringant (1995), p. 285; ヤコノ，同上。
108 山田（1986），31頁。
109 関・木村（1984），239頁。
110 Whatley (1987/8), p. 278.
111 *Ibid.*, p. 271.
112 レリー（1987），二宮による「解題」，7頁。
113 レリー（1987），224頁。
114 同上，227-229頁。
115 レリー（1987），二宮による「解題」，11-12頁。
116 ローリ（1985），増田による訳注21（498頁）。
117 ハクルート（1985），越智による「解題」，7頁。
118 関・木村（1984），241頁。
119 Lestringant (1994), p. 198.
120 コーン（1983），74頁。
121 たとえばカタリ派については，Russell

村武（1992），123-127，130-140頁；宮田（1996），27頁。
104 Paré (1971); Matoré (1980), p. 364; Clark (1984), p. 315.
105 Bever (1982), pp. 179-180; Brauner (1995), p. 31.
106 井上（1987），19頁；Bever (1982), p. 157.
107 小林（1992），245頁。
108 Bever (1982), p. 171.
109 *Ibid.*, p. 157.
110 Levack (1987), p. 52.
111 バーク（1989），69頁。
112 Rowlands (2001), pp. 50-89.

●第3章

1 Salgado (1977), p. 11.
2 Jütte (1994), p. 2.
3 福井（1990），115頁。
4 de Vries (1994), p. 19; Jütte (1994), p. 31.
5 Jütte (1994), p. 31.
6 ゲレメク（1993），142頁。
7 Bacci (2000), pp. 2, 6.
8 *Ibid.*, p. 15, Figure 1. 3.
9 堀江・角山（1977），76頁。
10 荒井（1980），69頁。
11 ゲレメク（1993），125-126頁。
12 Bacci (2000), pp. 15-16.
13 岡田（1997），164頁；ゲレメク（1993），126，128頁。
14 ゲレメク（1993），175頁。
15 福井（1990），117-118頁。
16 河原（1988），36頁。
17 ゲレメク（1993），178頁。
18 同上，32-33, 47, 92, 94-95頁。
19 同上，70-71頁。
20 同上，66頁。
21 同上，68頁。
22 同上，3-4, 146-147頁。
23 Spierenburg (1991), p. 10.
24 *Ibid.*, pp. 184-185.
25 Jütte (1994), pp. 10-11.
26 河原（1988），39頁。
27 Jütte (1994), p. 145.
28 バイアー（1997），3-7，12頁。
29 Jütte (1994), pp. 36-37.
30 *Ibid.*, p. 40.
31 *Ibid.*, pp. 24, 40.
32 Bois (1994), pp. 58-60.
33 Hester (1996), pp. 301-302.
34 ゲレメク（1993），129, 132頁。
35 バイアー（1997），xiv-xv頁。
36 福井（1990），116頁。
37 サルガードー（1985），iv, 274, 275, 285頁。
38 バイアー（1997），xvi-xvii頁。
39 サルガードー（1985），285-286頁。
40 福井（1990），119-120頁；Davis (1993), pp.250-251.
41 Weyer (1885), Vol. I, pp. 357-358.
42 Baumgartner et Ménard (1996), p. 575.
43 Weyer (1885), Vol. II, pp. 359-360.
44 Baumgartner et Ménard (1996), p. 502.
45 Weyer (1885), Vol. II, p. 325.
46 Weyer (1885), Vol. I, pp. 604-605.
47 Bodin (1580), folio. 127v.
48 *Ibid.*, folio. 134v.
49 *Ibid.*, folio. 165v.
50 Scot (1584), p. 176.
51 *Ibid.*
52 *Ibid.*, p. 30.
53 *Ibid.*, p. 380.
54 *Ibid.*, p. 381.
55 Goodare (1998), p. 290.
56 Macfarlane (1970b), p. 151.
57 *Ibid.*
58 バイアー（1997），23，29頁。
59 Hopkins (1988) に付された，編者 Ryan の Introduction, p. ii を参照。
60 Willis (1995), pp. 30, 32, 47-48.
61 Sharpe, *Instruments of Darkness* (1996), p. 172.

49 Scot (1584), p. 5. 訳出にあたっては1930年の復刻版を底本とし，1973年版も適宜参照した。
50 *Ibid.*, p. 7.
51 Anglo (1977), p. 128.
52 たとえば，Scot (1584), pp. 365-367, 374, 379, 389.
53 Estes (1983b), pp. 176-178.
54 Scot (1584), p. 5.
55 クリバンスキーほか（1991），181頁を参照。
56 Scot (1584), p. 406.
57 *Ibid.*, p. 81.
58 *Ibid.*
59 *Ibid.*, p. 45.
60 *Ibid.*, p. 42.
61 Burnstein (1949), p. 64; Bever (1982), p. 154; Midelfort (1988), p. 240.
62 Zika (1993), p. 407.
63 クリバンスキーほか（1991），340-342, 562頁。
64 Zika (1993), p. 407; Zika (2003), pp. 333-374; ギンズブルグ（1992），166-167頁；クリバンスキーほか（1991），340-342頁；イエイツ（1984），95-96頁。
65 老齢と身体の衰えを表現するため，サトゥルヌスに杖や松葉杖を添えて描くことがあった。パノフスキー（1971），71頁。
66 Institoris & Sprenger (1990), p. 182.
67 Bever (1982), p. 152.
68 Institoris & Sprenger (1990), pp. 158-159, 312, 391.
69 Bever (1982), p. 154; Lea (1939), Vol. 2, pp. 435-448.
70 Burnstein (1949), p. 64.
71 Anglo (1976), p. 138.
72 Weyer (1885), Vol. I, p. 308.
73 *Ibid.*, p. 303.
74 Scot (1584), pp. 41-42.
75 Wiesner (1993), p. 44.
76 クリバンスキーほか（1991），69頁。
77 トマス（1989），54頁。
78 ベリオ＝サルヴァドール（1995），536頁。
79 Berriot-Salvadore (1990), p. 438.
80 ベリオ＝サルヴァドール（1995），527頁。
81 Berriot-Salvadore (1990), p. 441.
82 Bois (1994), pp. 45-46, 55; Gutton (1988), pp. 12-18, 21, 25-26; Delumeau (1967), pp. 426-428; ミノワ（1996），第9章，第10章；ボーヴォワール（1972上），168-210頁。
83 Bailbé (1964), pp. 98-119.
84 Schleiner (1991), p. 183; Anglo (1977), pp. 110-112.
85 Scot (1584), p. 86.
86 Anglo (1977), pp. 126-127, 129.
87 イーズリー（1983），36頁。
88 Scot (1584), p. 409.
89 Macfarlane (1970), *Witchcraft...*, p. 163.
90 Midelfort (1981), p. 7.
91 Bodin (1580), folio. 225r.
92 Lehmann (1988), p. 115.
93 Bodin (1580), Preface, p. 3.
94 Bodin (1580), folio. 226v.
95 ヒポクラテス「流行病第1巻」，番号16，（1985），234頁。
96 同上。
97 同上。文脈に応じ訳を一部改変した。
98 ヒポクラテス「予言第1巻」第123節，822頁。
99 同上の注記（125）を参照。
100 Anglo (1976), pp. 143-144; イーズリー（1983），32頁。
101 Bodin (1580), Preface, p. 10.
102 Bodin (1580), folio. 92r.「老女としての魔女」に言及している箇所としては他に，folio. 107v, 108v, 128r, 192r など。
103 Brian (1987), pp. 15-27; Bever (1982), p. 177; 吉田（1976），130-136，142-143頁；

も詳しく，ヴァイヤーの主張を把握するためには最も有用である。この増補版は，1885年にブネヴィユ（D. M. Bournevill）が編集したBibliothèque diabolique シリーズの一部として採録されている（2 vols., Paris, 1885）。本書における引用はこのブネヴィユ版からのものである。訳出にあたっては，1583年のラテン語版の現代英訳本（Weyer, 1991, George Mora 編）も適宜参照した。以下で引用箇所を記す場合，ブネヴィユ版の構成に従って巻数を記し（Vol. I / Vol. II），その後に頁数を付す。

14 *Ibid.*, Vol. I, p. 290.

15 *Ibid.*, Vol. II, p. 240.

16 *Ibid.*, Vol. I, p. 300.

17 *Ibid.*, Vol. I, p. 389.

18 *Ibid.*, Vol. I, p. 387.

19 *Ibid.*, Vol. I, p. 146.

20 ドリュモー（2004），334頁。

21 クリバンスキーほか（1991），69，74頁。

22 Weyer (1885), Vol. II, p. 328.

23 *Ibid.*, Vol. II, p. 247.

24 清末（1990），43-49頁。

25 同上，49-76，90-94，138-141頁。また，Robbins (1959), p. 54 も参照。

26 Monter (1969), p. 90; Anglo (1976), p. 141 NB. 21; イーズリー（1983），31-32頁。『魔術師の悪魔狂』の再版リストについては，清末（1990）に所収の「文献目録」（vi-vii頁）を参照せよ。

27 Baxter (1977b), p. 78.

28 Bodin (1580) 冒頭の「献辞 EPISTRE」を見よ（「献辞」は，分量3頁で頁番号は付けられていない）。以下『魔術師の悪魔狂』の引用は Bodin (1580) から行い，フォリオ番号を付す。また訳出にあたっては，適宜1587年版を参照した。

29 ボダンが急遽この「ヨーハン・ヴァイヤーの見解への反駁 REFVTATION DES OPINIONS DE IEAN VvIER」の章を付け加えたことについては以下を参照。Baxter (1977b), p. 77; Jacques-Chaquin (1996), p. 69.

30 Bodin (1580), folio. 218r.

31 *Ibid.*

32 清末（1990），264頁。ボダンの宗教観については，同書97-100頁，および Baxter (1977b), p. 82 を参照。

33 Bodin (1580), folio. 1r.「sorcier」は，厳密には「魔術師」が適切だが，内容的に「sorcière」と同義なのでここでは「魔女」と訳出した。このことは後で検討するボゲのようなフランス語圏の他の悪魔学者にもおおむね当てはまる。ボダンの魔女定義についてはさらに，folio. 14r, 41v, 55r を見よ。

34 *Ibid.*, folio. 42v.

35 *Ibid.*, Preface, pp. 1-2. 16頁から成る「序章 Preface」には頁番号が付いていないため，ここでは便宜上頭から振った番号を記しておく。

36 *Ibid.*, folio. 225v.

37 *Ibid.*, folio. 219v.

38 *Ibid.*, folio. 226r.

39 *Ibid.*, folio. 228r.

40 *Ibid.*, folio. 227r.

41 *Ibid.*, folio. 226r.

42 *Ibid.*, folio. 226r-226v.

43 Anglo (1977), p. 106.

44 *Ibid.*, p. 135 NB) 1; Robbins (1959), pp. 435-454.

45 Anglo (1976), pp. 146-147; Anglo (1977), pp. 107-108; 浜林・井上（1983），160-161頁。

46 Anglo (1977), p. 108.

47 *Ibid.*, pp. 135-136 NB) 3; Estes (1983b), p. 185. ジェイムズ1世による焚書については，Estes, *op.cit.*, p. 185 NB) 44; Robbins (1959), p. 453を参照。

48 Anglo (1977), pp. 135-136 NB) 3.

59 クリバンスキーほか（1991），207，209-210，464頁。

60 同上，207頁。

61 Delumeau (1990), pp. 189-190.

62 *Ibid.*, pp. 194-196, 197-198; Heck (1986), p. 261; Lyons (1971), p. 5; クリバンスキーほか（1991），97，231，233，237-242，253-254頁；ウィトカウアーほか（1969），228-229頁；田中（1981），259頁；若桑（1988），17-62頁。

63 Ficino (1989), p. 117.

64 *Ibid.*, p. 115. また，クリバンスキーほか（1991），144頁を参照。

65 Schiesari (1992), pp. 7, 114. もちろん，メランコリーは男女問わず罹患するが，魔女の表象を考える際には，女性のメランコリーが重要視されなければならない。具体的な医療場面でのメランコリーの罹患状況については，Midelfort (1999), pp. 6-7 の指摘や MacDonald (1981) を参照。

66 Heck (1986), pp. 260-261; Delumeau (1990), p. 196; クリバンスキーほか（1991），254頁。

67 Agrippa von Nettesheim (1898), pp. 186-188. 引用箇所は，クリバンスキーほか（1991），317-319頁に掲載されている邦訳。

68 クリバンスキーほか（1991），286頁。

69 パノフスキー（1971），71頁。

70 Midelfort (1999), pp. 103-104, 107; Delumeau (1990), pp. 202-203; Heck (1986), p. 261.

71 コーン（1978），245頁。

72 Schleiner (1991), pp. 68, 343-344.

73 *Ibid.*, pp. 68-69.

74 *Ibid.*, pp. 109-110.

75 Dithelm (1970), p. 7.

76 Schleiner (1991), pp. 84-90.

77 ドリュモー（2004），350頁；ウィトカウアーほか（1969），232頁。

78 Schleiner (1991), p. 56.

79 *Ibid.*, pp. 56, 42-46, 49-50, 98, 109, 115-120, 171.

80 イエイツ（1984），37，43，52頁。

81 同上，52，64-65，67頁。

82 同上，97-99頁。

83 同上，98-99，101-102，106-108頁。

84 同上，60，207頁。また Delumeau (1990), pp. 194-195 も参照。

85 Midelfort (1999), pp. 148-149, 163.

86 セズネック（1990），21，25頁。

87 クリバンスキーほか（1991），212頁。

88 同上，212頁。さらに，Préaud (1984), pp. 5-6 も参照。

●第2章

1 Levack (1987), pp. 54-55, 171-172.

2 *Ibid.*, p. 54.

3 Englander et al. (1990), pp. 211-212.

4 Levack (1987), p. 55.

5 Danet (1997), p. 16.

6 Levack (1987), p. 51.

7 Edwards (1988), pp. 149-163.

8 森田（1993），22-24頁；森田（1984），21，24頁。

9 Weyer (1991), pp. XXXII-XXXVI, XLII-XLV; Baxter (1977a), pp. 53, 72; Robbins (1959), p. 539; Burnstein (1956), p. 25.

10 Weyer (1991), pp. XXXVII, XL-XLIII, XLVI, LV-LVI.

11 *Ibid.*, pp. XIC-XCII; Anglo (1976), p. 141; Dithelm (1970), p. 4；イーズリー（1983），31頁。

12 Baxter (1977a), p. 53; Anglo (1976), p. 138; Midelfort (1988), p. 238.

13 Weyer (1885), Vol. I, p. 276. 本書では，ヴァイヤーの『悪魔の幻惑について』からの引用は1579年のフランス語増補版から行う。この増補版は1567年のフランス語版の改訂と第6巻部分の新訳から成り，本文でふれたように内容が最

33 ジルボーグ（1958），104頁。
34 神谷（1982）；川喜多（1977），229-230頁。
35 Midelfort (1981), p. 12.
36 Quaife (1987), pp. 6, 204-205; Neugebauer (1978), p. 158; Schoeneman (1977), p. 342; Spanos (1978), *passim*.
37 Anglo (1976).
38 平野（2004）。

●第1章

1 シンガー＆アンダーウッド（1985），27頁；川喜多（1977上），62-66頁。
2 French (2000), p. viii.
3 Lindemann (1999), p. 9.
4 ヒポクラテス「人間の自然性について」（1985），960頁。
5 同上，961-962，964-965頁。
6 同上，972頁。
7 ミノワ（1996），77頁。
8 ヒポクラテス「予言第1巻」（1985），822頁。
9 Jackson (1986), p. 30; Schiesari (1992), p. 97.
10 Jackson (1986), pp. 33-36, 39-41.
11 シンガー＆アンダーウッド（1985），61-62頁；クリバンスキーほか（1991），65-66頁；神谷（1982），109頁。
12 Jackson (1986), p. 42.
13 Jackson (1969), p. 375.
14 Galen (1916), p. 203.
15 *Ibid.*, p. 203.
16 Lyons (1971), p. 2.
17 *Ibid.*, p. 3.
18 クリバンスキーほか（1991），33頁；プラトン「パイドロス」（1974），174頁。
19 アリストテレス（1968），413頁（引用に際して若干表記を改めたところがある）。
20 同上，413-414頁。
21 Schiesari (1992), pp. x-xi, 6-7, 104-105, 108, 110.
22 アリストテレス（1968），417頁。
23 同上，412，418頁。
24 ミノワ（1996），60-61頁。
25 Jayne (1925), p. 438.
26 ウォーカー（1988），710頁。
27 Jayne (1925), p. 439.
28 Heck (1986), p. 260.
29 クリバンスキーほか（1991），78-79頁。
30 同上，76-79頁。
31 リーゼンフーバー（2000），211頁。
32 Jackson (1986), pp. 48-49.
33 *Ibid.*, p. 60.
34 *Ibid.*, pp. 48-49, 60.
35 シッパーゲス（1993），166，168頁。
36 Jackson (1969), p. 374.
37 シッパーゲス（1993），166頁。
38 同上，168-169頁。
39 同上，166-167，172頁。
40 Jackson (1986), pp. 65-66; ドリュモー（2004），372-373頁。
41 Jackson (1986), p. 67.
42 *Ibid.*, p. 74.
43 Delumeau (1990), pp. 172, 178.
44 種村（1994），315頁。
45 同上，317頁。
46 Starobinsky (1963), p. 412; Schleiner (1991), pp. 46, 66-67.
47 クリバンスキーほか（1991），116頁。
48 Henry (1991), pp. 201, 205.
49 *Ibid.*, pp. 200-201.
50 ペリシエ（1974），52頁。
51 クリバンスキーほか（1991），113-114頁。
52 同上，177頁。
53 同上，114-115, 117-118頁。
54 Tinkle (1987), pp. 292-293.
55 *Ibid.*, p. 294.
56 大槻（1988），451頁。
57 クリバンスキーほか（1991），69頁。
58 Schiesari (1992), p. 98.

注

●はじめに

1 セズネック（1977），72-76頁；パノフスキー（1971），71-72頁。

2 Zika (1993), pp. 404, 407-408; Hoak (1981), p. 23; Hoyt (1954), p. 5.

3 高橋裕子（1992），26頁。

4 Bibliothèque nationale 所蔵。版画の描写内容の詳細な解説については，Préaud (1973), Cat., No. 23, pp. 16-19; Zika (1993), pp. 404-405 を参照。なおこの版画の制作年代については，プレオーは16世紀末，ジーカは1580年代か1590年代としている。プレオーは，10年後に発表された論文では制作時期を16・17世紀の変わり目と修正している（Préaud (1983), p. 91）。本書ではこれらの先行研究を総合的に判断し，16世紀末を採用している。

5 Zika (1993), pp. 405-407; Hoak (1981), p. 23.

6 クリバンスキーほか（1991），123頁。

7 Salgado (1977), pp. 98-99.

8 Henry (1991), pp. 207-208.

9 ボナール（1984），30-31，215頁；シュヴァーブ（1988），254頁；Tinkle (1987), p. 291.

10 パノフスキー（1971），70-71頁。

11 クリバンスキーほか（1991），178頁。

12 多血質が金星に，粘液質が月に結びつけられる場合もある。Lyons (1971), p. 4; ドリュモー（2004），335頁；クリバンスキーほか（1991），190頁。

13 ドリュモー（2004），336頁。

14 阿部（1986），29-31頁。「土星の子供たち」の図像表現において，ユダヤ人が豚で表象されることについては，Zafran (1979), pp. 16-27.

15 Préaud (1983), pp. 89, 91; Zika (1993), pp. 407-408; Delumeau (1990), p. 172; Carr & Kramer (1986), p. 423; Zafran (1979); クリバンスキーほか（1991），178，260-261頁；阿部（1986），29-31，170頁。

16 阿部（1986），143頁；阿部（1987），175-221頁。

17 スカール＆カロウ（2004），34頁。

18 トドロフ（1986），184頁。

19 中村（1984），106-110頁。

20 他者としての魔女に言及しているものとして，Brauner (1994), p. 3; Williams (1995), p, 20; Bartra (1997), pp. 79, 81; Zika (2003), p. 458; 清水（1992），9頁；坂部（1989），67-68頁を参照。また，他者としての魔女という問題が，人類学・民俗学における異人論の問題とも関連することについては，山口（1975），95-141頁；小松（1985，1995，1996）；赤坂（1985）；今村（1992）を参照。

21 デイヨン（1982），42頁。

22 エリオット（1975），65-66頁。

23 Bertaux (1996), pp. 85-86.

24 ペンローズ（1985），136-138頁。

25 Levack (1987), pp. 201-206.

26 Pagden (1995), p. 2.

27 Clark (1997), pp. vii-ix.

28 上山＆牟田（1997）（特に牟田，315-345頁）；浜林＆井上（1983）（特に井上，225-240頁）。

29 Briggs (1996), pp. 69-70.

30 Zika (1993); Zika (2003).

31 Barstow (1994); Brauner (1994, 1995); Williams (1995).

32 清水（1992），8-9頁；清水（1995），12-13頁；竹中（1992），76頁；白井（1992），89，93頁。

上山安敏・牟田和男編『魔女狩りと悪魔学』人文書院，1997年
黒川正剛『図説魔女狩り』河出書房新社，2011年
スカール，ジェフリ＆カロウ，ジョン／小泉徹訳『魔女狩り』岩波書店，2004年
バーストウ，アン・ルーエリン／黒川正剛訳『魔女狩りという狂気』創元社，2001年
浜林正夫・井上正美『魔女狩り』教育社，1983年

女とシャリヴァリ』新評論，1982年）
ミシュレ，ジュール／篠田浩一郎訳『魔女』岩波文庫，1983年
ミノワ，ジョルジュ／大野朗子・菅原恵美子訳『老いの歴史：古代からルネサンスまで』筑摩書房，1996年
宮田登『老いと子供の民俗学』白水社，1996年
村上陽一郎『西欧近代科学：その自然観の歴史と構造』新曜社，1971年
村武精一『家と女性の民俗誌』新曜社，1992年
本橋哲也「キャリバンと『食人』の記号：怪奇の表象、表象の怪奇」（『ユリイカ（特集・幻想の博物誌）』1993年1月号）
森田安一「宗教改革の社会史：書籍・説教・木版画・しぐさ」（『史海』31号，1984年）
森田安一『ルターの首引き猫』山川出版社，1993年
ヤコノ，グザヴィエ／平野千果子訳『フランス植民地帝国の歴史』白水社文庫クセジュ，1998年
山口昌男『文化と両義性』岩波書店，1975年
山田睦男『概説ブラジル史』有斐閣，1986年
吉田禎吾『魔性の文化誌』研究社，1976年
ラッセル，ジェフリー・バートン／野村美紀子訳『魔術の歴史』筑摩書房，1987年
リーゼンフーバー，クラウス／矢玉俊彦・佐藤直子訳『西洋古代・中世哲学史』平凡社ライブラリー，2000年
ル＝ロワ＝ラデュリ，エマニュエル／杉山光信訳『ジャスミンの魔女：南フランスの女性と呪術』新評論，1985年
ル＝ロワ＝ラデュリー／二宮宏之訳「歴史家の領域：歴史学と人類学の交錯（1983年11月7日東京日仏会館講演記録）」（『思想』2号，1985年）
ル・ゴフ，ジャック／池上俊一訳「中世の科学的驚異」（ル・ゴフ『中世の夢』名古屋大学出版会，1992年）
歴史学研究会編『南北アメリカの500年　第1巻』青木書店，1992年
レペニース，ヴォルフ／岩田行一・小竹澄栄訳『メランコリーと社会』法政大学出版局，1987年
ローゼン，エドワード／菊池潤訳「宇宙論：古代から1850年まで」（ウィーナー編／荒川他編訳『西洋思想史大事典』1990年）
ロビンズ，ロッセル・ホープ／松田和也訳『悪魔学大全』青土社，1997年
若桑みどり「ルネサンス美術にみる神秘主義：デューラーとミケランジェロに関する試論」（川端香男里編『神秘主義：ヨーロッパ精神の底流』せりか書房，1988年）
脇本平也『宗教学入門』講談社学術文庫，1997年

■魔女裁判全般に関する文献

Behringer, Wolfgang, *Witches and Witch-Hunts: A Global History*, Polity Press, Cambridge, 2004.
Clark, Stuart, *Thinking with Demons: The Idea of Witchcraft in Early Modern Europe*, Oxford University Press, New York, 1997.

日新聞社，1992年
バターフィールド，ハーバート／渡辺正雄訳『近代科学の誕生』講談社学術文庫，1978年
ハード，フレデリック／加藤光也訳「神話：17，18世紀英文学における」（ウィーナー／荒川他編訳『西洋思想大事典』1990年）
服部春彦「大航海時代」（大下尚一・西川正雄・服部春彦・望田幸男編『西洋の歴史〔近現代編〕』ミネルヴァ書房，1987年）
服部春彦「アンシャン・レジームの経済と社会」（柴田・樺山・福井編『世界歴史体系・フランス史2』山川出版社，1996年）
パノフスキー，エルヴィン「時の翁」（浅野徹・阿天坊耀・塚田孝雄・永澤峻・福部信敏訳『イコノロジー研究：ルネサンス美術における人文主義の諸テーマ』美術出版社，1971年
浜林正夫・井上正美『魔女狩り』教育社歴史新書，1983年
林田伸一「最盛期の絶対王政」（柴田・樺山・福井編『世界歴史体系・フランス史2』山川出版社，1996年）
林田伸一「近世のフランス」（福井憲彦編『新版・世界各国史12：フランス史』山川出版社，2001年）
平野隆文『魔女の法廷：ルネサンス・デモノロジーへの誘い』岩波書店，2004年
弘末雅士「近代植民地主義と「食人」：北スマトラを舞台に」（栗本・井野瀬編『植民地経験』人文書院，1999年）
フェーブル，リュシアン／二宮敬訳『フランス・ルネサンスの文明：人間と社会の四つのイメージ』ちくま学芸文庫，1996年
福井憲彦「老い：歴史から現在へ」（『現代思想（特集・老いのトポグラフィー）』1986年1月号
福井憲彦『「新しい歴史学」とは何か』日本エディタースクール出版部，1987年
福井憲彦「『乞う』世界と近代社会」（福井憲彦『鏡としての歴史：現在へのメッセージを読む』日本エディタースクール出版部，1990年）
フーコー，ミシェル／田村俶訳『狂気の歴史：古典主義時代における』新潮社，1975年
フーコー，ミシェル／中村元訳『精神疾患とパーソナリティ』ちくま学芸文庫，1997年
フロイト，ジグムント／加藤正明訳「悲哀とメランコリー」（『改訂版フロイド選集第10巻不安の問題』日本教文社，1969年）
ベリオ＝サルヴァドール，エヴリーヌ／長谷川博子訳「医学と科学の言説」（G. デュビー，M. ペロー監修／ナタリー・ゼモン＝デイヴィス，アルレット・ファルジュ編／杉村和子・志賀亮一監訳『女の歴史：16-18世紀2』藤原書店，1995年
ペリシエ，イヴ／三好暁光訳『精神医学の歴史』白水社文庫クセジュ，1974年
ペンローズ，ボイス／荒尾克己訳『大航海時代：旅と発見の二世紀』筑摩書房，1985年
ボーヴォワール，シモーヌ・ド／朝吹三吉訳『老い』上・下，人文書院，1972年
ボナール，アンドレ／戸張智雄・戸張規子訳『ギリシアの神々』人文書院，1984年
堀江保蔵・角山榮編『基礎経済学大系第4巻：一般経済史』青林書院，1977年
正木恒夫『植民地幻想：イギリス文学と非ヨーロッパ』みすず書房，1995年
ミュシャンブレッド，ロベール／相良匡俊訳「16世紀における魔術・民衆文化・キリスト教：フランドルとアルトワを中心に」（二宮・樺山・福井編『アナール論文選1・魔

竹中豊「白人植民地の自己認識と『他者』認識・1：フランス人」（歴史学研究会編『南北アメリカの500年　第1巻』1992年）
田中英道『ルネサンス像の転換：理性と狂気が融合するとき』講談社，1981年
種村季弘『ビンゲンのヒルデガルドの世界』青土社，1994年
デイヴィス，フィリップ，デイヴィッド・ライアン，デイヴィッド・ブラウン，ロナルド・メンデル，マーク・C. カーンズ（序文）／増田義郎日本語版監修／荒このみ訳『大陸別世界歴史地図3：北アメリカ大陸歴史地図』東洋書林，2002年
ディーバス，アレン・G.／伊東俊太郎・村上陽一郎・橋本眞理子共訳『ルネサンスの自然観：理性主義と神秘主義の相克』サイエンス社，1986年
デイヨン，ピエール／福井憲彦訳『監獄の時代［近代フランスにおける犯罪の歴史と懲治監獄体制の起源に関する試論］』新評論，1982年
テュゼ，エレーヌ・L.／高山宏訳「宇宙のイメージ」（ウィーナー／荒川他編訳『西洋思想大事典1』1990年）
デュルメン，リヒャルト・ファン／佐藤正樹訳『近世の文化と日常生活1：「家」とその住人 16-18世紀』鳥影社，1993年
寺田和夫『人種とは何か』岩波新書，1967年
トドロフ，ツヴェタン／及川馥・大谷尚文・菊地良夫訳『他者の記号学：アメリカ大陸の征服』法政大学出版局，1986年
トマス，キース／山内昶監訳『人間と自然観：近代イギリスにおける自然観の変遷』法政大学出版局，1989年
トマス，キース／荒木正純訳『宗教と魔術の衰退』（上・下）法政大学出版局，1993年
ドリュモー，ジャン／佐野泰雄他訳『罪と恐れ――西欧における罪責意識の歴史：13世紀から18世紀』新評論，2004年
トレヴァー＝ローパー，H. R.／小川・石坂・荒木訳「16・17世紀ヨーロッパの魔女熱狂」（『宗教改革と社会変動』未來社，1978年）
永井道雄「恐怖・不信・平和への道：政治科学の先駆者」（『世界の名著23　ホッブズ，リヴァイアサン』中央公論社，1946年）
中村桂子・宮田登・波多野誼余夫・中内敏夫「「老人」の誕生と「老い」の再生」（宮田・中村他編『老いと「生い」』1992年）
中村雄二郎『術語集』岩波新書，1984年
ニッペル，ウィルフリート／酒井昌美・ジークリット・ベンザー共訳『近代歴史理論と文明・野蛮分析：インディアン・ゲルマン人・ギリシャ人と社会人類学的歴史把握』多賀出版，1995年
ニノー，ジャン・ド／富樫櫻子訳／池上俊一監修『17世紀フランスの悪魔学論争：狼憑きと魔女』工作舎，1994年
野村雅一「未開のフォークロア」（川田編『「未開」概念の再検討（2）』リブロポート，1989年）
バイアー，オーガスタス・L.／佐藤清隆訳『浮浪者たちの世界：シェイクスピア時代の貧民問題』同文舘，1997年
バーク，ピーター／近藤和彦訳「新しい歴史学と民衆文化」（『思想』10号，1989年）
バージャー，トーマス・R.／藤永茂訳『コロンブスが来てから：先住民の歴史と未来』朝

1983年
サイード，エドワード／板垣雄三・杉田英明監修，今沢紀子訳『オリエンタリズム』上・下，平凡社ライブラリー，1993年
坂部恵「異人と語り」（川田順造編『「未開」概念の再検討（Ⅰ）』リブロポート，1989年）
サルガードー，ガーミニ／松村赳訳『エリザベス朝の裏社会』刀水書房，1985年
サルケルド，ダンカン／西山正容・山口和世訳『シェイクスピア時代の狂気と演劇』大阪教育図書株式会社，1996年
シッパーゲス，ハインリッヒ／濱中淑彦監訳『中世の患者』人文書院，1993年
清水透「『発見』：その世界史的意味をさぐる」（歴史学研究会編『南北アメリカの500年・第1巻・「他者」との遭遇』青木書店，1992年）
清水透「コロンブスと近代」（歴史学研究会編『講座世界史1　世界史とは何か：多元的世界の接触と認識』東京大学出版会，1995年）
ジャカン，フィリップ／富田虎男監修『アメリカ・インディアン：奪われた大地』創元社，1992年
シャトレ，フランソワ監修／竹内良知監訳『西洋哲学の知Ⅲ　近代世界の哲学：ミュンツァーからライプニッツへ』白水社，1998年
シュヴァープ，グスターフ／角信雄訳『ギリシア・ローマ神話Ⅲ』白水社，1988年
ショニュ，ピエール／長谷川輝夫訳「17世紀における魔術使いの終焉」（二宮宏之・樺山紘一・福井憲彦編『アナール論文選1　魔女とシャリヴァリ』新評論，1982年）
白井洋子「白人植民地の自己認識と『他者』認識 2：イギリス人・オランダ人」（歴史学研究会編『南北アメリカの500年　第1巻』1992年）
ジルボーグ，グレゴリ／神谷美恵子訳『医学的心理学史』みすず書房，1958年
シンガー，チャールズ，E・アッシュワース・アンダーウッド／酒井シヅ・深瀬泰旦訳『医学の歴史1：古代から産業革命まで』朝倉書店，1985年
スカール，ジェフリ＆ジョン・カロウ／小泉徹訳『魔女狩り』岩波書店，2004年
関雄二・木村秀雄「第Ⅳ章　中間領域・カリブ海・熱帯低地」（『民族の世界史13　民族交錯のアメリカ大陸』，1974年）
セズネック，ジャン／高田勇訳『神々は死なず：ルネサンス芸術における異教神』美術出版社，1977年
セズネック，ジャン／高田勇訳「神話（中世，ルネサンスにおける）」（ウィーナー／荒川他編訳『西洋思想史大事典』1990年）
ゼレルト，ヴォルフガング／武田紀夫訳「ランゲンフェルトのフリードリヒ・シュペー：魔女裁判と拷問に対して戦った人」（『東北学院大学論集・法律学』41号，1992年）
高橋誠「十七世紀英国の魔女論争（上）：魔女裁判と科学革命」（『國學院雑誌』1996年12月号）
高橋誠「十七世紀英国の魔女論争（下）：ジョン・ウエブスターと『いわゆる妖術の正体』」（『國學院雑誌』1997年1月号）
高橋裕子「アダムとエヴァ（原罪）：版画の超絶技巧」（『美はアルプスを越えて：北方ルネサンスⅡ』講談社，1992年）
武田紀夫「フリードリヒ・シュペーの『犯罪の警告』」（斉藤誠二他編『変動期の刑事法学：森下忠先生古稀祝賀』上巻，成文堂，1995年）

耕儀礼』せりか書房，1986年
ギンズブルグ，カルロ／上村忠男訳『夜の合戦：16・17世紀の魔術と農耕信仰』みすず書房，1986年
ギンズブルグ，カルロ／竹山博英訳『神話・寓意・徴候』せりか書房，1986年
ギンズブルグ，カルロ／上村忠男訳「人類学者としての異端裁判官」(『思想』5号，1991年)
ギンズブルグ，カルロ／竹山博英訳『闇の歴史：サバトの解読』せりか書房，1992年
栗原彬「「老い」と〈老いる〉のドラマトゥルギー」(伊東光晴・河合隼雄・福田義也・鶴見俊輔・日野原重明編『老いの発見1　老いの人類史』岩波書店，1986年)
クリバンスキー，R.，パノフスキー，A.，ザクスル，F.／田中英道監訳『土星とメランコリー：自然哲学・宗教・芸術の歴史における研究』晶文社，1991年
栗本英世・井野瀬久美惠編『植民地経験：人類学と歴史学からのアプローチ』人文書院，1999年
栗本英世「『人喰い』の語りの生成」(栗本・井野瀬編『植民地経験』1999年)
グリュジンスキ，セルジュ／落合一泰監修・齋藤晃訳『アステカ王国：文明の死と再生』創元社，1992年
グリーンブラッド，スティーヴン，J.／磯山甚一訳「悪口を習う：16世紀，言語植民地主義の諸相」(『悪口を習う：近代初期の文化論集』法政大学出版局，1993年
グリーンブラッド，スティーヴン，J.／荒木正純訳『驚異と占有：新世界の驚き』みすず書房，1994年
黒川正剛「17世紀初頭のフランス・バスク地方における魔女」(『南大阪大学紀要』4巻2号，2002年)
黒川正剛「近代初期イングランドにおける魔女・驚異・幻覚：W・パーキンズの悪魔学論文（1608年）を手がかりに」(『太成学院大学紀要』7巻，2005年)
クンツェ，ミヒャエル／鍋谷由有子訳『火刑台への道』白水社，1993年
ゲレメク，ブロニスワフ／早坂真理訳『憐れみと縛り首：ヨーロッパ史のなかの貧民』平凡社，1993年
ケンセス，ジョイ／高山宏訳「メラヴィリア：驚異の時代」(『ユリイカ（特集・幻想の博物誌』1993年1月号)
国立西洋美術館監修『デューラーとドイツ・ルネッサンス展』日本経済新聞社，1972年.
小谷凱宣・岡田宏明「第Ⅰ章　北アメリカ」(『民族の世界史13・民族交錯のアメリカ大陸』山川出版社，1984年)
小林亜子「近代フランスにおける〈老年期〉の光と影：「老い」へのまなざしと〈老人〉をとりまく人々の絆をめぐって」(宮田登・中村桂子他編『老いと「生い」：隔離と再生』藤原書店，1992年)
小松和彦『異人論：民俗社会の心性』青土社，1985年
小松和彦「異人論：「異人」から「他者」」(『岩波講座：現代社会学3　他者・関係・コミュニケーション』岩波書店，1995年)
小松和彦「異界・異人論の行方」(『神奈川大学評論（特集・民俗学の可能性：日本文化再考)』23号，1996年)
コーン，ノーマン／江河徹訳『千年王国の追求』紀伊國屋書店，1978年
コーン，ノーマン／山本通訳『魔女狩りの社会史：ヨーロッパの内なる悪霊』岩波書店，

ウィトカウワー，R.／西野嘉章訳「東方の驚異：怪物誌に関する一研究」（大野芳材・西野嘉章訳『アレゴリーとシンボル：図像の東西交渉史』平凡社，1991年）
ウィーナー，フィリップ・P.／荒川幾男他編訳『西洋思想史大事典』平凡社，1990年
ウォーカー，バーバラ／山下主一郎主幹／青木義孝・栗山啓一・塚野千晶・中名生登美子・山下主一郎共訳『神話・伝承事典：失われた女神たちの復権』大修館書店，1988年
上村忠男「歴史家と母たち：カルロ・ギンズブルグの『闇の歴史』を読んで」（上）（『思想』，第5号，1991年）
上山安敏・牟田和男編『魔女狩りと悪魔学』人文書院，1997年
乳原孝『エリザベス朝時代の犯罪者たち：ロンドン・ブライドウェル矯正院の記録から』嵯峨野書院，1998年
エリアーデ，ミルチャ／楠正弘・池上良正訳『オカルティズム・魔術・文化流行』未來社，1978年
エリオット，J. H.／越智武臣・河北稔訳『旧世界と新世界：1492-1650』岩波書店，1975年
大塚和夫「2人のエドワードと20世紀人類学：『当世エジプト人の風俗と慣習』と『オリエンタリズム』のはざまで」（栗本・井野瀬編『植民地経験』1999年）
大塚久雄『近代欧州経済史入門』講談社学術文庫，1996年
大槻真一郎編著「ヒポクラテス医学における四体液」（『ヒポクラテス全集』第3巻，エンタプライズ，1988年）
岡田泰男『経済史入門：現在と過去をむすぶもの』慶應義塾大学出版会，1997年
小川鼎三『医学の歴史』中公新書，1964年
小俣和一郎『精神病院の起源：近代編』太田出版，2000年
梶原博毅『医学史概観』六法出版社，1994年
鍛冶義弘「ラブレーとモンテーニュにおける他者意識」（『人文・社会科学・紀要』42号，大阪府立大学，1994年）
春日直樹「『テンペスト』の弁明：植民地主義批判に対して」（栗本・井野瀬編『植民地経験』）
樺山紘一「遭遇と発見：異文化への視野」（『岩波講座・世界歴史12・遭遇と発見：異文化への視野』岩波書店，1999年）
神谷美恵子『神谷美恵子著作集・精神医学研究2』みすず書房，1982年
上坪正徳「メランコリー・人間・社会：ロバート・バートン『メランコリーの解剖』に関する覚書」（中央大学人文科学研究所編『イギリス・ルネサンスの諸相：演劇・文化・思想の展開』中央大学出版部，1989年）
川北稔『民衆の大英帝国：近世イギリス社会とアメリカ移民』岩波書店，1990年
川喜多愛郎『近代医学の史的基盤』上・下，岩波書店，1977年
河原温「中世末期における貧困と都市の社会政策：イープル改革を中心として」（『歴史学研究』587号，1988年）
菊池理夫「『テンペスト』あるいは操縦者の不安」（『思想』847号，1995年）
清末尊大『ジャン・ボダンと危機の時代のフランス』木鐸社，1990年
ギンズブルグ，カルロ／竹山博英訳『ベナンダンティ：16・17世紀における悪魔崇拝と農

ホッブズ／水田洋・田中浩訳『リヴァイアサン〈国家論〉』河出書房，1966年
ホッブズ／永井道雄・宗片邦義訳『リヴァイアサン』中央公論社，1971年
ミケランジェロ／手紙番号311「フィレンツェ市：ジョヴァン・フラチェスコ・ファトゥッチあて」（杉浦明平訳『ミケランジェロの手紙』岩波書店，1995年
レリー，ジャン・ド／二宮敬訳『ブラジル旅行記』（『フランスとアメリカ大陸・2（大航海時代叢書第Ⅱ期・20）』岩波書店，1987年）
ローリ／平野敬一訳『ギアナの発見』（『イギリスの航海と植民・2（大航海時代叢書第Ⅱ期・18）』，1985年）

【研究文献】

阿河雄二郎「絶対王政成立期のフランス」（柴田三千雄・樺山紘一・福井憲彦編『世界歴史体系・フランス史2・16世紀～19世紀なかば』山川出版社，1996年）
赤坂憲雄『異人論序説』砂子屋書房，1985年
阿部謹也『中世の星の下で』ちくま文庫，1986年
阿部謹也「ヨーロッパ中世賤民成立論」（阿部『中世賤民の宇宙：ヨーロッパ原点への旅』筑摩書房，1987年）
荒井政治『経済社会史入門：西洋と東洋』東洋経済新報社，1980年
アーリ，エドウィン，エリザベス・バケダーノ，レベッカ・アール，キャロライン・ウィリアムズ，アンソニー・マクファレン，ジョゼフ・スミス／増田義郎日本語版監修・訳『大陸別世界歴史地図4：南アメリカ大陸歴史地図』東洋書林，2001年
アリエス，フィリップ／杉山光信・杉山恵美子訳『〈子供〉の誕生：アンシャン・レジーム期の子供と生活』みすず書房，1980年
有賀貞・大下尚一編『概説アメリカ史：ニューワールドの夢と現実』有斐閣，1979年
アレンズ，W.／折島正司訳『人喰いの神話：人類学とカニバリズム』岩波書店，1982年
イエイツ，フランセス／内藤健二訳『魔術的ルネサンス：エリザベス朝のオカルト哲学』晶文社，1984年
池上俊一「人間と自然の死生論」（『岩波講座・世界歴史8・ヨーロッパの成長・11-15世紀』岩波書店，1998年）
石原保徳「「新世界」の挑戦：ヨーロッパ発見にむかって」（『歴史学研究』595号，1989年）
石原保徳「新世界としてのアメリカ」（歴史学研究会編『南北アメリカの500年：第1巻「他者」との遭遇』青木書店，1992年）
イーズリー，ブライアン／市場泰男訳『魔女狩り対新哲学』平凡社クリテリオン叢書，1983年
伊藤進「フランス・ルネサンスの想像界：ピエール・ド・レトワルの『日記』を読む（Ⅰ）～（Ⅳ）」（『中京大学教養論叢』第35巻第1～4号，1994～95年）
井上正美「年齢と魔女：16・7世紀イングランドの場合」（『立命館史学』8号，1987年）
今井宏「ピューリタン革命前の社会と文化」（今井宏編『世界歴史体系・イギリス史2・近世』山川出版社，1990年）
今村仁司『排除の構造』ちくま学芸文庫，1992年
ウィトカウワー，R. &ウィトカウワー，M.／中森義宗・清水忠訳『数奇な芸術家たち：土星のもとに生まれて』岩崎美術社，1969年

Washburn, Wilcomb E., "The Meaning of 'Discovery' in the Fifteenth and Sixteenth Centuries", in *The American Historical Review*, Vol. 68, No. 1, 1962.

Whatley, Janet, "Une révérence réciproque: Huguenot Writing on the New World", *University of Toronto Quarterly*, Vol. 57, No. 2, Winter, 1987-88.

Wheeler, Roxann, *The Complexion of Race: Categories of Difference in Eighteenth-Century British Culture*, University of Pennsylvania Press, Philadelphia, 2000.

Wiesner, Merry E., *Women and Gender in Early Modern Europe*, Cambridge University Press, Cambridge, 1993.

Williams, Gerhird Scholz, *Definig Dominion: The Discours of Magic and Witchcraft in Early Modern France and Germany*, Ann Arbor, University of Michigan Press, 1995.

Willis, Deborah, *Malevolent Nurture: Witch-hunting and Maternal Power in Early Modern England*, Cornell University Press, Ithaca, 1995.

Wirth, Jean, *La Jeune fille et la mort*, Paris, 1979.

Withington, E. T., "Dr. John Weyer and the Witch Mania", in Charles Singer, ed., *Studies in the History and Method of Science*, Vol. 1, Clarendon Press, Oxford, 1917-20.

Zafran, Eric, "Saturn and the Jews", *Journal of the Warburg and Courtauld Institutes*, No. 42, 1979.

Zguta, Russell, "Witchcraft Trials in Seventeenth Century Russia", *American Historical Review*, Vol. 82, 1977.

Zika, Charles, "Les Parties du corps, Saturne et le cannibalisme: représentations visuelles des assemblées des sorcières au XVIe siècle", dans Jacques-Chaquin et Préaud dir., *Le Sabbat des sorciers*, Jérôme Millon, Paris, 1993.

Zika, Charles, *Exorcising Our Demons: Magic, Witchcraft and Visual Culture in Early Modern Europe*, Brill, Leiden, 2003.

■和文文献

【史料】

アリストテレス／戸塚七郎訳「第30巻：思慮・理性・知恵に関する諸問題（1）」（『アリストテレス全集11　問題集』岩波書店，1968年）

スミス／平野敬一訳『ヴァージニア入植についての真実の話』（『イギリスの航海と植民・2（大航海時代叢書第Ⅱ期・18)』岩波書店，1985年）

デカルト／落合太郎訳『方法序説』岩波文庫，1953年

ハクルート／越智武臣訳『西方植民論』（『イギリスの航海と植民・2（大航海時代叢書第Ⅱ期・18)』，1985年）

ヒポクラテス／大槻マミ太郎訳「人間の自然性について」（『ヒポクラテス全集』第1巻，エンタプライズ，1985年）

ヒポクラテス／岸本良彦訳「予言第1巻」第123節（同上）

ヒポクラテス／大槻マミ太郎訳「流行病第1巻」番号16（同上）

プラトン／藤沢令夫訳「パイドロス」（『プラトン全集5』岩波書店，1974年）

プラトン／田中美知太郎訳「テアイテトス」（『プラトン全集2』岩波書店，1974年）

and Seventeenth Centuries: An Assessment", *Journal of the History of the Behavioral Sciences*, No. 13, 1977.

Schulte, Rolf, *Hexenmeister: Die Verfolgung von Männern im Rahmen der Hexenverfolgung von 1530-1730 im Alten Reich*, P. Lang, Frankfurt am Main, 2000.

Screech, M. A., *Montaigne and Melancholy: The Wisdom of the Essays*, Susquehanna University Press, Selinsgrove, 1984.

Serroy, Jean, "De Florinde à Hippolyte: deux combats avec le monstre", *XVIIe siècle revue*, No. 96, 1972.

Seznec, Jean, *The Survival of the Pagan Gods: The Mythological Tradition and Its Place in Renaissance Humanism and Art*, tr. by Barbara F. Sessions, Princeton University Press, Princeton, 1981.

Sharpe, James, *Instruments of Darkness: Witchcraft in England 1550-1750*, H. Hamilton, London, 1996.

Sharpe, James, *Witchcraft in Early Modern England*, Longman, Harlow, 2001.

Sharpe, Jim, "The devil in East Anglia: the Matthew Hopkins trials reconsidered", in Barry et al., eds., *Witchcraft in Early Modern Europe*, Cambridge Univ. Press, Cambridge, 1996.

Spanos, Nicholas P., "Witchcraft in Histories of Psychiatry: A Critical Analysis and an Alternative Conceptualization", *Psychological Bulletin*, Vol. 85, No. 2, 1978.

Spierenburg, Pieter, "The Body Adrift: The Image of Madness and Attitudes toward the Insane", in Spierenberg, *The Broken Spell: A Cultural and Anthropological History of Preindustrial Europe*, Rutgers University Press, New Brunswick, 1991.

Spierenburg, Pieter, "Four Centuries of Prison History: Punishment, Suffering, the Body, and Power", in Finzsch and Jütte, eds., *Institutions of Confinement*, Cambridge Univ. Press, Cambridge, 1996.

Starobinski, Jean, "L'Encre de la mélancolie", *La Nouvelle revue française*, No. 11, 1963.

Stronks, G. J., "Die Arzte Sennert und Jonctys über Weyers *De praestigiis daemonum*. Einige Bemerkungen über Weyers Einfluss in der Republick der Vereinigten Niederlande", in Lehmann und Ulbricht, Hrsg., *Vom Unfug des Hexen-Processes*, Harrossowitz, Wiesbaden, 1992.

Throndike, Lynn, "Ch. XLVI. The Literature of Witchcraft and Magic after Wier", in L. Throndike, *A History of Magic and Experimental Science, Vol.6 (The Sixteenth Century)*, Columbia University Press, New York, 1934.

Tinkle, Theresa, "Saturn of the Several Faces: A Study of the Medieval Mythographic Tradition", *Viator*, No. 18, 1987.

Tooley, Marian J., "Bodin and the Medieval Theory of Climate", *Speculum*, No. 28, 1953.

Veldman, Ilya M., "De macht van de planeten over het mensdom in preten naar Maarten de Vos", *Bulletin van het Rijksmuseum*, No. 31, 1983.

Vickers, Brian, ed., *Occult and Scientific Mentalities in the Renaissance*, Cambridge University Press, Cambridge, 1984.

Vries, Jan de, "Population", in Thomas A. Brady, ed., *Handbook of European History 1400-1600: Late Middle Ages, Renaissance and Reformation, Vol. 1, Structures and Assertions*, E. J. Brill, Leiden, 1994.

Walle, Etienne van de, "Flowers and Fruits: Two Thousand Years of Menstrual regulation", *Journal of Interdisciplinary History*, Vol. 28. No. 2, 1997.

Warwick, Jack, "Humanisme chrétien et bons sauvages(Gabriel Sagard, 1623-1636)", *XVIIe siècle revue*, No. 97, 1972.

Palliser, David Michael, *The Age of Elizabeth: England under the later Tudors 1547-1603*, Longman, London, 1983.

Park, Katharine and Lorraine Daston, "Unnatural Conceptions: The Study of Monsters in Sixteenth- and Seventeenth-Century France and England", *Past and Present*, No. 92, 1981.

Pearl, Jonathan L., "French Catholic Demonologists and Their Enemies in the Late Sixteenth and Early Seventeenth Centuries", *Church History*, Vol. 52, No. 4, 1983.

Pelicier, Yves, "Le Corps de la sorcière", dans *Le Corps à la Renaissance, Actes du XXXe colloque de Tours 1987*, sous la direction de Jean Céard et al., Aux Amateurs de Livres, Paris, 1990.

Préaud, Maxime, *Les Sorcières*, Bibliothèque Nationale, Paris, 1973.

Préaud, Maxime, "La Sorcière de Noël", *Hamsa*, No. 7(L'Esoterisme d'Albrecht Dürer, 1), 1977.

Préaud, Maxime, "De Melancholia D. La Mélancholie diabolique", *Les Cahiers de Fontenay*, No. 10, 11, 1978.

Préaud, Maxime, "Saturne, Satan, Wotan et Saint Antoine Ermite", *Les Cahiers de Fontenay*, No. 33, 1983.

Préaud, Maxime, "L'Obscure clarté de la mélancolie: les figures de mélancolie selon l'«Iconologia» de Cesare Ripa", *Nouvelles de l'estampe*, No. 75, 1984.

Quaife, G. R., *Godly Zeal and Furious Rage: The Witch in Early Modern Europe*, St. Martin's Press, New York, 1987.

Rees, Graham, "Francis Bacon's Biological Ideas: A New Manuscript Source", in Vickers, ed., *Occult and Scientific Mentalities in the Renaissance*, 1984.

Renaut, Marie-Hélène, "Vagabondage et mendicité: Délits périmés, réalité quotidienne", *Revue historique*, No. 298, 1998.

Riggs, Don, "Was Michelangelo Born under Saturn?", *Sixteenth Century Journal*, No. 26, 1995.

Robbins, Rossell Hope, *The Encyclopedia of Witchcraft and Demonology*, Crown, New York, 1959.

Rossi, Paolo L., "Society, Culture and the Dissemination of Learning", in Pumfrey et al., *Science, Culture and Popular Belief in Renaissance Europe*, Manchester Univ. Press, Manchester, 1991.

Rochelandet, Brigitte, *Sorcières, diables et bûchers en Franche-Compté*, Cêtre, Besançon, 1997.

Rowe, John Howland, "Ethnography and Ethnology in the Sixteenth Century", *The Kroeber Anthropological Society Papers*, No. 30, 1964.

Rowlands, Alison, "Witchcraft and Old Women in Early Modern Germany", *Past & Present*, No. 173, 2001.

Ruether, Rosemary, "The Persecution of Witches: A Case of Sexism and Agism?", *Christianity and Crisis*, No. 34, 1974.

Russell, Jeffrey Burton, *Witchcraft in the Middle Ages*, Cornell University Press, Ithaca, 1972.

Salgado, Gamini, *The Elizabethan Underworld*, J. M. Dent, London, 1977.

Schiesari, Juliana, *The Gendering of Melancholia: Feminism, Psychoanalysis and the Symbolics of Loss in Renaissance Literature*, Cornell University Press, Ithaca, 1992.

Schleiner, Winfried, "The Nexus of Witchcraft and Male Impotence in Renaissance Thought and Its Reflection in Mann's Doktor Faustus", *Journal of English and Germanic Philology*, No. 84, 1985.

Schleiner, Winfried, *Melancholy, Genius and Utopia in the Renaissance*, Harrassowitz, Wiesbaden, 1991.

Schoeneman, Thomas J., "The Role of Mental Illness in the European Witch Hunts of the Sixteenth

Maxwell-Stuart, P. G., *Witchcraft in Europe and the New World: 1400-1800*, Palgrave, Basingstoke, 2001.

Midelfort, H. C. Erik., "Madness and Problems of Psychological History in the Sixteenth Century", *Sixteenth Century Journal*, No. 12, 1981.

Midelfort, H. C. Erik., "Sin, Melancholy, Obsession: Insanity and Culture in 16th Century Germany", in Kaplan, ed., *Understanding Popular Culture*, Mouton, Berlin, 1984.

Midelfort, H. C. Erik., "Johann Weyer and the Transformation of the Insanity Defense", in R. Po-chia Hsia, ed., *The German People and the Reformation*, Cornell University Press, Ithaca, 1988.

Midelfort, H. C. Erik., "Johann Weyer in medizinisher, theologischer und rechtsgeschichtlicher Hinsicht", in Lehmann und Ulbricht, Hrsg., *Vom Unfug des Hexen-Processes*, Harrossowitz, Wiesbaden, 1992.

Midelfort, H. C. Erik., *A History of Madness in Sixteenth-Century Germany*, Stanford University Press, Stanford, 1999.

Monter, William, "Inflation and Witchcraft: The Case of Jean Bodin", in Theodore K. Rabb and Jerrold E. Siegel, eds., *Actions and Conviction in Early Modern Europe*, Princeton University Press, Princeton, 1969.

Monter, William, *Witchcraft in France and Switzerland*, Cornell University Press, Ithaca, 1976.

Monter, William, *Frontiers of Heresy: The Spanish Inquisition from the Basque Lands to Sicily*, Cambridge University Press, Cambridge, 1990.

Montrose, Louis, "The Work of Gender in the Discourse of Discovery", in Greenblatt, ed., *New World Encounters*, University of California Press, Berkeley, 1993.

Muchembled, Robert, *La Sorcière au village (XVe-XVIIIe siècle)*, Julliard/Gallimard, 1979.

Muchembled, Robert, *Les Derniers bûchers*, Ramsay, Paris, 1981.

Muchembled, Robert, *Sorcières, justices et société aux 16e et 17e siècles*, Imago, Paris, 1987.

Muchembled, Robert, "Satanic Myths and Cultural Reality", in Ankarloo and Henningsen, eds., *Early Modern European Witchcraft*, Clarendon Press, Oxford, 1990.

Muchembled, Robert, *Le Roi et la sorcière: L'Europe des bûchers XVe -XVIIIe siècle*, Desclée, Paris, 1993.

Muchembled, Robert, "Terres de contrastes: France, Pays-Bas, Provinces-Unies", dans Muchembled, dir., *Magie et sorcellerie en Europe du Moyen Age à nos jours*, A. Colin, Paris, 1994.

Murray, Margaret Alice, *The Witch-Cult in Western Europe*, Clarendon Press, Oxford, 1921.

Murray, Margaret Alice, *The God of the Witches*, Faber, London, 1931.

Myres, John Linton, "The Influence of Anthropology on the Course of Political Science", *University of California Publications in History*, Vol. 4, No. 1, 1916.

Narbaits-Jaureguy, Jean-Bernard, "De la sorcellerie en pays basque aux XVIe et XVIIe siècles: Vers l'expertise médico-légale", *GVRE HERRIA*, 1976.

Neugebauer, Richard, "Treatment of the Mentally Ill in Medieval and Early Modern England: A Reappraisal", *Journal of the History of the Behavioral Sciences*, No. 14, 1978.

Orgel, Stephen, "Shakespeare and the Cannibals", in Marjorie Garber, ed., *Cannibals, Witches and Divorce: Estranging the Renaissance*, Johns Hopkins University Press, Baltimore, 1987.

Pagden, Anthony, *Lords of All the World: Ideologies of Empire in Spain, Britain and France c.1500-c.1800*, Yale University Press, New Haven, 1995.

Larose, Paris, 1982.
Lestringant, Frank, *Le Cannibale: Grandeur et décadence*, Perrin, Paris, 1994.
Lestringant, Frank, "Geneva and America in the Renaissance: The Dream of the Huguenot Refuge 1555-1600", *Sixteenth Century Journal*, No. 26/2, 1995.
Levack, Brian, *The Witch-hunt in Early Modern Europe*, Longman, London, 1987.
Levack, Brian, "The Witch", in Rosario Villari, ed., *Baroque Personae*, tr. by Lydia G. Cochrane, University of Chicago Press, Chicago, 1995.
Levack, Brian, "The Great Witch-hunt", in Thomas A. Brady Jr., Heiko A. Oberman and James D. Tracy, eds., *Handbook of European History 1400-1600 : Late Middle Ages, Renaissance and Reformation*, Vol. II, E. J. Brill, Leiden, 1994.
Lindemann, Mary, *Medicine and Society in Early Modern Europe*, Cambridge University Press, Cambridge, 1999.
Lyons, Bridget Gellert, *Voices of Melancholy: Studies in Literary Treatments of Melancholy in Renaissance England*, Routledge & K.Paul, London, 1971.
MacCormack, Sabine, "Demons, Imagination, and the Incas", in S. Greenblatt, ed. *New World Encounters*, University of California Press, Berkeley, 1993.
MacDonald, Michael, *Mystical Bedlam: Madness, Anxiety, and Healing in Seventeenth-Century England*, Cambridge University Press, Cambridge, 1981.
Macfarlane, Alan, "Murray's Theory: Exposition and Comment", in Max Marwick, ed., *Witchcraft and Sorcery: Selected Readings*, Penguin Books, Harmondsworth, 1970 (1970a).
Macfarlane, Alan, *Witchcraft in Tudor and Stuart England*, Routledge & K. Paul, London, 1970 (1970b).
Macfarlane, Alan, "A Tudor Anthropologist: George Gifford's *Discourse* and *Dialogue*", in Anglo, ed., *The Damned Art*, Routledge & K. Paul, London, 1977.
Madar, Maia, "Estonia I: Werewolves and Poisoners", in Ankarloo and Henningsen, *Early Modern European Witchcraft*, Clarendon Press, Oxford, 1990.
Mahn-Lot, Marianne, "La «liberté» de l'Indien d'Amérique aux XVIe et XVIIe siècles et la politique de regroupement", *Revue historique*, No. 284, 1990.
Massing, Jean Michel, "Early European Images of America: The Ethnographic Approach", in Joy A. Levenson, ed., *Circa 1492: Art in the Age of Exploration*, Yale University Press, New Haven, 1991.
Manrou, Robert, *Magistrats et sorciers en France aux XVIIe siècle: Une analyse de psychologie historique*, Seuil, Paris, 1968.
Matoré, Georges, "«Monstre» au XVIe siècle: Étude lexicologique", *Traveaux de linguistique et de literature*, No. 18, 1980.
Max, Frédéric, "Les premières controversies sur la réalité du sabbat dans l'Italie du XVIe siècle: Samuel de Cassini et Vincente Dodo (1505-1507), Gianfrancesco Ponzinibio et Bartolomeo Spina (1520-1525)", dans N. Jacques-Chaquin et M. Préaud, dir., *Le Sabbat des sorciers XVe-XVIIIe siècles*, Jerome Millon, Grenoble, 1993.
Maxwell-Stuart, P. G., "The Fear of the King is Death: James VI and the Witches of East Lothian", in William G. Naphy & Penny Roberts, eds., *Fear in Early Modern Society*, Manchester University Press, Manchester, 1997.

eds., *Science, Culture and Popular Belief in Renaissance Europe*, Manchester University Press, Manchester, 1991.

Hester, Marianne, "Patriarchal Reconstruction and Witch Hunting", in Jonathan Barry, Marianne Hester, and Gareth Roberts, ed., *Witchcraft in early modern Europe : studies in culture and belief*, Cambridge University Press, Cambridge, 1996.

Hindle, Steve, "Dearth, Fasting and Alms: The Campaign for General Hospitality in Late Elizabethan England", *Past & Present*, No. 172, 2001.

Hoak, Dale, "Witch-Hunting and Women in the Art of the Renaissance", *History Today*, No. 31, 1981.

Holmes, Clive, "Women: Witness and Witches", *Past and Present*, No. 140, 1993.

Hoyt, Anna C., "The Woodcuts of the Planets Formerly Attributed to Hans Sebald Beham", *Bulletin of the Museum of Fine Arts (Boston)*, No. 52, 1954.

Hults, Linda C., "Baldung's *Bewitched Groom* Revisited: Artistic Temperament, Fantasy and the 'Dream of Reason'", *Sixteenth Century Journal*, No. 15, 1984.

Jackson, Stanley W., "Galen: On Mental Disorders", *Journal of the History of the Behavioral Sciences*, No. 5, 1969.

Jackson, Stanley W., *Melancholia and Depression from Hippocratic Times to Modern Times*, Yale University Press, New Haven, 1986.

Jacques-Chaquin, Nicole, "*La Démonomanie des sorciers*: une lecture philosophique et politique de la sorcellerie", sous la direction de Yves Charles Zarka, *Jean Bodin: Nature, histoire, droit et politique*, PUF, Paris, 1996.

Jayne, Walter Addison, *The Healing Gods of Ancient Civilizations*, Yale University Press, New Haven, 1925.

Jütte, Robert, *Poverty and Deviance in Early Modern Europe*, Cambridge University Press, Cambridge, 1994.

Kamen, Henry, ed., *Who's Who in Europe 1450-1750*, Routledge, London, 2000.

Kassel, Lauren, "How to Read Simon Forman's Casebooks : Medicine, Astrology, and Gender in Elizabethan London", *Social History of Medicine*, Vol. 12, No.1, 1999.

Kieckhefer, Richard, *Magic in the Middle Ages*, Cambridge University Press, Cambridge, 1989.

Kirsch, Irving, "Demonology and the Rise of Science: An Example of the Misperception of Historical Data", *Journal of the History of the Behavioral Sciences*, No.16, 1980.

Larner, Christina, "Crimen Exceptum? The Crime of Witchcraft in Europe", in V. A. C. Catrell, Bruce Lenman and Geoffrey Parker, eds., *Crime & the Law: The Social History of Crime in Western Europe since 1500*, Europa Publications, London, 1980.

Lehmann, Hartmut, "The Persecution of Witches as Restoration of Order: The Case of Germany", *Central European History*, No. 21, 1988.

Lehmann, Hartmut und Otto Ulbricht, "Motiv und Argumente von Gegnern der Hexenverfolgung von Weyer bis Spee", in Lehmann und Ulbricht, Hrsg., *Vom Unfug des Hexen-Processes*, Harrossowitz, Wiesbaden, 1992.

Lestringant, Frank, "Catholiques et cannibals: Le thème du cannibaisme dans le discours protestant au temps des guerres de religion", dans Pratiques & discours alimentaires à la Renaissance, actes du colloque de Tours 1979, sous la direction de J. -C. Margolin et R. Sauzet, G.-P. Maisonneuve et

Estes, Leland, "The Medical Origins of the European Witchcraze: A Hypothesis", *Journal of Social History*, No. 17, 1983(1983a).

Estes, Leland, "Reginald Scot and His *Discoverie of Witchcraft*: Religion and Science in the Opposition to the European Witchcraze", *Church History*, No. 52, 1983 (1983b).

Feingold, Mordechai, "The Occult Tradition in the English Universities of the Renaissance: A Reassessment", in Vickers, ed., *Occult and Scientific Mentalities in the Renaissance*, Cambridge University Press, Cambridge, 1984.

Finzsch, Norbert, "Elias, Foucault, Oestreich: On a Historical Theory of Confinement", in Finzsch and Robert Jütte, eds., *Institutions of Confinement: Hospitals, Asylums, and Prisons in Western Europe and North America 1500-1950*, Cambridge University Press, Cambridge, 1996.

Fitzmaurice, Andrew, "The Civic Solution to the Crisis of England Colonization 1609-1625", *The Historical Journal*, Vol. 42, No. 1, 1999.

Foucault, Michel, "Medecines, juges et sorcières au XVIIe siècle", *Médecine de France*, No. 200, 1969.

French, Roger, *Ancients and Moderns in the Medical Sciences: From Hippocratic to Harvey*, Ashgate, Aldershot, 2000.

Fuller, Mary C., *Voyages in Print: English Travel to America 1576-1624*, Cambridge University Press, Cambridge, 1995.

Ginzburg, Carlo, "Présomptions sur le sabbat", *Annales E. S. C.*, No. 39, 1984.

Ginzburg, Carlo, "The Witches' Sabbat: Popular Culture or Inquisitorial Stereotype?", in Steven L. Kaplan, ed., *Understanding Popular Culture: Europe from the Middle Ages to the 19th Century*, Mouton, Berlin, 1984.

Ginzburg, Carlo, "Deciphering the Witches' Sabbath", in Bengt Ankarloo and Gustav Henningsen, eds., *Early Modern European Witchcraft: Centres and Peripheries*, Clarendon Press, Oxford, 1990.

Goodare, Julian, "Women and the Witch-hunt in Scotland", *Social History*, Vol. 23, No. 3, October, 1998.

Grevet, Rene, "L'Enseignement charitable en France: essor et crise d'adaptation (milieu XVIIe -fin XVIIIe siècle)", *Revue historique*, No. 301, 1999.

Guiley, Rosemary Ellen, *The Encyclopedia of Witches and Witchcraft*, Facts on File, New York, 1989.

Gutton, Jean-Pierre, *Naissance du vieillard: Essai sur l'histoire des rapports entre les vieillards et la société en France*, Aubier, Paris, 1988.

Hanke, Lewis, "Pope Paul III and the American Indians", *Harvard Theological Review*, Vol. 30, No. 2, April, 1937.

Haristoy, P., "Les Sorciers en pays basque", *Études historiques et religieuses du diocèse de Bayonne*, t.1, 1892.

Heck, Christian, "Entre humanisme et réforme: la Mélancholie de Lucas Cranach l'Ancien", *La Revue du Louvre et des musées de France*, No. 36, 1986.

Heikkinen, Antero and Timo Kervinen, "Finland The Male Dominion", in Ankarloo and Henningsen, eds., *Early Modern European Witchcraft*, Clarendon Press, Oxford, 1990.

Henningsen, Gustav, *The Witches' Advocate: Basque Witchcraft and the Spanish Inquisition*, University of Nevada Press, Reno, 1980.

Henry, John, "Doctors and Healers: Popular Culture and the Medical Profession", in Pumfrey et al.,

Daemonum investigatio peripatetica of Andrea Cesalpino", *Bulletin of the History of Medicine*, No. 69, 1995.

Clark, Stuart, "The Scientific Status of Demonology", in Vickers, ed., *Occult and Scientific Mentalities in the Renaissance*, Cambridge University Press, Cambridge 1984.

Clark, Stuart, "The 'Gendering' of Witchcraft in French Demonology: Misogyny or Polarity", *French History*, Vol. 5, No. 4, 1991.

Clark, Stuart, "The Rational Witchfinder: Conscience, Demonological Naturalism and Popular Superstitions", in Stephen Pumfrey, Paolo L. Rossi and Maurice Slawinski, eds., *Science, Culture and Popular Belief in Renaissance Europe*, Manchester Univ. Press, Manchester, 1991.

Clark, Stuart, "Glaube und Skepsis in der deutschen Hexenliteratur von Johann Weyer bis Friedrich von Spee", in H.Lehmann und O.Ulbricht, Hrsg., *Vom Unfug des Hexen-Processes: Gegner der Hexenverfolgungen von Johann Weyer bis Friedrich Spee*, Harrossowitz, Wiesbaden, 1992.

Clark, Stuart, *Thinking with Demons: The Idea of Witchcraft in Early Modern Europe*, Oxford University Press, New York, 1997.

Clark, Stuart, ed., *Language of Witchcraft: Narrative, Ideology and Meaning in Early Modern Culture*, St. Martin's Press, New York, 2001.

Comensoli, Viviana, "Witchcraft and Domestic Tragedy in The Witch of Edmonton", in Jean R. Brink, Allison, P. Courdert and Maryanne C. Horowitz, eds., *The Politics of Gender in Early Modern Europe*, Sixteenth Century Journal Publishers, Kirksville, 1987.

Coudert, Allison, "The Myth of the Improved Status of Protestant Women: The Case of the Witchcraze", in Jean R. Brink, Allison, P. Courdert and Maryanne C. Horowitz, eds., *The Politics of Gender in Early Modern Europe*, Sixteenth Century Journal Publishers, Kirksville, 1987.

Croix, Alain , "Marx, la chaisière et le petit vélo", dans Jean-Pierre Rioux et Jean-François Sirinelli, dir., *Pour une histoire culturelle*, Seuil, Paris, 1997.

Cubero, José, *Histoire du vagabondage du Moyen Age à nos jours*, Imago, Paris, 1998.

Danet, Amand, "L'Inquisiteur et ses sorcières", dans Henry Institoris & Jacques Sprenger, *Le marteau des sorcières*, Jérôme Millon, Grenoble, 1997.

Daranatz, J. -B., "Bertrand d'Echaux et le Journal de Héroard", *Revue internationale des Études basques*, No. 5, 1911.

Davis, Barbara Beckerman, "Reconstructing the Poor in Early Sixteenth-Century Toulouse", *French History*, Vol. 7, No. 3, 1993.

Davidson, Jane P., *The Witch in Northern European Art 1470-1750*, Luca Verlag, Freren, 1987.

Delumeau, Jean, *La Civilization de la renaissance*, Arthaud, Paris, 1967.

Delumeau, Jean, *Sin and Fear: The Emergence of a Western Guilt Culture 13th – 18th Centuries*, tr. by Eric Nicholson, St. Martin's Press, New York, 1990.

Dithelm, Oskar, "The Medical Teaching of Demonology in the 17th and 18th Centuries", *Journal of the History of the Behavioral Sciences*, No. 6, 1970.

Dubarat, V., "Prêtres sorciers!", *Reclams de Biarn e de Gascougne*, No. V, 1901.

Edwards, Jr. Mark U., "Statistics on Sixteenth-Century Printing", in Phillip N. Bebb and Sherrin Marshall, eds., *The Process of Change in Early Modern Europe: Essays in Honor of Miriam Usher Chrisman*, Ohio University Press, Athens, 1988.

Century Journal Publishers, Kirksville, 1987.
Briggs, Robin, "Witchcraft and Popular Mentality in Lorraine, 1580-1630", in Brian Vickers, ed., *Occult and Scientific Mentalities in the Renaissance*, Cambridge University Press, Cambridge, 1984.
Briggs, Robin, "Witchcraft and Popular Mentality in Lorraine, 1580-1630", in Briggs, *Communities of Belief: Cultural and Social Tensions in Early Modern France*, Clarendon Press, Oxford, 1989.
Briggs, Robin, "Women as Victims? Witches, Judges and the Community (Conference Papers)", *French History*, Vol. 5, No. 4, 1991.
Briggs, Robin, *Witches & Neighbors: The Social and Cultural Context of European Witchcraft*, Viking, New York, 1996.
Brink, Jean R., Allison, P. Courdert and Maryanne C. Horowitz, eds., *The Politics of Gender in Early Modern Europe*, Sixteenth Century Journal Publishers, Kirksville, 1987.
Bucher, Bernadette, *Icon and Conquest: A Structural Analysis of the Illustrations of de Bry's GREAT VOYAGES*, University of Chicago Press, Chicago, 1981.
Burke, Peter , "Witchcraft and Magic in Renaissance Italy: Gianfrancesco Pico and His *Strix*", in Anglo, ed., *The Damned Art*, Routledge & K. Paul, London, 1977.
Burke, Peter, "Overture: The New History, its Past and its Future", in Burke, ed., *New Perspectives on Historical Writing*, Polity Press, Cambridge, 1992.
Burnstein, S. Rosa, "Aspects of the Psychopathology of Old Age: Revealed in Witchcraft Cases of the Sixteenth and Seventeenth Centuries", *British Medical Bulletin*, Vol. 6, No. 1-2, 1949.
Burnstein, S. Rosa, "Demonology and Medicine in the Sixteenth and Seventeenth Centuries", *Folklore*, No. 67, 1956.
Carr, Amelia J. and Richard Kramer, "Child of Saturn: The Renaissance Church Tower at Niederaltaich", *Sixteenth Century Journal*, Vol. 17, No. 4, 1986.
Castenau-L'Estoile, Charlotte de et Carlos Alberto de Moura Ribeiro Zeron," «Une mission glorieuse et profitable» Réforme missionaire et économie sucrière dans la province jésuite du Bresil au début du XVIIe siècle", *Revue de synthese*, Vol. 120, No. 2-3, 1999.
Cauna, Jacques de, *L'Eldorado des Aquitains: Gascons, Basques et Bearnais aux Iles d'Amerique (XVIIe -XVIIIe siècles)*, Atlantica, Biarritz, 1998.
Cervantes, Fernando, "The devil's encounter with America", in Jonathan Barry, Marianne Hester and Gareth Roberts, eds., *Witchcraft in Early Modern Europe: Studies in Culture and Belief*, Cambridge University Press, Cambridge, 1996.
Chastel, Andre, "La Tentation de saint Antoine ou le songe du mélancolique", *Gazette Beaux-arts*, No. 1, 1936.
Chastel, Andre, "La Mélancholie de Laurent de Medicis", *Journal of Warburg Institutes*, No. 8, 1945.
Chastel, Claude & Arnaud Cénac, *Histoire de la médecine: Introduction à l'épistémologie*, Ellipses, Paris, 1998.
Chinard, Gilbert, *L'Exotism américain dans la littetarure française au XVIe siècle: d'après Rabelais, Ronsard, Montaigne etc.*, Slatkine Reprints, Genève, 1978 (réimpression de l'édition de Paris,1911).
Churches, Christine, "Women and Property in Early Modern England: a case-study", *Social History*, Vol. 23, No. 2, May, 1998.
Clark, Mark Edward and Kirk M. Summers, "Hippocratic Medicine and Aristoterian Science in the

The Damned Art, Routledge & K. Paul, London,1977.

Apps, Lara and Andrew Gow, *Male Witches in Early Modern Europe*, Manchester University Press, Manchester, 2003.

Bacci, Massio Livi, *The Population of Europe: A History*, tr. by Cynthia De Nardi Ipsen & Carl Ipsen, Blackwell, Oxford, 2000.

Bailbé, Jacques, "Le Thème de la vieille femme dans la poésie satirique du seizième et du dix-septième siècles", *Bibliothèque de Humanisme et Renaissance*, No.26, 1964.

Baroja, Jurio Caro, *The World of Witches*, tr. by O. N. V. Glendinng, University of Chicago Press, Chicago, 1967.

Barstow, A. L., *Witchcraze: A New History of the Witch Hunts*, Pandora, San Francisco, 1994.

Bartra, Roger, *The Artificial Sauvage: Modern Myths of the Wild Man*, University of Michigan Press, Ann Arbor, 1997.

Baumgartner, Emmanuèle & Philippe Ménard, ed., *Dictionnaire étymologique et historique de la langue française*, Librairie générale française, Paris, 1996.

Baxter, Christopher, "Johann Weyer's *De praestigiis daemonum*: Unsystematic Psychologie", in Anglo, ed., *The Damned Art*, Routledge & K. Paul, London, 1977.

Baxter, Christopher, "Jean Bodin's *De la Démonomanie des Sorciers*: The logic of Persecution", in Anglo, ed., *The Damned Art*, Routledge & K. Paul, London, 1977.

Beecher, Donald A., "Des Médicaments pour soigner la mélancolie: Jacques Ferrand et la pharmacologie de l'amour", *Nouvelle revue du seizième siècle*, No. 4, 1986.

Beecher, Donald A., "L'Amour et le corps: les maladies érotique et la pathologie à la Renaissance", dans *Le Corps à la Renaissance, Actes du XXXe colloque de Tours 1987*, sous la direction de Jean Céard et al., Aux Amateurs de Livres, Paris, 1990.

Berriot-Salvadore, Evelyne, "Corps humain ou corps humains: homme, femme, enfant dans la médecine de la Renaissance", dans *Le Corps à la Renaissance, Actes du XXXe colloque de Tours 1987*, sous la direction de Jean Céard et al., Aux Amateurs de Livres, Paris, 1990.

Bertaux, Roger, *Pauvres et marginaux dans la société française: Quelques figures historiques des rapports entre les pauvres, les marginaux et la société française*, Presses universitaires de Nancy, Nancy, 1994.

Bever, Edward, "Old Age and Witchcraft in Early Modern Europe", in P. N. Stearns, ed., Old Age in Preindustrial Society, Holmes & Meier, New York, 1982.

Boase, Alan M., "Montaigne et la sorcellerie", *Humanisme et Renaissance*, No. 2, 1935.

Boes, Maria R., "Jews in the Criminal-Justice System of Early Modern Germany", *Journal of Interdisciplinary History*, Vol. 30, No. 3, 1999.

Bois, Jean-Pierre, *Histoire de la vieillesse*, Que sais-je?, PUF, Paris, 1994.

Bordes, François, *Sorciers et sorcières: procès de sorcellerie en Gascogne et pays basque*, Privat, Toulouse, 1999.

Brauner, Sigrid, "Cannibals, Witches and Shrews in the 'Civilizing Process'", in S. Bauschinger und S. L. Cocalis, Hrsg., *Neue Welt/Dritte Welt*, Francke, Tübingen, 1994.

Brauner, Sigrid, *Fearless Witches & Frightened Shrews*, University of Massachusetts Press, Amherst, 1995.

Brian, James L., "An Anthropological Perspective on the Witchcraze", in Jean R. Brink, Allison P. Coudert & Maryanne C. Horowitz, eds., *The Politics of Gender in Early Modern Europe*, Sixteenth

Genève, 1971.

Perkins, William, *A Discourse of the Damned Art of Witchcraft*, Cambridge, 1608, in James Sharpe, ed., *English Witchcraft 1560-1736: Volume 1, Early English Demonological Works*, Pickering & Chatto, London, 2003.

Remy, Nicholas, *Daemonolatreiae libri tres*, Lyons, 1595(*Demonolatry: Privy Councillor to the Most Serene Duke of Lorraine, and Public Advocate to his Duchy in 3 Books*, translated by E. A. Ashwin, edited with introduction and notes by the Rev. Montague Summers, John Rodker, London, 1930).

Scot, Reginald, *The Discoverie of Witchcraft*, London, 1584 (edited with explanatory notes, glossary, and introduction by Brinsley Nicholson, EP Publishing, Wakefield, 1973).

Spee, Friedrich, *Cautio Criminalis oder Rechtliches Bedenken wegen der Hexenprozesse*, Frankfurt, 1632, mit acht Kupferstichen aus der «Bilder-Cautio», aus dem Lateinischen übertragen und eingeleitet von Joachim-Friedrich Ritter, Deutscher Taschenbuch Verlag, München, 1982.

Spee von Langenfeld, Friedrich, *Cautio Criminalis or a Book on Witch Trials*, translated by Marcus Hellyer, University of Virginia Press, Charlottesville, 2003.

Weyer, Johann, *Histoires, Disputes et Discours, des Illusions et impostures des diables, des magicians infames, sorcières & empoisonneurs: Des ensorcelez & démoniaques, & de la guérisons d'iceux: Item de la punition que méritent les magicians, les empoisonneurs, & les sorcières. Le tout comprins en Six Livres* (augmentez de moitié en ceste dernière edition)...Pour Jaques Chovet, Genève, MDLXXXIX, Bourneville, ed. 2vols., A. Delahaye et Lecrosnier, coll. Bibliothèque Diabolique, Paris, 1885).

Weyer, Johann, *De praestigiis daemonum*, 1563 (Johann Weyer, *Witches, Devils and Doctors in the Renaissance: Johann Weyer: De Praestigiis Daemonum*, ed. by George Mora, tr. of 1583 Latin Edition, 1st Edition, 1563, Medieval & Renaissance Texts & Studies, Binghamton, 1991).

【史料集】

Englander, David, Diana Norman, Rosemary O'Day and W. R. Owens, eds., *Culture and Belief in Europe 1450-1600: An Anthology of Sources*, B. Blackwell in association with Open University, Cambridge, 1990.

Haining, Peter, ed., *The Witchcraft Papers: Contemporary Records of the Witchcraft Hysteria in Essex 1560-1700*, Hale, London, 1974.

Kors, Alan Charles and Edward Peters, eds., *Witchcraft in Europe 400-1700: A Documentary History*, 2nd ed., University of Pennsylvania Press, Philadelphia, 2001.

Lea, Henry Charles, *Materials toward a History of Witchcraft*, 3 vols., University of Pennsylvania Press, Philadelphia, 1986 (1939).

Mandrou, Robert, *Possession et sorcellerie au XVII ᵉ siècle*, Fayard, Paris, 1979.

【研究文献】

Anglo, Sydney, "Melancholia and Witchcraft: the debate between Wier, Bodin and Scot", in A. Gerlo, ed. *Folie et déraison à la Renaissance*, Éditions de l'Université de Bruxelles, Bruxelles, 1976.

Anglo, Sydney, ed., *The Damned Art: Essays in the Literature of Witchcraft*, Routledge & K. Paul, London, 1977.

Anglo, Sydney, "Reginald Scot's *Discoverie of Witchcraft*: Scepticism and Sudduceeism", in Anglo, ed.

参考文献

■欧文文献（史料…356／史料集…355／研究文献…355）
■和文文献（史料…345／研究文献…344）
■魔女裁判全般に関する文献…338

■欧文文献

【史料】

Agrippa von Nettesheim, Henry Cornelius, *Three Books of Occult Philosophy or Magic, Book One: Natural Magic (De occulta philosophia)*, ed. by Willis F. Whitehead, Hahn & Whitehouse, Chicago, 1898.

Bodin, Jean, *Les six libres de la république*, Lyon, 1593 (Paris, 1576, Livres Cinquième), Corpus des œuvres de philosophie en langue française, Fayard, Paris, 1986.

Bodin, Jean, *De la démonomanie des sorciers, Paris*, 1580 (Georg Olms Verlag, Hildesheim, 1988).

Bodin, Jean, *De la démonomanie des sorciers, Paris*, 1587 (Gutenberg Reprint, Paris, 1979).

Boguet, Henry, *Discourse des sorciers* (*An Examen of Witches*, tr. by E. Allen Ashwin, ed. by Montague Summers, Barnes & Noble, Inc., New York, 1971).

Boguet, Henry, *Discours exécrable des sorciers*, Paris, 1603.（フランス国立図書館ウェブサイト［http://gallica.bnf.fr/］で閲覧可能。最終閲覧日2009/03/16）

Burton, Robert, *The Anatomy of Melancholy*, London, 1651-52 (London, 1621), 3 vols., ed. by A. R. Shilleto, G. Bell, London, 1920 (1893).

Cotta, John, *The Triall of Witch-Craft*, London,1616 (Da Capo Press, New York, 1968).

Ficino, Marsilio, *Three Books on Life*, a critical edition and translation with introduction and notes by Carol V. Kaske and John R. Clark (*De triplici vita*, 1489), Medieval & Renaissance Texts & Studies in conjunction with the Renaissance Society of America, New York, 1989.

Galen, *On the Natural Faculties*, tr. by Arthur John Brock, W. Heinemann, London, 1916.

Gifford, George, *A Dialogue Concerning Witches and Witchcraft*, 1593, in Haining, ed., *The Witchcraft Papers*, Hale, London, 1974.

Hobbes, Thomas, *Leviathan, or The Matter, Forme, and Power of a Common-wealth Ecclesiastical and Civill*, London, 1651 (Penguin Books, London, 1985).

Hopkins, Matthew, *The Discovery of Witches*, London, 1647 (ed. and intro. by David Ryan, Partizan Press, Essex, 1988).

Institoris, Henry and Jacques Sprenger, *Le marteau des sorcières*, Jérôme Millon, Grenoble, 1990.

Institoris(Kramer), Heinrich and James Sprenger, *The Malleus Maleficarum*, 1486(tr. with intro. by Montague Summers, Dover, New York, 1971).

King James the First, *Daemonologie*, Edinbvrgh, 1597 in King James the First, *DAEMONOLOGIE* (1597) and *NEWS FROM SCOTLAND* (1591), Edinburgh University Press, Edinburgh, 1966.

Malebranche, Nicholas de, *Recherche de la vérité*, 1674-75 (tome I, édité par Geneviève Rodis-Lewis, J. Vrin, Paris, 1972).

Lancre, Pierre de, *Tableau de l'inconstance des mauvais anges et démons ou il est amplement traité des sorciers et de la sorcellerie*, Paris, 1613 (Introduction critique et notés par Nicole Jacques-Chaquin, Aubier, Paris,1982).

Paré, Ambroise, *Des Monstres et prodiges* (1573), édition critique et commentées par Jean Céard, Droz,

マ行

ヤ行

ラ行

ワ行

ナ行

ハ行

サ行

タ行

カ行

事項・地名索引

＊頻出する「魔女」「メランコリー」「老女」の項目は立てていない。

ア行

（Helmont, Jan Baptista van） 277-278
ヘンリ7世（Henry VII） 142
ヘンリ8世（Henry VIII） 142
ポイツェル，カスパー（Peucer, Kaspar） 47
ホーキンズ，ジョン（Hawkins, John） 144
ボゲ，アンリ（Boguet, Henri） 173-174, 200-207
『魔女論』 200, 203, 205, 207
ボスウェル伯（Earl of Bothwell [Francis Stewart]） 191
ボダン，ジャン（Bodin, Jean） 55-56, 62-69, 72-76, 82, 93-96, 98-102, 119, 123, 126, 129, 150, 153, 155-168, 173-174, 180-181, 186, 189, 200, 204-207, 219, 227, 229, 239, 256-258, 262, 293
『歴史を平易に知るための方法』 161, 262
『国家論』 159-160, 162-165, 168, 262
『魔術師の悪魔狂』 62, 64-65, 94, 100, 123, 155, 159, 161, 164-166, 168
ボッカッチョ，ジョヴァンニ（Boccaccio Giovanni） 40
『神々の系譜』 40
ホッブズ，トマス（Hobbes, Thomas） 295-301
『リヴァイアサン』 295, 298-299
ボナッティ，グイド（Bonatti, Guido） 162
ホフマン，フリードリヒ（Hoffmann, Friedrich） 278
『医学原理』 278
ホラティウス（Horatius） 155
ホルツィウス，ヘンドリク（Golzius, Hendrik） 2
ポンターヌス（Pontanus） 220
ポンティコス，エウァグリオス（Ponticos, Euagrios） 36

マ行

マイデルフォート，H・C・エリック（Midelfort, H. C. Erik） 16
マグヌス，オラウス（Magnus, Olaus） 157
マクファーレン，アラン（Macfarlane, Alan） 129
正木恒夫 138
マゼラン，フェルディナンド（Magellan, Ferdinand） 140
マルティル，ペドロ（Martir, Pedro） 135, 142
『十巻の書』 135, 142
マルピーギ，マルチェロ（Malpighi, Marcello） 275
マルブランシュ，ニコラ・ド（Malebranche, Nicolas de） 295, 302-307
『真理探究』 302
マンチーニ，ケルソ（Mancini, Celso） 48
ミケランジェロ（Michelangelo） 42, 273
ミュンツァー，トマス（Müntzer, Thomas） 46-47
牟田和男 15
メイザ，コットン（Mather, Cotton） 209
メディシス，マリ・ド（Médicis, Marie de） 284
メディチ，ピエトロ・ド（Medici Pietro de'） 220
モクテスマ（Moctezuma II） 264
モーセ（Moses） 128, 209-211, 213
モル，ヘルマン（Moll, Herman） 311
『アトラス・ゲオグラフス』 311

ヤ行

ヤフェト（Japheth） 133-134
ユリウス2世（Pope Julius II） 134
ヨード，ヘーラルド・ド（Jode, Gérard de） 2

ラ行

ライト，トマス（Wright, Thomas） 253
『心の情念概論』 253
ラス・カサス，バルトロメ・デ（Las Casas, Bartolomé de） 136
ラステル，ジョン（Rastel, John） 142
ランクル，ピエール・ド（Lancre, Pierre de） 156-157, 174, 200, 220-229
『堕天使および悪魔の無節操の図』 156-157, 220-221, 225-227
リシュリュー（Richelieu） 292
リーパ，チェーザレ（Ripa, Cesare） 52
『イコノロジア』 52
リュ，トーマス・ド（Leu, Thomas de） 2
リュサンドロス（Lysandros） 31
リヨン，ブリジット・G（Lyons, Bridget G.） 252
リンダマン，メアリ（Lindemann, Mary） 272, 275, 277-278
『近世ヨーロッパにおける医学と社会』 272
リンネ，カール・フォン（Linné, Carl von） 317
『自然の体系』 317
ル・ボエ，フランツ・ド（フランシスクス・シルウィウス）（le Boë, Franz de） 278

述』 208-209, 211-213
バーク，エドマンド（Burke, Edmund） 291
ハクルート，リチャード（Hakluyt, Richard） 144, 149
『西方植民論』 144, 149
バーストウ，アン・L（Barstow, Anne L.） 16
バターフィールド，ハーバート（Butterfield, Herbert） 271
パッセ，クラスパン・ド（Passe, Crispin de） 2, 3, 6
ハドリアヌス（Hadrianus） 28
バートン，ロバート（Burton, Robert） 235, 250-267, 294
『メランコリーの解剖』 235, 250-254, 256, 261, 264-266
パノフスキー，アーウィン（Panofsky, Erwin） 7, 8, 31, 45, 50, 61
ハム（Ham） 132, 134
パラケルスス（Paracelsus） 275-277, 279
ハリソン，ウィリアム（Harrison, William） 108
『イングランド誌』 108
バルドゥング・グリーン，ハンス（Baldung Grien, Hans） 26, 80, 103, 171
パレ，アンブロワーズ（Paré, Ambroise） 102
『怪物と驚異について』 102
バロー，フィリップ（Barrough, Philip） 252
『医術の方法』 252
ハワード，ヘンリー（Howard, Henry） 48
ビーヴァー，エドワード（Bever, Edward） 103
ヒェイン，ジャック・デ（Gheyn II, Jacques de） 107
ピガフェッタ，アントニオ（Pigafetta, Antonio） 140
ピコ・デッラ・ミランドーラ，ジョヴァンニ（Pico della Mirandola, Giovanni） 48
ビーベス，ファン・ルイス（Vives, Juan Luis） 110
『貧民保護について』 110
ヒポクラテス（Hippocrates） 26-34, 37-38, 41, 50-51, 98-100, 162, 270
ピュタゴラス（Pythagoras） 27
平野隆文 17
ビンスフェルト，ペーター（Binsfeld, Peter） 205
ブアード，アンドルー（Boorde, Andrew） 252
『健康の日課書』 252
ファブリキウス（Fabricius） 47
ファブリキウス，ヒエロニムス（Fabricius, Hieronymus） 274-275
ファロッピオ，ガブリエレ（Fallopio, Gabriele） 274
フィチーノ，マルシリオ（Ficino, Marsilio） 42-43, 48-49, 51, 67, 164
『三重の生について』 42
フィルマー，ロバート（Filmer, Robert） 209
フェラン，ジャック（Ferrand, Jacques） 253
『愛の本質と治癒についての論述，あるいは性愛のメランコリーについて』 253
フォス，マルタン・ド（Vos, Martin de） 2-3
フーコー，ミシェル（Foucault, Michel） 284-285
フッテン，フィリップ・フォン（Hutten, Philipp von） 13
プトレマイオス（Ptolemaios） 161, 315-316
ブライト，ティモシー（Bright, Timothy） 253
『メランコリー論』 253
ブラウナー，ジーグリット（Brauner, Sigrid） 16
ブラーエ，ティコ（Brahe, Tycho） 316
プラトン（Platon） 31, 42
『パイドロス』 31
フランソワ1世（François I） 118, 143
ブリ，テオドール・ド（Bry, Theodore De） 148
『アメリカ史』 148
ブリッグズ，ロビン（Briggs, Robin） 139
プリニウス（大）（Gaius Plinius Secundus） 128
プリモディ，ピエール・ド・ラ（Primaudaye, Pierre de la） 253
『フランス・アカデミー』 253
ブルクマイア，ハンス（Burgkmair, Hans） 91
ブールハーフェ，ヘルマン（Boerhaave, Hermann） 278
プロティノス（Plotinus） 42
ベーコン，フランシス（Bacon, Francis） 298
ベッカー，バルタザール（Bekker, Balthasar） 232-233
『魔法にかけられし世界』 232
ベルト，ロジェ（Bertaux, Roger） 13
ヘルモント，ヤン・バプティスタ・ファン

『希望，または三つの慰め』 41
シャルル9世（Charles IX） 118
シャロン，ピエール（Charron, Pierre） 253
『知恵について』 253
ジャンダン，ジャン・ド（Jandun, Jean de） 162
シャンプラン，サミュエル・ド（Champlain, Samuel de） 291-292
シュヴェンクフェルト（Schwenckfeld） 47
シュターデン，ハンス（Staden, Hans） 147
『蛮界抑留記』 147
シュプレンゲル，ヤーコプ（Sprenger, Jacob） 257-258
『魔女の槌』 55, 62, 72-73, 81, 95, 181, 200, 258
シュペー，フリードリヒ（Spee, Friedrich） 233-240, 242-250, 267, 294
『犯罪への警告』 234, 236-237, 250
ジョルジ，フランチェスコ（Giorgi, Francesco） 48
ジラルディ，G・グレゴリオ（Giraldi, Giglio Gregorio） 314
『異教徒たちの神々についての多種多様な歴史』 314
シルウィウス，フランシスクス（フランツ・ド・ル・ボエ）（Sylvius, Franciscus） 278
ジルボーグ，グレゴリ（Zilboorg, Gregory） 16
スコット，レジナルド（Scot, Reginald） 56, 69-76, 82-94, 98, 100-102, 119, 123, 126-129, 150, 153-155, 165, 167, 173-174, 179, 183, 192-193, 196-197, 207, 213, 217-218, 243-244, 246, 248, 298
『魔術の暴露』 69-71, 86, 126, 153, 174
ストラボン（Strabon） 128, 162
スミス，ジョン（Smith, John） 145
『ヴァージニア入植についての真実の話』 145
聖テレサ（Theresa Ávila） 47
聖ヒルデガルド（ビンゲンの）（Hildegard von Bingen） 37-38
セズネック，ジャン（Seznec, Jean） 314-315
セネカ（Seneca） 33
セプールベダ，ルイス（Sepúlveda, Luis） 136
セム（Sem） 133-134
ソクラテス（Socrates） 31
ソラヌス（エフェソスの）（Solanus of Ephesus） 28

タ行

ダ・ヴィンチ，レオナルド（da Vinci, Leonardo） 273
ダノー，ランベール（Daneau, Lambert） 128, 256
ダーバノ，ピエトロ（d'Abano, Pietro） 190
タンドラー，トビアス（Tandler, Tobias） 47
チャールズ1世（Charles I） 281
ツヴィングリ，ウルリヒ（Zwingli, Ulrich） 47, 49
ティベリウス（Tiberius） 152
デイヨン，ピエール（Deyon, Pierre） 12
ティンクル，テリーザ（Tinkle, Theresa） 39-40
テヴェ，アンドレ（Thevet, André） 147, 149
『南極フランス異聞』 147, 149
デカルト，ルネ（Descartes, René） 232, 278, 298, 302, 307
『方法序説』 232
デスパニェ，ジャン（d'Espagne, Jean） 221
デューラー，アルブレヒト（Dürer, Albrecht） 42-44, 77-78, 84, 97, 273
テルトリアヌス（Tertullianus） 152
『キリスト教護教論』 152
トラヤヌス（Trajanus） 28
ドレイク，フランシス（Drake, Francis） 144

ナ行

ニュートン，アイザック（Newton, Isaac） 272
ネブカドネツァル2世（Nebuchadnezzar II） 72-73, 304
ノア（Noah） 133-134
ノイハウス，ヨハン・フォン（Neuhaus, Johann von） 39
『体質論』 39
ノーグラーディ，マーチャース（Nógrádi, Mátyás） 209

ハ行

ハーヴィ，ウィリアム（Harvey, William） 275
『心臓の運動について』 275
パウルス3世（Pope Paulus III） 136-137
パーキンズ，ウィリアム（Perkins, William） 174, 208-215, 217-219, 228-229
『魔術という忌まわしき術についての論

カボット，ジョン（Cabot, John） 142
カボット，セバスチャン（Cabot, Sebastian） 142-143
カメラリウス，ヨアキム（Camerarius, Joachim） 47
ガリレイ，ガリレオ（Galilei, Galileo） 271, 298, 316
『新科学対話』 316
『天文対話』 316
ガルセス，フリアン（Garcés, Julián） 137
カルダーノ，ジェローラモ（Cardano, Girolamo） 76, 83-84, 92, 94, 101-102
カルターリ，ヴィンチェンツォ（Cartari, Vincenzo） 314
『古代神像』 314
カルチエ，ジャック（Cartier, Jacques） 143
ガルツォーニ，トマゾ（Garzoni, Tommaso） 48
ガレノス（Galenos） 28-37, 41, 50-51, 58, 67-68, 85-86, 98-100, 162, 270-279
カロ，ジャック（Callot, Jacques） 116, 130
カンパネッラ，トマゾ（Campanella, Tommaso） 48
ギフォード，ジョージ（Gifford, George） 173-180
『魔女と魔術に関する問答』 174
『魔女と妖術師による悪魔の狡猾なる策略についての論説』 174-175
ギルバート，ハムフリー（Gilbert, Humphrey） 144
グアッツォ，フランチェスコ・マリア（Guazzo, Francesco Maria） 231, 269
『悪行要論』 231, 269
クザーヌス，ニコラウス（Cusanus, Nicolaus） 39
『カトリックの一致』 39
グッデール，ジュリアン（Goodare, Julian） 129
クラーク，ステュアート（Clark, Stuart） 15, 139
クラーナハ，ルーカス（父）（Cranach, Lucas, the Elder） 77, 79-80, 84, 103
栗本英世 138
クリバンスキー，レイモンド（Klibansky, Raymond） 34
クリュソストモス（Chrysostomos, Johannes） 259
グリランドゥス，パウルス（Grilandus, Paulus） 55
『異端と予言者についての論述』 55
ゲディクス，シモン（Gedicus, Simon） 87
ケプラー，ヨハネス（Kepler, Johannes） 272, 316
『宇宙の調和』 316
『新天文学』 316
ケルスス（Celsus） 28
コッフトー，F・ニコラ（Coeffeteau, F. Nicolas） 253
『人間の情念の図』 253
ゴヌヴィル，ポーミエ・ド（Gonneville, B. Paumier de） 143
コペルニクス，ニコラウス（Copernicus, Nicolaus） 271, 316
『天球の回転について』 316
コリニー，ガスパール・ド（Coligny, Gaspard de） 146
コルテス，エルナン（Cortés, Hernán） 151
コロンブス，クリストファー（Columbus, Christopher） 132, 135, 139-141, 287
『報告書簡』 135
コロンボ，M・レアルド（Colombo, M. Realdo） 274
コーン，ノーマン（Cohn, Norman） 150
コンティ，ナターレ（Conti, Natale） 314
『神話，別名寓話解釈の十巻の書』 314

サ行

サー，エスタシオ・デ（Sá, Estácio de） 146
サー，メン・デ（Sá, Mem de） 146
サイード，エドワード・W（Saïd, Edward W.） 317
サドラー，ヤン（Sadeler, Jan） 5
ザムゾン，ヘルマン（Samson, Hermann） 209
サーンレダム，ピーテル（Saenredam, Pieter J.） 2
ジェイムズ1世（James I）（スコットランド王ジェイムズ6世 James VI） 70, 173, 190-199, 212, 288
『悪魔学』 70, 190-191, 193, 196, 212
シェザーリ，ジュリアーナ（Schiesari, Juliana） 43
ジーカ，チャールズ（Zika, Charles） 16, 150
清水透 16
ジャカン，フィリップ（Jacquin, Philippe） 291
ジャクソン，スタンリー・W（Jackson, Stanley W.） 279
シャープ，ジェイムズ（Sharpe, James） 131, 208
シャルティエ，アラン（Chartier, Alain） 41

人名・書名索引

ア行

アウグスティヌス（Augustinus） 257, 307
『神の国』 257
アクィナス，トマス（Aquinas, Thomas） 34
アグリッパ・フォン・ネッテスハイム，H・C（Agrippa von Nettesheim, H. C.） 42-43, 48-49, 54, 56, 66, 190, 194
『オカルト哲学』 43
アフリカヌス，コンスタンティヌス（Africanus, Constantinus） 34-36, 85
『メランコリーについて』 35-36
アフリカヌス，レオ（Africanus, Leo） 263
アランソン公フランソワ（François d'Alençon） 62
アリストテレス（Aristoteles） 30-34, 42-43, 49, 50-51, 67, 161-162, 164, 275
『問題集』第30巻1 31-34, 42-43, 49-51, 67
アルケラオス（Archelaos） 31
アレクサンドロス（大王）（Aleksandros） 297-298, 300
アレタエウス（カッパドキアの）（Aretaeus of Cappadocia） 28
アレンズ，ウィリアム（Arens, William） 137
アングロ，シドニー（Anglo, Sydney） 17
アンリ4世（Henri IV） 220, 283
イサベル1世（Isabel I de Castilla） 330
井上正美 15, 103
ヴァイディッツ，ハンス（Weiditz, Hans） 53
ヴァイヤー，ヨーハン（Weyer, Johann） 55-76, 82-87, 89-94, 96, 98, 100-102, 119-126, 129, 131, 150-155, 165, 167, 173, 179, 185, 189-190, 192-193, 196-198, 207, 213, 217-219, 229-230, 234, 244-244, 246-248, 256-257, 273-274
『悪魔の幻惑について』 55-56, 63, 119, 151, 230
『魔女について』 63, 256
ウアルテ，ジョン（Huarte, John） 253
『人間の精神についての検査』 253
ヴァルトゼーミュラー，マルティン（Waldseemüller, Martin） 135
『世界誌入門』 135
ヴァルトブルグ=ヴォルフェッグ=ヴァルトゼー（Waldburg-Wolfegg-Waldsee） 7-8
『家の書』 7-8
ウィリアムズ，ゲーアヒルト・S（Williams, Gerhild S.） 16
ウィリス，デボラ（Willis, Deborah） 131
ヴィルガニョン，ニコラ・デュラン・ド（Villegagnon, Nicolas Durand de） 146-147
ヴィルヘルム5世（Wilhelm V） 56
ヴェサリウス，アンドレアス（Vesalius, Andreas） 273-274
『人体の構造に関して』（ファブリカ） 273-274
ヴェスプッチ，アメリゴ（Vespucci, Amerigo） 135, 141
『四回の航海』 135
ヴェラツァーノ，ジョヴァンニ・ダ（Verrazano, Giovanni da） 143
ウォーキントン，トマス（Walkington, Thomas） 48
エギディウス枢機卿（ヴィテルボの）（Egìdio da Viterbo） 48
エドワード6世（Edward VI） 116, 142
エムペドクレス（Empedokles） 31
エラストゥス，トマス（Erastus, Thomas） 256-258
エラスムス（Erasmus） 71
エリオット，ジョン・H（Elliott, John H.） 12-13, 135
エリオット，トマス（Elyot, Thomas） 252
『健康の城』 252
エリザベス女王（Elizabeth I） 144, 281, 288
オアグル，スティーヴン（Orgel, Stephen） 137
オビエド，ゴンサロ・フェルナンデス・デ（Oviedo, Gonzalo Fernández de） 135, 187
『インディアス自然誌提要』 135
『インディアス発見・征服史及び自然誌』 135
オームロッド，オリヴァー（Ormerod, Oliver） 48
オリゲネス（Origenes） 38, 45

カ行

カッシアヌス，ヨハネス（Cassianus, Johannes） 36-37
『隠修士綱要』 36

著者紹介

黒川正剛（くろかわ・まさたけ）

1970年生まれ。東京大学大学院総合文化研究科博士課程単位取得退学。現在, 太成学院大学人間学部准教授。専門は西洋中・近世史。著書に『図説魔女狩り』（河出書房新社，2011），論文に「魔女と女と死」（安田喜憲編『魔女の文明史』八坂書房, 2004),「西欧近世における〈怪異〉」（東アジア恠異学会編『怪異学の技法』臨川書店, 2003),「西洋中世史研究と怪異学」（東アジア恠異学会編『怪異学の可能性』角川書店，2009), “Witches and Imagination in the Late Middle Ages and Early Modern Europe”（*Journal of Western Medieval History*, 26, 2010, The Korean Society for Western Medieval History), 訳書にA·L·バーストウ『魔女狩りという狂気』（創元社，2001），F・ビオンド「イタリア案内（抄)」(池上俊一編『原典イタリア·ルネサンス人文主義』名古屋大学出版会，2010）など。

魔女とメランコリー

2012年3月5日　　初版第1刷発行

著　者　黒　川　正　剛

発行者　武　市　一　幸

発行所　株式会社　新　評　論

〒169-0051　東京都新宿区西早稲田 3-16-28
http://www.shinhyoron.co.jp

電話　03（3202）7391
FAX　03（3202）5832
振替　00160-1-113487

落丁・乱丁本はお取り替えします
定価はカバーに表示してあります

印刷　フォレスト
製本　清水製本所
装訂　山田英春

ISBN978-4-7948-0824-0
Printed in Japan